高等院校经济管理类"十一五"规划教材

市场调查与分析

SHI CHANG DIAO CHA YU FEN XI

主 编 高金章
副主编 郭新媛 祝艳萍 吴现立

立信会计出版社

图书在版编目(CIP)数据

市场调查与分析/高金章主编. —上海:立信会计出版社,2008.8(2022.7重印)
高等院校经济管理类"十一五"规划教材
ISBN 978-7-5429-2048-5

Ⅰ. 市… Ⅱ. 高… Ⅲ. ①市场—调查—高等学校—教材 ②市场需求分析-高等学校-教材 Ⅳ. F713.52

中国版本图书馆 CIP 数据核字(2008)第 126207 号

责任编辑　赵新民
封面设计　周崇文

市场调查与分析
SHICHANG DIAOCHA YU FENXI

出版发行	立信会计出版社
地　　址	上海市中山西路 2230 号　　邮政编码　200235
电　　话	(021)64411389　　传　　真　(021)64411325
网　　址	www.lixinaph.com　　电子邮箱　lixinaph2019@126.com
网上书店	http://lixin.jd.com　　http://lxkjcbs.tmall.com
经　　销	各地新华书店
印　　刷	江苏凤凰数码印务有限公司
开　　本	787 毫米×960 毫米　　1/16
印　　张	18.75
字　　数	374 千字
版　　次	2008 年 8 月第 1 版
印　　次	2022 年 7 月第 6 次
书　　号	ISBN 978-7-5429-2048-5/F
定　　价	40.00 元

如有印订差错　请与本社联系调换

PREFACE 序言

为了适应不同的经营管理需要和不同的教学需求,各种类型的经济管理理论著作和系列教材,如雨后春笋般出现。大学教材的主要职能是传播知识,在知识经济时代,经济管理类教材内容的不断更新是形势发展的必然。亚里士多德曾经将人类的知识分为三大类:纯粹理性、实践理性和技艺。可以说经济管理是将这三类知识完美融合为一体的学科体系。曾几何时,管理学在我国还是一个无足轻重的学科,在20世纪80年代以前,我国的许多大学教学体系中,管理学与经济学是不加区分的,相关的大学毕业生所得到的学位几乎都是经济学学位。90年代之后,管理学从经济学中分离出来,与其他学科结合又形成了一个庞大的管理学科体系。管理学,尤其是企业经营管理学与经济学是紧密相连的学科,你中有我,我中有你。因此,一些大学又纷纷将前期分设的经济学院和管理学院重新合并成为经济管理学院,这在一定程度上说明"经济管理"作为一个大类,在教学体系上的存在是十分必要的。为了避免在教材体系上的重复建设,我们组织20多所大学的专家教授共同努力,编写了这套"高等院校经济管理类'十一五'规划教材"。这是十分必要的,也是十分及时的。

面对经济环境、市场状况以及管理者和学科层次的变化,这套教材力图贯彻以科学发展观为指导、以读者为中心、以市场为导向的原则,用语追求准确、简明和易懂。综合而言,这套教材主要有以下几个特点:

一是实用性。这套教材均配有PPT格式电子教案,选用本教材的教师可以在填妥书后的"教学课件索要单",并将信息发给出版社后免费得到。此外,各书的章节标题之后设有"学习目的"、"案例导读"等,每章之后还附有"本章小结"、"复习思考题"等,有利于培养读者的概括能力和实践能力。

　　二是前沿性。这套教材是多所高校的教师近年来教学和实践工作相结合的产物。从教学中得到的反馈来看,现代学生的个性化特征越来越明显,不少本科学生已经不再满足于初级的经济管理知识,他们希望能够接触一些更为深入的课题,或者是与时代经济紧密相连的话题。这就要求我们的教材必须站在时代的前沿,把握时代的脉搏,使学生以新的视角和思路来思考问题。

　　三是适用性。经济管理学与企业管理实践是息息相关的,这套教材在内容的选择上,既考虑了学科本身的系统性和完整性,也考虑了其适用性。教材体系的安排首先突出了经济管理类基础系列,进而又延伸出了会计学系列、营销管理系列、工商管理系列、贸易管理系列等,以适应不同学校、不同专业教学的需要,在行文上力求深入浅出,这样安排的好处是使授课教师有更大的选择余地,可以根据所教授学生的层次调整授课内容。

　　四是思考性。这套教材除了注重为学生提供专业基础知识,还增加了一些有一定理论深度的内容,一方面可以使学有余力的学生拓宽思路,深入思考一些问题;另一方面也突出地表达了经济管理类学科教学的基本原则,即向学生传授一种思考的方法,以此来驾驭纷繁复杂的经济现实。

　　五是多样性。从某种意义上说,教材的编写须有一定的规则,但作为大学教材,也应体现出大学教师的各自特色。因此这套教材既有统一规划和基本要求,保持规划教材的整体性,但每本教材又各有特色,体现出不同教师的授课风格,如将案例引入教学等。

　　写教科书相当于以笔代口讲课,由口头授课到落笔以文字表达出来,其中之甘苦自不待言。应该说,每位作者的写作过程都是与家人及同事们的共同努力分不开的,在此,对他们付出的努力和爱心表示深深的感谢。

　　历史总是在不断推陈出新,教材的编写也应根据时代的发展和环境的变化而不断改革。我们在组织编写这套教材时,作了一些新尝试,希望能够取得良好的效果。但教材建设是一项庞大的系统工程,任何一项改革都不是一蹴而就的,需要不断修正和完善。这套教材在体系安排、理论联系实际和语言表述等方面若有不妥或错漏之处,恳请读者批评指正,以便我们在后续工作中加以改正。

最后,对立信会计出版社的全力支持表示诚挚的谢意,同时对责任编辑的出色工作表示由衷的钦佩,并对他们的辛勤工作表示感谢。

高等院校经济管理类"十一五"规划教材编委会

FOREWORD 前言

市场已成为现代企业从事各项生产经营活动的出发点和归宿。当今的市场"激战"是以产品为军队,以市场为战场,由顾客来裁决的战争。现代企业要想在市场激战中立于不败之地,就必须在准确把握顾客需求之基础上,适时不断地开发出适销对路的产品。为此,就离不开市场调查与分析。市场调查是科学方法在企业经营管理领域的应用,它不仅为企业研究和解决市场问题提供一种观念和思路,更是一整套行之有效的、可以操作的程序和方法。

在本书编写过程中,力求突出以下特点:

1. 实用性。本书在借鉴国内外先进的市场调查理论、方法和技术的基础上,兼顾我国国情及企业实际,融入了我们多年来市场调查实践所积累的经验与体会,注重理论联系实际,按照市场调查与分析工作的实际运作过程进行章、节与内容的编排。

2. "悦"读性。全书共分为十章,内容包括:市场调查导论、市场调查方案设计、市场调查方法、市场调查问卷设计、抽样设计、市场调查的组织与实施、调查资料的整理、调查数据的基本统计分析、实用多元统计分析以及市场调查结果报告。每章先由引例开篇,道出学习该章的重要性,以激发读者的兴趣。

3. 学习性。各章都附有小结,对该章内容进行概括,便于读者把握重点。同时各章还配有复习思考题,有利于帮助学生加深对各章的理解。

本书不仅适用于财经院校和普通高等院校的本、专科教学使用,也可作为在职人员培训以及自学的教材或参考书籍。

本书由高金章担任主编，郭新媛、祝艳萍、吴现立担任副主编。具体分工为：第1、第6章由吴现立编写；第2章由宁震霖编写；第3章由祝艳萍编写；第4章由郭淑宁编写；第5章由高建新编写；第7章由王瑞花编写；第8章由白朋飞编写；第9章由郭新媛编写；第10章由马红霞编写。

由于作者水平有限，时间仓促，书中难免存在缺点和疏漏，恳请广大读者批评指正。

编者

CONTENTS 目录

第1章 市场调查导论 ········· 001
 第一节 市场调查的意义和作用 ········· 002
 第二节 市场调查的类型 ········· 008
 第三节 市场调查的内容 ········· 012
 第四节 市场调查的原则、过程和步骤 ········· 016
 本章小结 ········· 020
 复习思考题 ········· 021

第2章 市场调查方案设计 ········· 023
 第一节 市场调查方案设计的意义 ········· 024
 第二节 市场调查方案设计的主要内容 ········· 027
 第三节 市场调查方案的可行性研究与评价 ········· 040
 本章小结 ········· 043
 复习思考题 ········· 044

第3章 市场调查方法 ········· 046
 第一节 文案调查法 ········· 047

第二节　观察调查法 ··· 052

　　第三节　电话调查法 ··· 055

　　第四节　面谈调查法 ··· 058

　　第五节　邮寄调查法 ··· 071

　　第六节　定性调查法 ··· 073

　　本章小结 ··· 077

　　复习思考题 ··· 077

第4章　调查问卷设计 ··· 079

　　第一节　调查问卷的作用与结构 ·· 080

　　第二节　调查问卷设计的原则及程序 ·· 084

　　第三节　调查问卷设计的技巧 ·· 087

　　第四节　调查问卷中的常用量表 ·· 100

　　本章小结 ··· 106

　　复习思考题 ··· 107

第5章　抽样设计 ··· 112

　　第一节　抽样调查概述 ·· 114

　　第二节　随机抽样技术 ·· 119

　　第三节　非随机抽样技术 ·· 129

　　第四节　抽样误差与样本量 ··· 138

　　第五节　有关抽样设计在市场调查应用中的几个问题 ···················· 141

　　本章小结 ··· 145

　　复习思考题 ··· 146

第6章　市场调查的组织实施 ·· 152

　　第一节　市场调查组织与人员培训 ·· 153

　　第二节　市场调查现场质量控制 ·· 161

本章小结⋯⋯⋯⋯⋯⋯⋯⋯⋯⋯⋯⋯⋯⋯⋯⋯⋯⋯⋯⋯⋯⋯⋯⋯⋯⋯⋯⋯⋯⋯⋯ 165
复习思考题⋯⋯⋯⋯⋯⋯⋯⋯⋯⋯⋯⋯⋯⋯⋯⋯⋯⋯⋯⋯⋯⋯⋯⋯⋯⋯⋯⋯⋯ 166

第7章 调查资料的整理 ⋯⋯⋯⋯⋯⋯⋯⋯⋯⋯⋯⋯⋯⋯⋯⋯⋯⋯⋯⋯⋯⋯ 169

第一节　调查资料的接收与审查⋯⋯⋯⋯⋯⋯⋯⋯⋯⋯⋯⋯⋯⋯⋯⋯⋯ 170
第二节　调查资料的编码与录入⋯⋯⋯⋯⋯⋯⋯⋯⋯⋯⋯⋯⋯⋯⋯⋯⋯ 177
本章小结⋯⋯⋯⋯⋯⋯⋯⋯⋯⋯⋯⋯⋯⋯⋯⋯⋯⋯⋯⋯⋯⋯⋯⋯⋯⋯⋯ 187
复习思考题⋯⋯⋯⋯⋯⋯⋯⋯⋯⋯⋯⋯⋯⋯⋯⋯⋯⋯⋯⋯⋯⋯⋯⋯⋯⋯⋯ 187

第8章 调查数据的基本统计分析 ⋯⋯⋯⋯⋯⋯⋯⋯⋯⋯⋯⋯⋯⋯⋯⋯⋯ 189

第一节　调查数据基本统计分析概述⋯⋯⋯⋯⋯⋯⋯⋯⋯⋯⋯⋯⋯⋯⋯ 190
第二节　调查数据的描述性分析⋯⋯⋯⋯⋯⋯⋯⋯⋯⋯⋯⋯⋯⋯⋯⋯⋯ 199
第三节　常用统计图表⋯⋯⋯⋯⋯⋯⋯⋯⋯⋯⋯⋯⋯⋯⋯⋯⋯⋯⋯⋯⋯ 212
本章小结⋯⋯⋯⋯⋯⋯⋯⋯⋯⋯⋯⋯⋯⋯⋯⋯⋯⋯⋯⋯⋯⋯⋯⋯⋯⋯⋯ 225
复习思考题⋯⋯⋯⋯⋯⋯⋯⋯⋯⋯⋯⋯⋯⋯⋯⋯⋯⋯⋯⋯⋯⋯⋯⋯⋯⋯⋯ 225

第9章 实用多元统计分析 ⋯⋯⋯⋯⋯⋯⋯⋯⋯⋯⋯⋯⋯⋯⋯⋯⋯⋯⋯⋯ 229

第一节　多元线性回归分析⋯⋯⋯⋯⋯⋯⋯⋯⋯⋯⋯⋯⋯⋯⋯⋯⋯⋯⋯ 230
第二节　主成分分析⋯⋯⋯⋯⋯⋯⋯⋯⋯⋯⋯⋯⋯⋯⋯⋯⋯⋯⋯⋯⋯⋯ 237
第三节　因子分析⋯⋯⋯⋯⋯⋯⋯⋯⋯⋯⋯⋯⋯⋯⋯⋯⋯⋯⋯⋯⋯⋯⋯ 242
第四节　聚类分析⋯⋯⋯⋯⋯⋯⋯⋯⋯⋯⋯⋯⋯⋯⋯⋯⋯⋯⋯⋯⋯⋯⋯ 250
本章小结⋯⋯⋯⋯⋯⋯⋯⋯⋯⋯⋯⋯⋯⋯⋯⋯⋯⋯⋯⋯⋯⋯⋯⋯⋯⋯⋯ 256
复习思考题⋯⋯⋯⋯⋯⋯⋯⋯⋯⋯⋯⋯⋯⋯⋯⋯⋯⋯⋯⋯⋯⋯⋯⋯⋯⋯⋯ 256

第10章 市场调查结果报告 ⋯⋯⋯⋯⋯⋯⋯⋯⋯⋯⋯⋯⋯⋯⋯⋯⋯⋯⋯⋯ 260

第一节　市场调查报告的基本格式与内容⋯⋯⋯⋯⋯⋯⋯⋯⋯⋯⋯⋯⋯ 261
第二节　市场调查报告的撰写⋯⋯⋯⋯⋯⋯⋯⋯⋯⋯⋯⋯⋯⋯⋯⋯⋯⋯ 269

第三节　市场调查结果的口头报告 …………………………………… 278
第四节　市场调查报告的评价、反馈和完善 …………………………… 281
本章小结 ……………………………………………………………………… 282
复习思考题 …………………………………………………………………… 282

第 1 章

市场调查导论

学习目的

1. 了解市场调研的基本概念和基本特征。
2. 认识市场调研在现实经济生活中的重要作用。
3. 掌握市场调查的类型和市场调查的内容。

引 例

男人长胡子,因而要刮;女人不长,自然也就不必刮。然而,美国的吉利公司却把"刮胡刀"推销给女人,居然大获成功。

吉利公司用一年的时间进行了周密的市场调查,发现在美国30岁以上的女性中,有65%的人为保持美好形象,要定期刮除腿毛和腋毛。这些女性中,除使用脱毛剂之外,主要靠购买各种男用刮胡刀来满足此项需求,一年的花费高达7 500万美元。相比之下,美国女性一年花在眉笔和眼影上的钱仅有6 300万美元,花在染发剂上的有5 500万美元。毫无疑问,这是一个极具潜力的市场。

根据进一步的市场调查结果,吉利公司精心设计新产品,刀架则选用了色彩鲜艳的塑料,握柄改为弧形以利于妇女使用,握柄上还印压了一朵雏菊图案,使新产品更加突出女性的特点,并将之命名为"雏菊刮毛刀"。产品推出市场时,根据多数女性的意见,选择了"不伤玉腿"作为促销时突出的重点,刊登广告进行刻意宣传。结果一炮打响,迅速畅销。

这个案例说明,市场调查研究是经营决策的前提,只有充分认识市场、了解市场需求,对市场作出科学的分析判断,决策才具有针对性,从而拓展市场,使企业兴旺发达。

第一节 市场调查的意义和作用

一、市场调查的概念和发展

市场信息的搜集必须借助于市场调查,这是获取市场信息的主要手段和途径。

(一)市场调查的概念

没有调查就没有发言权。没有深入地开展市场调查,没有充分地掌握市场信息,就无法预测市场发展变化的客观规律性,也就无法为企业经营决策提供科学依据。市场调查是指运用科学的方法,有目的、有系统地搜集、记录和整理市场信息,借以分析、了解市场变化的态势和过程,研究市场变化的特征和规律,为市场预测、经营决策提供依据的活动过程。市场调查的整个过程就像一个高明的医生,通过望、闻、问、切的手段,了解病情,搜集病人的有关资料。其中"望"就好比市场调查的观察法;"问"就好比市场调查的询问法;"闻"与"切"就好比市场调查的实验法。综合应用各种调查方法,了解病情,分析病因,为预测病情发展、制定最佳的治疗方案提供依据。

对市场调查的概念的理解应注意把握以下几点。

1. 市场调查的对象是市场现象

市场现象包括影响市场变化的因素及其影响方向和程度、市场发展趋势和变动趋势、市场供求、市场价格以及竞争状况等。民意测验等不是有关市场现象内容的调查。

2. 市场调查是一种有目的的活动

市场调查不是对市场现象无目的的、一般的、零散的、片面的观察和了解,而是根据经营管理目标的要求,全面而系统地搜集和加工处理有关市场信息资料,为市场预测和经营决策提供依据。

3. 市场调查必须利用科学的方式和方法

市场调查是一种技术性很强的活动,要保证市场信息的准确、可靠、及时、适用,就必须根据市场调查的目的和调查对象的特点,选择科学的调查方式、方法和技巧,将所需的市场信息,客观、真实、全面、系统地搜集上来,利用科学的整理和分析方法,对搜集的信息资料进行加工处理,以满足经营管理的需要。

4. 市场调查的工作程序是用科学的方法搜集、整理和分析市场信息资料

搜集市场信息是市场调查的基础工作；整理市场信息资料，使之系统化、标准化，是市场调查的中心工作；分析市场信息资料，得出正确的结论，是市场调查的最终工作。

（二）市场调查的特征

作为企业经营活动的基础，市场调查执行着自己的特殊职能和任务，它具有如下特征。

1. 市场调查具有较强的针对性

市场调查的针对性是由企业经营活动的目的性所决定的。市场调查工作不但费时、费力，而且还有费用的支出。因此，市场调查在保证达到市场调查要求的前提下，尽量节约费用，不能盲目进行，即企业必须根据所要生产或经营的商品或服务进行市场调查。这里应该避免的是，一些企业未对本企业的实际情况作充分科学的分析，就借用别人的市场调查结果或市场上某些现象表现出来的某种信息作出生产经营的决策，这种做法虽然省时省力，但却要冒很大的风险，在市场竞争激烈的情况下，可能招致经营失败。

市场调查既要针对产品也要针对竞争对手进行，因为竞争已经成为企业经营战略的重要组成部分，要想在竞争中取胜，就必须了解竞争者的实力和优势，从而确定企业的竞争是采取直接对抗还是退避迂回的策略。

2. 市场调查具有普遍性

在激烈的市场竞争中，市场调查工作不能只停留在生产或经营活动以前的阶段进行，而应该在生产和经营整个过程中，在售前、售中、售后的各个阶段都需要进行市场调查，搜集一切可以为企业所用的信息资料，从而对决策随时修正，使企业能够适应市场不断变化的形势。同时，市场调查活动也是发现潜在市场的有效方法，对开拓新的市场领域有积极作用。

以第二次世界大战后世界经济发展最快的日本为例，日本企业在考虑打入和渗透美国市场时，由于对美国国内市场了解甚少，于是开展了"疯狂的情报活动"，而当他们成功地进入了美国市场以后，仍然大规模地进行情报的搜集和市场调查工作，并在决策中充分利用获取的情报，从而保住了已占有的市场份额。此外，日本的综合贸易商社为日本的企业提供一系列最新、最精确的市场信息。其中包括生产计划、资金投放、原材料供应、库存控制、市场需求及价格差异等方面的详尽情报，企业可以根据自己的需要，依据相关的情报制定全球战略，这种信息搜集的先进程度被世人称为可以与美国五角大楼匹敌的"现代全球通讯巨兽"。由此可以看出，多方面、经常性地搜集、积累情报信息，是一个企业处于不败之地的重要的前提，也是市场调查在动态的市场中所必须执行的职能。

3. 市场调查具有科学性

市场调查是为企业决策而进行的重要活动。为减少市场调查的盲目性和人、财、物的

浪费,对所需要搜集的资料和信息必须经过事先的规划。例如,采用何种调查方式,问卷如何拟定,调查对象该有哪些等等。为了使企业能够最准确地获得反映市场情况的资料和信息,而又不增加费用开支,在调查内容的确定上就要考虑那些影响程度最大的因素,并将诸多的因素合理搭配,以最简洁明了而又易应答的方式呈现给调查对象。

市场调查中的一个重要环节就是对资料的整理和分析,这一个环节是为了掌握市场的本质,从而把握住影响市场发展趋势的关键因素。由于市场是由顾客组成的,它与一般的物理现象不同,它受到人们的生理和心理的影响。例如,同样一幅照片或一种商品在同一时间、同一地点引起人们不同的联想,而做了稍微的改动之后,又会出现新的联想。所以,简单汇总市场信息不能解决市场调查中所遇到的很多问题,还需运用统计学、数学、概率论分析方法及社会学等学科的知识去进行整理、统计、分类和进一步的分析。

4. 市场调查结果具有某些不确定性

市场调查根据调查内容的不同可采用不同的方式,但被调查者千变万化的心理状态常常会增加对市场调查结果进行分析的难度。如果说市场调查人员只是根据那些可以找到的有关销售方面的统计数字来研究问题,所得出的结果往往会与实际相去甚远,就不能为企业的经营决策提供有价值的资料。即使是考虑到消费者的心理因素,但因顾客身临购买现场时对商品的选择与被调查时有意识地回答问题时的心理状态有所不同,也会使调查结果与实际有所偏差。例如,有些市场调查人员发现,当他们向被调查者询问洗发水的有关问题时,得到的回答肯定是洗发水最重要的是能够把头发洗干净并具有护理头发的功能,但当市场调查人员把货样拿给人们看时,却有很多人总是先闻一闻有没有香味。又例如,在美国,长期以来让肥皂制造商搞不清粉红色香皂是否受欢迎,因为每当把不同颜色的香皂摆在人们面前时,他们总是指着粉红色的那块,但是在商场里粉红色的香皂却很少成为热门货。

这些现象就是调查结果的不确定性,它常常会使市场调查人员感到无所适从。而在工业品的市场调查中,由于工业品的特殊用途,这种不确定性并不明显,但在日用消费品的调查中,由于消费者的心理状态变化会随个人消费习惯不同、消费环境变化及商品本身多样性的影响,这种不确定性常常会表现的很明显。这时市场调查人员不仅要"听其言",而且还要"观其行",否则,调查结果就会出现很大的误差。

5. 市场调查具有时效性

市场是开放、动态的,会随时间的变化而变化,随经济的发展而不断发展。例如,国家经济政策的调整,市场会发生相应的变化;一定时期的流行产品一时会无人问津,而滞销商品有可能在一定时期以后成为新的畅销产品。市场调查是在一定时间范围内进行的,它所反映的只是某一特定时期的信息和情况,在一定时期内具备有效性,但在这一段时间后又会出现新情况、新问题,就会使以前的调查结果滞后于市场的发展。此时如果仍沿用过去市场调查的结论,只会使企业延误大好时机,陷入困难的境地。又例如,当电视机的生产能力已经超过需求量但还未在市场上表现出来时,若仍以过去的"电视机生产供不应求"的结论作为决策依据,盲目引进国外设备或扩大生产能力,其结果肯定是产品的大量积压;若此时能加强市场调查,了解消费者需求的变化,根据消费需求变化来改进电视机的性能、规格、款式,并在此基础上研究开发消费者期望的新产品,就会使电视机销售情况大不相同。

二、市场调查的意义

市场调查是市场营销的出发点,是提高市场营销效果的一种管理方法。从调查分析中提出解决问题的办法,为企业制定产品计划与营销目标、决定分销渠道、制定营销价格、采取促销策略和检查经营成果提供科学依据;在营销决策的贯彻执行中,为调整计划提供依据起到检验和矫正的作用。因此,市场调查对企业的经营活动具有重要意义。

在企业决策过程中,市场调查数据的准确度受到各企业的重视,很多企业的决策都是依靠对市场调查结果的分析而作出的。在决策执行后的纠错过程中,市场调查也被视为非常重要的手段。现今,企业的经营决策活动逐渐走向科学化、系统化。很多企业有自己的智囊团,也聘请专业的调查公司、咨询公司作顾问。在决策过程中,民主化倾向越发明显,也就是说,决策结果的形成往往是头脑风暴、集思广益后相互妥协的产物。很多人喜欢拿数据说话,"根据调查结果显示……"是常用的词句,说明市场调查必须存在。这有两方面的原因:一是企业经营活动中的纠错行为需要市场调查。企业不能通过有限的已知去推断无限的未知,不能证明猜想是正确的,但可以证明某种猜想是错了。市场调查可以起到纠错的作用,但纠错以后并不能保证就纠正了。调整后的决策还是有可能错,继续看市场的反应。决策就是一种假设,然后要做的就是"听市场的声音"。企业需要市场调查的另一个原因是,它的政治作用。任何企业组织对其结构、分工、权限、边界及协调的处理都是很不容易的。决策中矛盾重重是常事,执行起来阻力不断更是常见。所以决策过程可以是民主,但应该垄断拍板,在执行过程中更应该独裁。但现实中除了少数被老总一手带大的企业,老板威望极高,其决策实施比较容易外,很多企业内部决策阻力常常很大。这时,市场调查的政治作用就显示了出来。拿数据说话是比较容易服人的,也使阻碍者少了口舌。一些真心为企业奉献的经理人,甚至可以设计一套调查分析结果来协助其决策方案的顺利推行。市场调查的政治意义不容忽视,在一些企业这甚至就是市场调查存在的原因。

三、市场调查的基本问题

市场调查的目的在于搜索、整理和分析市场信息,为认识市场、掌握规律、预测和决策提供信息支持。因此,信息是市场调查的核心问题,一切市场调查活动都是围绕信息展开的。市场调查活动的过程实质上是市场信息获取、加工、传递、分析和利用的过程。围绕市场信息而展开的市场调查活动必须回答和解决以下基本问题。

(一) 为何调查

回答为何进行市场调查(调查目的),即向谁提供市场信息服务的问题。为何调查是由管理的信息需求决定的,如市场营销策略的制定、市场竞争策略的制定、重大投资项目的决策、企业生产经营结构调整的决策、新产品开发的决策等,往往需要市场调查提供大量的信息支持,市场调查的目的是为管理决策提供信息支持。市场调查的任务是获取客观的、准确的、及时的、系统的市场信息,以满足市场预测与决策的信息需求。

(二) 由谁调查

回答由谁负责市场调查问题(调查主体)。由谁调查的问题,实质上是市场调查主体如何界定,怎样建立相应的市场调查组织体系的问题,并明确调查主体的权力、活动范围、分工协作关系等。一般来说,应本着谁需要市场信息谁进行市场调查的原则来界定市场调查的主体和构建市场调查组织体系。市场调查主体应具备两个基本条件:一是必须具有相对独立的行使市场调查的权力;二是具有一定的市场调查能力,包括调查组织体系、技术装配、人员素质、信息处理手段、人财物资源配置和业务能力等。工商企业市场调查主体,可以是企业内部的市场调查部或者营销部门、统计部门、信息管理中心等。一些专题性的调查课题,可以由企业内部的市场调查部或者相应的职能部门充当市场调查的主体,但是对于一些综合性的、复杂的、涵盖范围较大的市场调查课题,可选择合适的市场调查公司或统计部门承担调查的任务。

(三) 向谁调查

回答市场调查对象的问题(调查客体)。市场调查客体是市场调查的研究对象,是市场信息的承担者和信源地。市场调查对象是人群和用户,可以是广泛的民众,也可以是具有某些特征的民众群体;可以是购买或使用本企业产品的工商企业,也可以是事业单位和社会团体。调查对象的界定必须考虑市场调查的目的和管理的信息需求。

(四) 调查什么

回答市场调查内容的问题。市场调查的内容可以是涉及民众基本情况,如收入、支出、需求意向、意见、观念、习惯、行为和态度等的任何问题;可以是具体的习惯或行为,例如,人们接触媒介的习惯、对商品品牌的爱好、购物的习惯和行为等;也可以是抽象的概念,例如,人们的理想、信念、价值观、人生观、心理因素等。同时它可以是商业的问题,或其他实用性问题；也可以是纯学术性的问题。

（五）如何调查

回答怎样调查的问题（调查的方式和方法）。如何调查的问题，涉及市场调查主体采用什么样的调查方式和方法、技术手段、分类标准、信息处理手段等从调查客体那里获取市场信息的技术问题。为此，在市场调查中，要重视市场调查组织体系的建设，重视市场调查方式和方法的应用研究，规范市场信息加工、处理、传输和分析利用的标准和程序，重视多种调查方法与分析方法的综合应用，以提高市场调查的工作效率和市场信息的质量及其利用率。

市场调查以统计学为方法论基础。因为，市场调查的各种方式和方法大多源于统计学中的统计调查方式和方法；市场调查数据的处理和分析，往往需要运用统计整理和统计分析的多种方法；市场预测模型的建立和运用，也需要运用统计预测的知识和方法。因此市场调查的方法论基础就应该是统计学。

同时，市场调查作为一门学科，既要阐明市场研究的方法论，又要阐明市场研究方法的具体应用，其理论基石和方法论基础涉及多门学科，市场调查的技术手段涉及调查技术、计算机技术等。因此，市场调查是一门实践性、综合性很强的学科。

（六）何时何地调查

何时调查包括获取调查对象何时的信息和调查工作的起止时间两个方面的含义。前者是信息度量的时间范围，时点数据应界定调查的标准时点，时期数据应界定数据的时间距离；后者是调查工作从策划准备到调查结束的工作长度及其进度安排。何地调查包括获取信息的空间范围和调查的具体地点选择。

任何市场调查，都必须对上述市场调查如何运行的基本问题及其相互关系作出回答，必须正确处理它们之间的相互关系。

▶ 四、市场调查与市场预测、经营决策的关系

市场调查、市场预测和经营决策是现代经营管理中的三项基本活动，三者具有不同的职能，又存在一定的联系。

市场调查是利用科学的方法和手段，搜集、分析产品从生产到消费之间一切与产品销售有关的资料，对市场现象的变动过程和现状进行客观描述，具有搜集和提供市场信息的职能。市场预测是根据市场调查所获取的市场信息资料，借助于科学的理论和方法，对市场现象的未来情况进行描述，根据市场的变动趋势及未来影响条件的变化，对市场的未来作出预见和判断，具有指导经济活动、提供各种可行方案的职能。经营

决策是为实现特定的经营目标，按照一定的价值准则，采用各种科学方法，对市场预测所提供的各种可行方案进行分析评估、研究论证并从中作出最优选择，具有选择方案的职能。

市场调查为市场预测、经营决策提供依据，是实现合理的市场预测和科学的经营决策的基础和前提。首先，市场调查为市场预测、经营决策提供目标。无论是进行市场预测还是进行经营决策都必须首先确定一个明确的目标，目标规定了预测、决策的基本内容和所要采取的方法。目标不明或不恰当，将会导致一错百错，手段越先进，造成的损失就越大。市场预测或经营决策的目标是根据经营管理活动中存在的问题和将要完成的任务来确定的。在市场营销活动和企业经营管理过程中，所面临的问题和矛盾是多种多样的，必须对问题进行诊断，弄清问题的性质、范围、严重程度以及它的价值和影响，进而才能确定市场预测或经营决策的目标。而这一切只能通过市场调查，对所搜集的大量的企业内部和外部各种市场信息资料的分析才能完成。其次，市场预测或经营决策所必需的信息资料只有依靠调查才能获得。市场预测是对市场现象的未来进行有根据的预计和推测，它是建立在市场信息所反映的市场变动趋势、变动结构和变动规律基础之上的。要取得准确可靠的预测结果，必须拥有大量的市场信息资料并对其进行科学分析，这只有依靠市场调查来完成。经营决策也是如此，为了了解市场需求，确定目标市场，进行市场定位和产品定位，制定切实可行的、有效的营销组合策略也需要大量的市场信息资料。最后，市场预测或经营决策的正确与否，需由市场调查来验证和修正。市场预测虽然是在对市场经济变动规律正确认识和掌握的基础上对市场未来的一种科学预见，但这种预见不先进于客观现实，所得出的预测结论是否与实际相符合，必须接受实践的检验。因此，市场调查不仅可以检验前次市场预测结果的正确与否，总结经验教训，不断改进预测方法，提高预测水平，而且可以根据市场调查获得的新市场信息，对预测结果进行修正。经营决策所选定的方案是否优化、可行，是否具有较强的环境适应性，也只有在市场实践中加以检验。如何对决策方案在实施过程中进行反馈调节和追踪决策，保证既定决策目标的顺利实现，也必须依靠市场调查所提供的市场环境资料。

市场调查是认识市场的起点，在现代营销管理中，它与市场预测、经营决策往往是三位一体的。

第二节 市场调查的类型

根据不同的分类标志，市场调查可以划分为若干不同的类型。

一、按照调查目的和要求的不同,分为探测性调查、描述性调查、因果性调查和预测性调查

(一) 探测性调查

探测性调查又称非正式调查,它是在情况不明、心中无数时,在正式调查之前所进行的、带有试探性的初步调查。其目的在于发现问题,界定问题的性质、范围和原因,以便明确进一步调查的内容和重点,为组织正式性调查提供基础和依据。例如,某企业最近一段时期产品销售量持续下降,是国家某项政策变动所引起,还是消费者偏好发生了转移?是本企业产品质量下降、定价过高造成的,还是市场上有新产品出现或竞争者产品价格下调带来的负面影响?是本企业促销不力、分销不畅,还是竞争者营销策略发生变化?引起产品销售下降的原因是多方面的,企业又一时难分清,也不可能一一调查,此时该企业可采用探测性调查方式。

探测性调查一般不必制定详细的调查方案,往往是通过搜集第二手资料,或邀请专家、用户代表开座谈会等方式,发现问题的症结所在,然后再作进一步正式调查。

(二) 描述性调查

这是一种正式调查,它是按照确定的调查计划和方案,深入实际调查研究,搜集和整理有关事实的情况和资料,对市场现象的客观情况如实地加以描述和反映。它比探测性调查更深入细致,需要事先拟定好调查计划和方案,深入实际,掌握第一手资料。其目的在于摸清问题的过去和现状,并在此基础上寻求解决问题的办法。多数市场调查都属这一类型,例如,社会商品购买力调查、企业市场占有份额调查、广告效果调查、产品差价比调查、分销渠道调查等。

描述性调查侧重于说明所研究市场问题"是什么"、"何时"、"何地"、"如何",但不能解释"为何",后者是因果性调查的任务。

(三) 因果性调查

这是说明市场变量之间的因果关系而进行的一种正式调查。也就是为了弄清"为什么"的问题而进行的调查。例如,在同类产品中消费者为什么喜欢甲品牌、上季度产品销售下降的原因是什么、产品定价与销售的关系如何等都属于此类调查。因果性调查的目的,在于揭示引起某种市场现象变动的原因及其数量依存关系。我们把影响某一种市场现象变动的因素称为自变量,受其他因素影响而发生变动的某市场现象称为因变量。因果性调查就是通过调查、搜集资料,找出引起某种市场现象变动因素有哪些,哪些是主要因素,哪些是次要因素,哪些是可控因素,哪些是不可控因素,它们的影响方向及影响程度

如何等。

(四) 预测性调查

这是为了预测未来市场商情的变动趋势而专门进行的调查。它着眼于对未来情况的调查研究。例如,某种新产品市场需求前景调查、下季度企业市场占有份额预测调查等。预测性调查可以借助于以下两种途径:一是直接向专家学者、用户等调查了解对某种市场现象未来变化的判断(如向消费者了解对耐用消费品的预计购买量等)。二是与描述性调查和因果性调查结合在一起,系统搜集关于市场现象变化的时序资料或相关资料,并据此建立预测模型,对市场现象未来进行推算。预测性调查是企业编制生产经营计划的依据,是市场预测的一个重要步骤。

二、按照市场调查研究的基本方法,分为大量观察法、分类观察法、定性与定量结合研究法

(一) 大量观察法

大量观察法是抽取总体中足够多的个体单位进行调查研究的方法。由于在研究总体中,个体单位受各种因素的影响往往具有差异性,个体单位不能反映总体的一般特征和规律性。为此,要求在市场调查中,应从总体中抽取足够多的个体单位进行调查研究,以消除偶然因素的影响,反映出总体的必然性、数量特征和规律性。在市场调研中,全面的市场调查很少,大都采用非全面的市场调查,例如,抽样市场调查、非概率抽样市场调查、重点市场调查、典型市场调查等,这就要求调查的样本容量应包含足够多的个体单位,以保证市场调查能够消除偶然性,揭示市场发展变化的必然性。

(二) 分类观察法

分类观察法在市场调查研究中有着特别重要的意义,因为分类观察法按照一定的分类标准或标志,能够把研究的市场现象的总体划分为不同的组别,从而可以有效地观察市场现象的各种不同类型,揭示总体的内部结构及其分布特征,研究市场现象之间的相互联系,达到认识市场现象的本质特征和规律性的目的。分类观察法的实质是对信息进行分类获取、分类处理和分析,通过分类观察和研究,达到认识市场现象总体特征的目的。因此,市场调查问卷设计、数据处理和分析中应大量运用分类观察法。

(三) 定性与定量结合研究法

定性研究主要是判别事物发展变化的性质、方向、好坏、趋向等,大多采用判断思维的方法;定量研究主要是运用数据来认识事物的发展变化的规模、水平结构、速度和数量特

征与规律,大多采用统计思维的方法。在市场调查研究中,定量研究通常表现为数据的获取、处理、分析和应用;定性研究通常用来定义问题、定义调查项目、制定假设或确定研究中应包括的变量、解释由定量分析所得的结果、获取和处理非量化的信息、帮助调研者理解潜在的活动和动机等。因此,在市场调查研究中,定性与定量研究应结合应用,在进行一项新的调研项目中,定性研究应为定量研究开路,定量研究应发挥市场主体信息的作用。

三、按照市场调查对象范围不同,分为全面调查和非全面调查

(一) 全面调查

全面调查又称普查,它是对构成市场总体的全体单位——进行调查,它是一种专门组织的不连续的一次性调查。所取得的资料主要是市场总体在某一时点上的总量资料。例如,人口普查、经济普查、农业普查、物资库存普查等。通过全面调查可以了解总体的详尽资料,准确把握市场的变化方向和程度。但此类调查由于调查单位众多,相当费时费力,一般企业难以采用,只有政府部门才可以组织实施。

(二) 非全面调查

此类调查是对构成市场总体的部分单位进行调查,以了解市场现象的基本情况或据此对市场总体进行推断。按具体选取调查单位的方式和调查的目的不同,非全面调查又分为重点调查、典型调查和抽样调查。目前所进行的各种市场调查多属于非全面调查。此类调查运用灵活,且花费少,适用面广。

四、按照市场调查搜集资料的具体方法不同,分为观察调查、询问调查和实验调查

(一) 观察调查

此类调查是指对于被观察的问题或现象,由调查人员亲临调查现场进行观察并加以记录。例如,为考察某一道路或路段的商业价值,可派调查人员观察人口的流速流量;为了解某橱窗设计是否有吸引力,可派人在橱窗前观察顾客驻足观望的人数;为了解顾客对服装的需求偏好,可派人在服装柜台前观察顾客的言行等。

(二) 询问调查

此类调查是通过信函、电话、电脑网络或当面交流等方式向被调查者搜集有关市场信息资料的调查活动。例如,某企业走访用户并听取他们对本企业产品质量、性能、售后服务等方面的意见和建议;以问卷形式调查,以了解消费者对某种产品的消费心理、购买习

惯、购买频率等。

（三）实验调查

此类调查是指将调查对象置于一定的条件下，通过小规模的实验来搜集有关资料，了解其发展变化情况。例如，不同广告宣传媒体对产品销售的影响、产品是否进行包装对产品销售的影响、价格变动或分销渠道的变化对产品销售的影响，都可以用实验调查方法来搜集第一手资料，为企业制定合理的营销方案提供依据。

第三节 市场调查的内容

市场调查的内容十分广泛和复杂。凡是反映市场运行状况以及各种因素对市场运行影响的情报信息资料，都可构成市场调查的内容。由于不同行业、不同企业的经营方向、经营范围存在差异，从而它们进行市场调查的具体内容也不完全相同，即使同一企业，由于不同阶段的任务和重点不同，市场调查的内容也有所不同。本节主要讨论商品市场调查的内容。

一、市场环境调查

企业的经营活动总是置身于一定的市场环境之中，市场环境的变化不可避免地对企业营销活动产生直接或间接的影响，它既可以给企业提供市场机会，也可能会给企业造成威胁。虽然企业不能控制市场环境变化，但可以认识和利用它，及时制定和调整营销策略，使其经营活动与市场环境变化相适应，从而获得最佳经营效果。进行市场环境调查，是企业制定经营战略和营销策略的基础和前提。

影响企业经营的市场环境因素很多，大体上可分为两类：一类是间接环境；另一类是直接环境。间接环境又称宏观市场环境，指对企业经营活动起着间接影响的各种环境因素，主要包括政治法律、人口、经济、科技、社会文化和自然地理等因素；直接环境又称微观市场环境，指对企业经营活动起着直接影响的环境因素，主要包括资源供应者、营销中间人、用户、竞争者、公众等。

（一）间接环境调查

1. 政治法律环境调查

企业所处的社会是具有约束力的社会，企业经营既要受到政治法律法规的影响，又要受到有关政策的影响。政治法律环境对市场营销活动可以起鼓励作用,也可能起限制、制止作用。政治法律环境调查的内容主要包括:一是国家的政治经济体制;二是政府的有关法律法规,如合同法、食品卫生法、广告法、环境保护法、消费者权益保护法、反不正当竞争法、反暴利法等;三是政府的方针政策,如国民经济发展计划、产业政策、财政政策、价格政策、税收政策、外汇政策、对外贸易政策;四是国际政治形势。

2. 人口环境调查

人口是形成市场规模的主要因素,是企业的服务对象,企业以一定的商品和劳务满足市场需求,就是满足人的需求。没有人就没有市场,企业市场营销的范围和内容必须以人的需求为转移,企业必须重视人口环境的调查。人口环境调查的内容主要包括:人口的总量及其增长率;人口的年龄结构、性别构成;人口的地区分布及密度;人口的流动状况;家庭户数和家庭平均人口等。

3. 经济环境调查

经济环境是决定市场营销规模、结构、深度和广度的最主要因素,它是形成购买能力的前提条件,企业对此应给予足够的重视。经济环境调查的内容主要包括:国民生产总值或国内生产总值及其增长率;社会商品购买力及其投向,包括社会集团购买力、居民消费品购买力和生产者生产资料购买力;居民消费水平和消费结构及其变化趋势;消费者储蓄和消费者信贷;物价水平和通货膨胀率;基建投资规模;社会商品供应总量及其构成;企业所在或准备进入的产业情况,包括产业所处的发展阶段、社会地位、进入和退出的自由度等。

4. 科技环境调查

现代科技日新月异,作为一种创造性的毁灭力量,它一方面使新材料、新工艺不断出现和投入使用,开发出新的产品,为企业带来新的市场营销机会,以及产生许多新的行业;另一方面,它又使产品更新换代加快,使一些产品很快被市场所淘汰,对某些企业造成威胁。企业应重视科技环境调查,科学预测和把握科技进步的变化趋势,使企业在激烈竞争中不断发展壮大。科技环境调查的内容主要包括:新技术、新工艺、新能源、新配方的发展趋势和发展速度;新产品的技术现状和发展趋势;本企业所经营的产品技术质量检验指标和技术标准等。

5. 社会文化环境调查

社会文化环境在很大程度上决定着人们的价值观念和购买行为,它影响着消费者购买的动机、种类、时间、方式和地点。为了更好地满足消费者需要,企业必须了解要开展市场营销活动的地区的社会文化环境。社会文化环境调查的内容主要包括:居民受教育程度;居民职业构成、民族构成;居民宗教信仰、风俗习惯等。

6. 自然地理环境调查

企业的活动都会在不同程度上受到自然条件的制约,这种制约不仅是现实的,而且往往表现为一种趋势的影响。自然地理环境调查的内容主要包括：自然资源的种类、数量、结构、分布以及开发利用情况；环境污染程度及治理状况；道路、运输工具、地形、地貌交通地理状况；降雨量、气温等气候条件。

（二）直接环境调查

1. 资源供应者调查

资源供应者负责向企业供应原材料、零部件、能源、劳动力等生产经营资源，他们的资源供应能力和信誉对企业营销活动产生直接影响。资源供应者调查的内容主要包括：资源供应者的供应能力，包括供应本企业商品的数量、规格、质量以及满足本企业生产经营的程度；资源供应者供应产品的方式、价格，以及与本企业生产经营的协调性；资源供应者信誉，包括合同履行能力等。

2. 营销中间人调查

营销中间人是为企业融通资金、推销产品、提供运输、储存、咨询、保险、广告等便利营销活动服务的企业，包括商人中间商、代理中间商、运输企业、公共货栈、金融机构、广告代理商、市场营销研究和咨询企业等。他们对于企业产品能否顺利转移到用户手中，对于企业服务于目标顾客能力的最终形成具有重大影响。营销中间人调查的内容主要包括：营销中间人提供便利企业营销活动的能力以及企业营销活动满足情况；营销中间人提供营销服务的方式、价格以及对本企业营销活动的影响；营销中间人的信誉以及在本企业产品用户心中的形象。

3. 用户调查

用户是企业以特定商品和劳务为之服务的对象，用户的类别、购买行为、购买心理等无不对企业营销活动产生直接影响。用户调查的内容主要包括：一是用户类别，使用本企业产品是个人、居民家庭还是机构团体，若是个人用户，该人的民族、年龄、性别和职业如何；二是用户的购买力水平，包括货币收入、可支配的个人收入和上期结余购买力等；三是用户的购买欲望和动机，是什么因素影响用户的购买决策、是计划购买还是宣传购买、用户愿意购买本企业产品的原因以及对其他企业同类产品的态度；四是用户的购买习惯，包括对品牌的忠诚程度、购买的时间、地点的选择、购买的频率等。

4. 竞争者调查

市场竞争是商品经济的必然现象，只要有商品生产和商品交换，就会有竞争。企业只有掌握市场竞争情况，才能相应地进行决策，实现自己的营销目标。竞争者调查的内容主要包括：一是竞争者的类别，即是愿望竞争者、普通竞争者，还是产品形式竞争者、品牌竞争者；二是营销同类产品的竞争者的数量、规模；三是各主要竞争者的市场占有份额及其变动趋势；四是各主要竞争者产品的性能、成本、价格、包装、交货期；五是各主要竞争者采取的分销渠道、促销手段和提供的售后服务方式。

5. 公众调查

公众是指实际上或潜在地关注、影响企业营销目标实现的团体,包括政府机构、融资机构、媒介机构、群众团体和地方居民等。企业必须采用有效的公关手段和策略,处理好与周围各种公众的关系,努力塑造并保持企业的良好信誉和形象。公众调查的内容主要包括:对企业实现营销目标影响最大的公众有哪些;企业在公众心目中的形象如何,存在哪些问题;目前企业进行公众调查的方式、手段、费用等是否恰当;如何利用公众关系扩大企业影响,塑造企业形象等。

二、市场营销专题调查

市场营销专题调查是企业根据拓展营销活动的需要,为了实现一定的营销目的和目标而在特定范围内选定专题进行调查,主要是为企业制定市场营销组合策略服务的。由于各个企业以及同一企业在不同时期的经营方向、业务性质、营销范围等方面存在差异,在市场营销中的营销任务和所要解决的营销问题也有所不同,因而调查专题的内容也不完全一样,但概括起来,一般有以下几个方面。

(一) 市场需求调查

市场需求调查是指在一定时期、在某一市场范围内,对社会对某种同类产品的最大可能需求量进行调查。它是企业选定目标市场、确定生产规模和编制经营计划的重要依据。市场需求调查的内容主要包括:本企业营销产品市场需求容量和潜量及构成;该种产品市场需求总量和构成的变动趋势;影响该种产品市场需求的因素及其影响方向和程度;本行业或同类产品在市场上的销售量,本企业产品的市场占有率及其变动趋势,企业产品可能的销售量;该种产品的市场饱和程度。

(二) 产品调查

企业满足目标市场的需要,是通过向用户提供各种适销对路的产品来实现的。为向用户提供满意的产品,企业必须重视产品调查。产品调查的内容主要包括:用户对本企业产品的评价、意见和要求;用户对本企业产品的使用方法是否正确,如何扩大产品的使用领域,发挥现有产品的新用途,如何改进老产品;本企业产品的包装是否美观、轻便、安全、便于运输,包装形式对产品销售及增值有何影响;本企业产品的商标是否便于记忆、引人喜爱,用户的认知程度如何;本企业产品处于市场寿命周期的哪个阶段,如何延长产品的市场寿命周期;本企业提供的售前和售后服务方式、服务态度是否适当;用户对开发新产品有哪些要求,新产品变动趋势如何等。

(三) 价格调查

产品价格是市场营销的一个重要组成因素,产品定价是否合理不仅关系到用户的利益,而且直接影响产品的销售量,关系到生产企业自身的效益。为了扩大产品销售,提高产品竞争力,实现更多的利润,企业必须灵活制定和运用价格策略,因而需要进行价格调查。价格调查的内容主要包括:影响企业产品价格变动的因素有哪些;用户对本企业产品价格的反应和意见;本企业产品的价格需求弹性,如何运用价格变动促进产品销售;根据价格和销售量之间的关系,确定能够实现最大利润的最佳价格;新产品定价和老产品价格调整,以及零售价、批发价和优惠价的决定对产品销售的影响;根据产品寿命周期的不同阶段确定产品定价原则;市场上同类产品的差价及相关产品的比价等。

(四) 分销渠道调查

企业产品生产出来以后,需要通过一定的分销渠道才能将其送达用户手中,选择适当的分销渠道对于提高流通效率、降低流通费用、增加营销利润等有着重要作用。分销渠道调查的内容主要包括:影响本企业分销渠道选择的因素有哪些,本企业选择哪种分销渠道较为适当;中间商的销售情况,包括销售量、经营能力、利润等;用户对中间商的印象;产品的储存和运输成本。

(五) 销售促进调查

销售促进是市场营销策略组合的重要因素之一,是沟通供需信息,满足用户需求,树立企业形象和品牌形象,保证营销活动顺利进行的重要手段。销售促进调查的内容主要包括:影响企业选择销售方式的因素有哪些;目前企业选择的促销方式是否为顾客所接受,存在哪些问题;广告媒体的比较与选择;广告费用与效果的测定。

第四节 市场调查的原则、过程和步骤

市场调查无论采取何种调查方式,进行哪方面的调查,都是有组织、有计划的行动,都必须遵循一定的原则和按照既定的过程和步骤进行,只有如此,才能顺利实现预定的目标。

一、市场调查的原则

1. 准确性原则

市场调查必须如实反映客观实际,正确提供资料。这就要求一方面在调查过程中,调

查人员要保持严肃的工作态度和一丝不苟的工作作风,资料的搜集和加工整理都不能带有自己的主观感情色彩,不能隐瞒、歪曲或夸大事实;另一方面,要根据调查的目的和调查对象的特点,科学地选择调查方式和调查方法,以保证所获得的调查资料具有最充分的代表性,并努力减少调查误差。

2. 完整性原则

要按照市场调查方案的规定,对所要调查的单位和项目的资料,要毫无遗漏地搜集,以取得能反映所研究事物全貌的、系统的、完整的资料。残缺不全的调查资料不可能对市场运行的特点和规律有正确的反映。

3. 时效性原则

市场调查必须迅速及时、讲究时效。由于市场受多种因素影响,供求关系会经常发生变化,市场调查若不能及时反馈信息,就会落后于形势的变化,失去参考价值。这里所讲的时效性是以满足市场调查组织者的需要为准,要在调查方案规定的时限内完成。

4. 节约性原则

进行市场调查总要耗费一定的人力、物力和财力,必须坚持节约性原则,争取用尽可能少的消耗获取最好的调查效果。

二、市场调查的过程和步骤

一般来讲,一项正式的市场调查过程大体上可分为四个阶段,即调查准备阶段、调查实施阶段、资料整理和分析阶段及提交调查报告阶段,每个阶段又可分为若干个具体步骤。

(一) 调查准备阶段

市场调查的准备阶段是市场调查的开始,准备工作做得充分、周到与否,直接关系到调查质量和调查任务的完成。调查准备阶段包括确定调查课题、制定调查方案、成立调查组织和培训调查人员、编制经费预算等几个步骤。

1. 确定调查课题

为了有针对性地进行市场调查,避免盲目行动,造成人财物的浪费,必须先找出需要解决的问题以及问题的关键所在,确定调查课题。这是任何市场调查都必须首先进行的工作。调查课题的确定一般又分两步进行:

第一步,对现有资料进行分析,发现问题。市场调查人员要搜集企业内部和外部资料,并进行分析,揭示企业营销过程中存在的问题,并明确哪些是主要问题,哪些是次要问题,且就问题的性质、范围和产生原因提出种种假设。企业内部资料包括各种记录、生产和销售报表、历年统计资料、财务报表、用户来函、年度总结报告和专题报告等。企业外部资料包括政府公布的有关统计资料、同行业有关资料、报刊有关信息、科研机构的调研报告等。

第二步，进行试探性调查，界定问题。针对上述所提出的问题及种种设想，访问企业内外有识之士和用户代表，请他们提出看法，或提供资料，验证所提出的问题及假设是否正确，进而界定问题，并在此基础上确定调查课题。

2. 制定调查方案

任何一种正式的市场调查，都需要进行事先的策划、设计和安排，以保证市场调查任务的实现，而正确制定调查方案是顺利进行市场调查的保证。市场调查方案包括以下几个方面的内容：

(1) 调查目的。说明为什么进行此项调查，通过调查要了解哪些问题，调查结果的具体用途。

(2) 调查对象和调查单位。明确调查目的之后，应着重解决向谁调查的问题，即根据调查课题确定调查对象和具体的调查单位。调查对象是指所要调查的市场现象总体。调查单位是指构成调查现象总体的个体，是所要调查的具体单位，是调查项目的承担者。

(3) 调查项目和调查表。调查项目是对调查单位所要了解的各项内容，它是根据调查目的，为所需资料所设置的各种标志和名称。为了使调查的内容不致发生遗漏和便于被调查者回答，以及便于汇总整理，还需要将已确定的调查项目合理地科学分类排列，形成调查表。调查表是搜集原始资料的基本工具，它有单一表和一览表两种形式。单一表是在一张表上只登记一个调查单位的有关内容；一览表是在一张表上登记若干个调查单位的内容。

(4) 调查方式和调查方法。调查方式是指取得调查资料的方式，是采用全面调查还是非全面调查？是采用抽样调查还是典型调查？调查方法是指在既定的调查方式中，通过何种具体途径来获取所需的调查资料，它包括询问法、观察法和实验法等。调查方式和调查方法的具体选取应视调查目的和调查对象的特点而定。

(5) 调查时间和调查时限。调查时间是指调查资料所属的时间，如果所要调查的是时期现象，调查时间就是资料所反映的起止日期；如果调查的是时点现象，调查时间就是规定的统一标准时间。调查时限是指进行调查工作的期限，包括搜集资料、加工整理资料、公布调查结果在内的整个工作所需要的时间。在调查时限内，要作出合理的日程安排，制订调查进度表。调查进度表主要包括工作项目、所需天数、起止日期、先后顺序，画出调查进度网络图，并找出关键线路。

(6) 资料整理和分析。对于实地调查搜集的大量原始资料，要规定整理和分析的方法，是采用手工汇总还是计算机汇总？如何审核调查资料？采用哪些分析方法来得出反映市场运行状况的实质性结论？这些都要在方案中加以规定说明。

(7) 提交调查报告。包括调查报告的形式、份数、基本内容等。

3. 组织和人员准备

为保证调查方案的顺利实施，必须进行一定的组织和人员准备，即调查机构的设立、领导的配置、调查人员的选择和培训等。

对于没有专门市场调研机构和调查技术力量的中小型企业，市场调查可以委托专门的市场调查咨询机构代理进行，对于有专门市场调研机构的大型企业，在企业负责市场营销副总经理的领导下自行组织市场调查。

由于市场调查是一项复杂而技术性很强的工作，为保证调查质量，调查人员的选择必须符合一定要求，并且在现场调查之前必须就调查方案的有关内容对调查人员进行培训。调查人员一般应符合以下要求：

(1) 具有丰富的市场知识，受过专门的市场调查训练。

(2) 要能熟练掌握和运用各种调查方式、方法，了解调查程序，并能独立地处理调查中出现的异常问题。

(3) 具有较强的交际能力和责任感。

4. 编制经费预算

为保证市场调查的顺利实施，必须有一定的经费作保证。经费预算的原则是：在调查费用有限的条件下，力求取得最好的调查效果；或在保证调查目标实现的前提下，力求使调查费用支出最少。经费预算的项目一般包括：人员差旅及补助费、问卷印刷费、资料费、仪器购置费、计算机汇总处理费、杂费等。

(二) 调查实施阶段

调查实施阶段是市场调查工作的重点，是在调查准备工作充分之后，按照既定的调查方案，搜集有关市场信息资料。所要搜集的资料可分为原始资料和现成资料两类。所以，调查实施阶段可以分为原始资料的调查搜集和现成资料的调查搜集两步。原始资料又称为第一手资料，它是市场调查人员亲临调查现场实地搜集的资料，取得这部分资料所花时间较长、费用较大。所使用的方法主要是询问法、观察法、实验设计等。现成资料又称第二手资料，它是由别人已经进行记录整理、分析计算、总结成文的资料，取得这部分资料比较容易，花费较少。现成资料按其来源不同可分为内部资料和外部资料。内部资料主要是指本单位的各种内部报表、年度总结、用户来函、订单等，可责成本单位有关人员和部门提供。外部资料主要是指来自单位外部的由政府有关部门、市场研究机构、新闻媒介等发布的有关市场信息，取得这些资料可以向有关部门索取或采用交换等方式。

(三) 资料整理和分析阶段

资料整理和分析阶段是市场调查工作的关键,此阶段的工作如果抓不紧或草率从事,就有可能导致整个调查工作功亏一篑。现场调查所搜集的大量市场信息资料往往是零乱分散的、不系统的、不能直接从中看出市场的变动过程、变动特点和变动规律,有些资料还有可能是片面的、不真实的。因此,为了充分发挥市场调查的作用,必须对上述资料进行加工整理和分析,去粗取精,去伪存真,使调查资料系统、完整和可靠,能够客观地反映被调查事物的内在联系,揭示问题的本质和各种市场现象间的因果关系。这一阶段的工作步骤主要包括以下几方面。

1. 审核资料

采用逻辑检查和计算检查的方法对资料的完整性、正确性进行审核,即检查资料是否齐全、是否有重复和遗漏,数据是否正确,数据和情况是否相互矛盾等。一经发现问题,应及时订正补充调查。

2. 分类编号

为便于归纳和统计,将资料按照有关标志进行分类、分组和编号。

3. 汇总计算

根据调查的目的和要求,汇总计算有关总量指标、相对指标、平均指标,并可制成统计表、统计图等。

4. 资料分析

运用时序分析、相关分析、判别分析、聚类分析、主成分分析等方法对汇总整理过的资料进行分析,得出实质性的结论。

(四) 提交调查报告阶段

提交调查报告是市场调查工作的最后阶段,它是用事实材料对所调查的问题作出系统的分析说明,并提出结论性的意见。市场调查报告的基本内容一般包括:调查过程概述、事实材料及其分析、调查结论、对策、建议和附录。在附录中主要是列出正文中没提及的计算公式、统计图表等。调查报告的编写,应符合以下几项要求:一是要回答调查计划和方案中所提出的问题;二是要有数据、有情况、有问题、有对策,统计数字力求准确;三是问题分析要力求客观,切实避免主观和片面性;四是所提出的对策建议要积极、合理、可行;五是文字简明扼要、突出重点;六是语言顺畅、结构严谨、层次清晰。

市场调查是指运用科学的方法,有目的、系统地搜集、记录和整理市场信息,借以

分析、了解市场变化的态势和过程,研究市场变化的特征和规律,为市场预测、经营决策提供依据的活动过程。其本身具有针对性、普遍性、科学性、时效性和不确定性等特征。

市场调查活动必须回答和解决为何调查、为谁调查、对谁调查、调查什么、如何调查,以及何时何地调查等基本问题。

市场调查从不同角度可分为不同类型,调查内容贯穿企业经营活动每一环节。为了保证调查质量,市场调查过程必须遵循科学的程序和原则。

复习思考题

1. 如何理解市场调查的含义?
2. 简述市场调查的产生和发展。
3. 简述市场调查的特征。
4. 简述市场调查与市场预测、经营决策的区别和联系。
5. 简述宏观市场调查的内容。
6. 市场专题调查一般包括哪些方面?简述其基本内容。
7. 市场调查一般应遵循哪些原则?其基本程序如何?
8. 市场调查的基本问题有哪些?具体有哪几类基本方法?

案例分析

美国李维斯公司是以生产牛仔裤而闻名世界的。20世纪40年代末期的销售额仅为800万美元,但到20世纪80年代销售额达20亿美元,40年间增长了250倍。这主要得益于该公司的分类市场调查。该公司设有专门负责市场调查的机构,调查时应用统计学、行为学、心理学、市场学等知识和手段,按不同国别分析研究消费者的心理差异和需求差别,分析研究不同国别的经济情况和变化、环境的影响、市场竞争和时尚趋势等,并据此制定公司的服装生产和销售计划。例如,1974年公司对联邦德国市场的调查表明,大多数顾客认为服装合身是首选条件,为此,李维斯公司随即派人在该国各大学和工厂进行服装合身测验。一种颜色的裤子就定出了45种尺寸,因而扩大了销售。李维斯公司根据美国市场调查,了解到美国青年喜欢合身、耐穿、价廉和时髦,为此将这四个要素作为产品的主要目标,因而该公司的产品在美国青年市场中长期占有较大的份额。近几年,李维斯公司通过市场调查,了解到许多美国女青年喜欢穿男裤,为此,公司经过精心设计,推出了适合

妇女需要的牛仔裤和便装裤，使该公司的妇女服装的销售额不断增长。虽然美国及国际服装市场竞争激烈，但是李维斯公司靠分类市场调查提供的信息，确保了经营决策的正确性，使公司在市场竞争中处于不败之地。

问题

李维斯公司的分类市场调查对你有何启示？

第 2 章

市场调查方案设计

学习目的

1. 掌握市场调查方案设计的内涵。
2. 理解市场调查方案设计的意义和作用。
3. 掌握市场调查方案设计的基本内容,并能够设计完整的市场调查方案。
4. 了解市场调查方案可行性研究和评价的基本内容、基本方法。

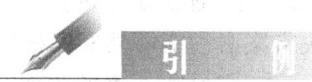

很久以前,有一个小海马攒够了七块钱,兴奋地去寻觅它的财富。还没有走多远,它就碰到了一条鳗鱼。那条鳗鱼问它:"喂,小海马,你要到哪里去啊?"

"我要去寻找属于我的财富!"小海马骄傲地回答。

"那你太幸运了!"鳗鱼接着说,"你只要花四块钱就可以买这个可以加速的脚蹼了,它能让你更快地到达你的目的地。"

"哎呀,那太好了!"小海马付了钱,穿上了脚蹼,以两倍的速度继续前进。过了没多久,小海马又碰到了一条寄生虫。寄生虫又问它:"喂,小海马,你要到哪里去啊?"

"我要去寻找属于我的财富!"小海马又回答道。

"那你太幸运了!"寄生虫说,"你给我一点钱,我就卖给你一艘喷气滑行快艇,它能让你更快地到达目的地。"

小海马用它剩下的钱买了快艇,又以5倍的速度,嗖嗖地穿过海洋。没过多久,小海马又碰到了一条鲨鱼。鲨鱼问道:"喂,小海马,你要到哪里去啊?"

"我要去寻找属于我的财富!"小海马又回答道。

"那你太幸运了!如果你走这条捷径,"鲨鱼指着它张开的嘴说,"你可以节省很多时间。"

"哎呀,那太好了!"小海马边说边钻到了鲨鱼的嘴里,被鲨鱼给吞噬了。

第一节 市场调查方案设计的意义

市场调查是一项系统性、及时性、准确性、程序性、可操作性和经济性等各方面要求都比较高的企业和社会研究活动。系统性要求决定了在市场调查的实际过程中,必须对市场调查的各个方面、各个环节、各个过程进行系统、全面的考虑,避免遗漏任何重大的调查事项和影响因素,它反映了市场调查工作的高度要求。及时性决定了市场调查活动必须按照预期或规定的时间期限高效率地完成,它反映了市场调查工作的效率要求。准确性决定了市场调查工作所取得的调查结果和相关数据信息,必须能够解决或有助于解决营销工作中所遇到的问题,它反映了市场调查工作的精度要求。程序性决定了在市场调查工作正式开始之前必须有一整套的操作流程,供调查人员执行,它反映了市场调查工作的逻辑要求。可操作性不仅决定了市场调查方案所涉及的每一个阶段、每一个程序、每一方法和技术都可以让调查人员在调查过程中进行操作、执行和实施,而且还决定了调查工作最终所获取的调查结果、相关数据信息以及所提出的营销解决方案必须能够切实发挥营销决策支持作用,可供营销人员和其他相关人员采用、执行和操作,它反映了市场调查工作的具体要求。经济性决定了市场调查工作必须考虑调查的投入成本与其所获得的预期收益之间的对比关系,即投入产出关系,它反映了市场调查工作的成本要求。

为了满足市场调查工作各方面的要求,在进行实际市场调查之前,市场调查公司(或部门)必须设计和制定一套完整、科学的市场调查方案。市场调查方案设计是否科学、系统,决定着市场调查活动能否取得预期的效果。从市场调查活动的实际情况来看,一般来说,市场调查活动不能按照预期开展和进行、不能取得预期的理想效果,不外乎有以下几个方面的原因:一是缺乏完整、科学的市场调查工作计划;二是对市场调查的目标认识不清楚,即目标不明确;三是市场调查开始之前,对所要着力解决的问题和矛盾缺乏明确而清晰的界定和研究;四是市场调查方案设计不够具体,不具有可操作性;五是对市场调查的项目和内容界定不清楚,或存在重大的调查项目遗漏现象;六是市场调查的方法和方式选择不够恰当;七是市场调查活动的预算不科学等。而上述七个问题的避免和解决,需要市场调查公司(或部门)多方面的改进和完善,其中最重要的保障措施就是设计科学、完整、系统的市场调查方案。

一、市场调查方案设计的内涵

(一)市场调查方案设计的含义

市场调查方案设计也被称作市场调查策划,是指在进行实际的市场调查活动之前,根据市场调查的调查目的和调查对象的实际情况,对市场调查工作所涉及的各个方面、各个环节进行全面考虑和整体安排,并提出详细而全面的市场调查实施方案和科学合理的工作程序。简言之,市场调查方案设计就是指开展某一市场调查项目时需要遵循的一个基本框架和基本程序。市场调查方案设计是市场调查工作的开端,关系到整个调查工作的成败与得失。

(二)市场调查方案设计的类型

市场调查方案设计可分为两种类型,即纵向设计和横向设计。

纵向设计是指对市场调查活动所必须经历的阶段和过程的设计,即对市场调查各个环节的设计。它体现了市场调查活动的程序性,可以有效地避免市场调查过程中各个阶段之间的先后顺序和逻辑关系的颠倒和错位。在实践中,市场调查方案的纵向设计包括调查资料和信息的收集、调查资料和信息的整理,以及调查资料和信息的分析等,涵盖了研究主题和调查目的的确定、调查对象和调查单位的确定、调查项目和内容的确定、调查提纲和调查表的制作、调查方法和调查方式的选择、调查活动的时间进度的安排、调查活动经费预算、调研结果要求和调查工作的组织实施等。

横向设计是指对市场调查活动每个阶段所涉及的内容和项目的设计,即对市场调查各个方面的设计。它体现了市场调查活动的范围性,可以有效地避免调查项目和调查内容方面出现不必要的重复和重大遗漏。在实践中,市场调查方案的横向设计应当包括市场调查所要解决的问题和矛盾所涉及的各个可能的因素和参数。例如,假设我国家电连锁巨头国美电器集团打算在全国进行一项大规模的关于自身营销竞争力的调查,那么这项调查的内容至少应当包括但不限于自身的营销理念、营销调研、营销战略、营销策略和营销执行等方面的竞争力。而上述每一个大模块可以继续细分为许多小模块,如营销理念竞争力可以细分为营销观念、营销道德、营销创新意识、营销导向、营销地位和营销文化等;营销调研竞争力可以细分为关于自身、消费者、竞争对手和外部环境的信息收集、信息处理、信息存储和信息应用等;营销战略竞争力可以细分为市场细分、目标市场选择、市场定位、竞争战略、品牌战略、CIS战略、营销战略联盟等;营销策略竞争力可以细分为产品、价格、渠道和促销等;营销执行竞争力可以细分为组织保障、人员保障、机制保障和财务保障等。而上述每一个小模块又可以最终细分为一个个不可再分的因子和参数。这就是最终的调查项目和调查内容。

二、市场调查方案设计的意义

随着市场调查在企业市场营销职能和其他职能中地位的不断增强以及企业经营管理对市场调查活动的科学性和准确性要求的不断提高,市场调查方案设计在现代市场调查工作中的意义和作用也日益突出。作为市场调查活动的起点,市场调查方案设计的科学性决定着调查活动能否正常开展,并取得预期的成果。具体来说,市场调查方案设计的意义主要表现在以下几个方面。

(一)从市场调查活动的性质上来考察

市场调查方案设计是调查项目委托者与项目承担者双方达成的共识、协议或合同,具有一定的约束力。市场调查方案设计的内容涵盖了市场调查的方方面面,包括调查目的、调查对象、调查范围、调查项目和内容、调查方法、调查进度安排、人员配备、调查活动经费预算和结果要求等。上述各方面的内容都是调查项目委托者与承担者双方经过认真研究和反复讨论而达成的共识,有利于避免双方产生分歧和导致误解的可能性。

(二)从市场调查活动的认识上来考察

市场调查方案设计是市场调查工作从大量定性认识到大量定量认识的过渡阶段。人类对客观世界和主观世界的认识总是从基本的定性认识开始的,然后随着认识经验的不断丰富和认识工具的不断进步,人类对客观世界和主观世界的认识水平实现了由定性认识到定量认识质的飞跃。同样,市场调查作为人们认识和研究市场以及市场相关者的主要方法,也是首先从定性认识开始的。例如,20世纪70年代末80年代初,面对百事可乐的挑战,可口可乐曾被迫尝试研究新口味、新配方以争取"新一代"的消费者,可口可乐改变其口味和配方的决定是在对消费者进行19万人次的市场测试的基础上制定的。但新产品投放市场后,遭到众多消费者,尤其是品牌忠诚型消费者的强烈反对。可口可乐最终不得不"从善如流",决定放弃新配方、恢复老配方和老口味的可乐。其实,可口可乐对口味的调研是准确的,但顾客并未被告知原来的老可乐将从货架上消失。可见,在进行市场调查之前,只有积累了大量科学定性认识,如关于企业自身对市场的了解与经验、决策者的策略性思考与判断力及其他一些主客观因素,才能使市场调研最终所获取的定量认识具备科学性的坚实基础,从而使市场调查发挥出最大的决策支持价值。总而言之,市场调查方案设计是连接市场调查工作中定性认识和定量认识的重要桥梁和纽带。

(三) 从市场调查活动的工作程序上来考察

市场调查方案设计是市场调查活动的指南针和路线图，在调查工作中起着统筹兼顾、协调各方的重要作用。如前所述，现代市场调查是一项系统性、程序性等方面都很强的研究活动，而市场调查方案设计正好解决了市场调查活动的系统性和程序性问题。系统性是指市场调查方案设计对市场调查的各个方面和各个环节进行了综合、通盘考虑，避免调查要素的遗漏、重复和相互之间的排斥。例如，关于市场调查中的排斥问题，市场调查的基本原则和基本要求是准确性、及时性和经济性，但是这三个原则之间又是互相矛盾的：准确性要求过高，就可能导致及时性和经济性不符合要求；及时性要求过高，就可能导致准确性和经济性不符合要求；经济性要求过高，就可能导致准确性和及时性不符合要求。程序性是指市场调查方案设计在市场调查工作实际开始之前，就已经制定出了一套完整的操作流程，便于调查工作的组织实施，大大提高了市场调查的工作效率和经济效益。基于上述两点，市场调查工作的顺利开展和有效实施，需要市场调查方案设计积极发挥其统筹兼顾、协调各方的重要作用。

(四) 从市场调查活动的实践要求上来考察

市场调查方案设计是现代市场调查活动不可或缺的第一步。现代市场调查早已由单纯的资料收集活动发展到把调查对象视为整体来认识和反映的系统工程。与此相适应，市场调查过程也应被视为是市场调查方案设计、资料收集、资料整理、资料统计分析和决策建议提出的一个完整过程，而市场调查方案设计正是这个完整过程的开端和起点，决定着后续工作的顺利开展和有效实施。在我国企业的市场调查工作实践中，往往出现许多问题，如就事论事、重复遗漏、颠三倒四、执行不力等等。而出了问题之后，企业管理人员或市场调查人员又往往归咎于市场调查本身，从而导致"市场调查无用论"。其实，这些问题出现的原因可能有多种，但是关键的原因在于，相关人员没有将市场调查方案设计放在关系调查成败这一战略地位上加以审视。

第二节 市场调查方案设计的主要内容

一份科学、完整、系统的市场调查方案设计所包含的基本内容主要有：研究主题和问题界定、调查目的确定、调查对象和调查单位的确定、调查项目和内容的确定、调查提纲和调查表的制作、调查方式和调查方法的选择、调查活动时间进度的安排、调查工作的组织实施、调查活动经费预算和调研结果要求等。

一、界定问题和确定目标

界定问题是指阐明一个特定的营销管理决策的范围和区域,即找出企业本身市场活动中存在的问题,从而研究和探讨问题解决的途径和方法。在市场调查实践中,问题界定一般涉及以下几个问题:市场调查的原因,即为什么要进行市场调查;市场调查的目的,即通过市场调查要了解什么;市场调查的主要范围及其价值。

(一)科学界定问题的重要性

市场调查过程首先始于界定研究主题和定义问题。界定问题是市场调查过程中最关键、最困难,但往往也是最不受重视的一个环节,其作用在于使市场调研抽象化和模糊化的问题变得具体化和明晰化。问题界定好了,就等于问题解决了一半。在很多情况下,发现问题比解决问题更重要。伟大的科学家阿尔伯特·爱因斯坦也曾经精辟地指出"简明扼要地陈述问题,常常比提出解决方案更不可或缺。"

随着企业外部环境(如消费者需求、竞争对手等)和内部条件(如企业的营销资源和能力、营销目标等)的变化,企业的营销管理人员总是会面临许多新的问题和新的挑战。如果市场调查人员对目前所面临的问题和挑战没有一个科学、全面、清晰的定性认识,就开始进行所谓的市场调查和定量研究,最终很可能得出错误的结论。错误问题的正确答案是没有任何意义的,而建立在错误问题基础上的"正确"解决方案,对于营销管理决策更是有百害而无一益的。

(二)问题界定的步骤

1. 了解和把握市场调查背景

市场调查背景是指市场调查活动是在企业什么样的历史条件和现实状况下开展的。在市场调查活动正式开始之前,需要调查人员了解的企业背景主要包括:为之服务的企业属于什么类型和哪个行业;企业所处行业的竞争状况如何;企业在本行业中处于什么样的地位,是市场领导者,是市场挑战者,是市场追随者,还是市场补缺者;企业主要提供什么商品或服务;企业的目标顾客和主要顾客是什么;企业的主要竞争对手有哪些;企业战略资源和核心能力是什么;企业的品牌和市场占有率如何;企业目前的营销战略和营销策略是什么。

2. 明确企业管理者要求达到的调查目的

市场调查部门(或公司)存在的价值就在于服务和满足企业的营销管理者市场决策的需要。因此市场调查人员必须首先明白营销管理者进行市场调查的目的是什么,即通过市场调查要了解什么和获取什么信息。在市场调查实践中,调研目的的数量不宜过多,要限制在可控制的范围内。市场调查的目的越少,说明问题越明确,问题界定越容易。

除了一些简单、明了的问题之外,在很多情况下,企业的营销管理者对调查目标和所面临的问题没有明晰的认识,其目标和问题往往要么是太过于抽象和泛化,要么是"一叶障目,不见泰山"。这一现象可以用冰山原理来解释。冰山原理是指人们观察冰山,只能看到浮在海面上的大约10%的冰山,而看不到其余被隐藏在海面以下的大约90%的冰山。其实,企业所面临的问题也是一座冰山,管理者只能看到问题10%显性的、表面的部分,而看不到也难以理解问题90%隐性的、本质的、更重要的部分。因此全面地认识问题,对于企业管理人员和市场调查人员来说不是一件容易的事情。

3. 运用探索性调研界定问题

在市场调查实践中,通常通过探索性的调研来明确复杂问题的本质,帮助营销管理者明确调查目的和研究主题。探索性调研是在正式调查之前,为了搞清楚所界定问题的性质而进行的最初的调查。其目的在于尽量缩小调查主题的范围,并将发现的问题转换成明确定义的调查目标。这一阶段所需的信息资料是不精确定义的,研究过程很有灵活性,没有固定的、成形的结构。

在实践中,常用的探索性调研方法主要有二手资料调查法、专家咨询法、头脑风暴法、焦点小组访谈法等。二手资料调查法(又被称为文案调查法,或间接调查法)与一手资料调查法相对而言,它是指由前人已经收集并记录好的,但不一定与当前问题有关的资料。在市场调查实践中,调查人员可以找到海量的二手资料,但现有的二手资料中只有非常小的一部分可以用在当前的市场调查中。因此调查人员必须提高信息搜索与筛选的效率和准确性。专家咨询法是指向有丰富的相关经验和知识的专家进行咨询,以获取相关信息。它的特点是反馈比较系统,获得的结果普遍性强,可靠性高,但是效率较低(可用互联网提高专家咨询法的效率)。头脑风暴法和焦点小组访谈法两者在调查实践中的区别不大,都是创造一个无批评的轻松环境,鼓励小组成员畅所欲言、互相启发、充分交流的非结构化的调查方法。这两种方法的共同特点是自由性、开放性、无批评性和探索性。

4. 分清问题的现象与本质

在市场调查实践中,调查人员要能够做到"不畏浮云遮望眼",即要注意区分问题的现象与本质,必须能够从纷繁复杂的现象中发现事物的本质。现象和本质是揭示客观事物外在的联系和内在的联系相互关系的一对范畴。现象是事物的外部联系和表面特征,本质是事物的根本性质,是组成事物基本要素的内在联系。在实践中,如果调查人员将问题的现象当作问题的本质,就不可能发现和认识问题的本质,也就不可能找到问题的解决方案,甚至有可能导致企业的营销管理人员作出错误的决策。

5. 确定市场调查的主要范围

市场调查人员关于本次调查的大致范围,一般涉及以下几个方面:本次调查的对象是什么类型的市场,是国内市场,是国外市场,还是兼而有之;该企业推出新商品或新服务的顺序是什么,是先在国内市场推出,还是先在国外市场推出;该企业是否同时做媒体调查;该企业是否需要对新产品作特别的宣传设计或宣传活动,如果需要,是包括在本次调查之内,还是独立进行;该企业打算拨备多少资金作为宣传费用。

二、确定调查对象和调查单位

(一)调查对象和调查单位概述

问题界定和目标确定工作完成以后,就要确定调查对象和调查单位,这主要是为了解决向谁调查和由谁提供所需信息和资料的问题。调查对象和调查单位都取决于调查目的和调查任务。

调查对象也被称作统计总体,是指根据调查目的和调查任务所确定的研究事物的范围和全体,它是由性质上相同的许多调查单位所组成的。确定调查对象也就是解决"向谁调查"的问题,这不仅关系到调查方式和调查方法的确定,而且在很大程度上影响着市场调查活动的成败。

调查单位也就是总体单位,是指调查对象的组成要素,或总体中的个体,也就是调查对象所包含的一个一个的具体单位。它是市场调查活动中实际要调查和记录的各个具体项目的承担者。确定调查单位也就是解决"谁将是我们这些调研活动的第一个或下一个被调查者"的问题。例如,为了全面研究我国乳制品生产企业的营销竞争力现状、所存在的问题及其解决方案,需要对我国所有乳制品生产企业进行全面调查研究。那么,本次市场调查的调查对象就是我国所有乳制品生产企业,调查单位就是每一个具体的乳制品生产企业,比如伊利、蒙牛、光明等。

(二)调查单位的确定

在市场调查实践中,所采用的调查方式不同,则调查单位的确定方法也不同。调查方式可以分为全面调查(即普查)、重点调查、典型调查和抽样调查等方式。如果采取全面调查方式,则调查总体内所包括的每一个单位个体都是调查单位;如果采取重点调查方式,则只有选定的少数重点单位个体才是调查单位;如果采取典型调查方式,则只有选出的有代表性的和具有典型意义的单位个体才是调查单位;如果采取抽样调查方式,则用各种抽样方法抽出的样本单位就是调查单位。

(三)确定调查对象和调查单位应该注意的问题

调查目的和调查任务决定了调查对象,但是调查对象有时作为具有相同性质的许多单位和个体的集合,在这一集合中又由多种不同特征的小集合所构成。在具体确定某项调查活动的调查对象时,许多情况下的调查对象往往是复杂多样的,因此,调查人员不仅要有理论上的准备，而且还必须有丰富的经验积累作为基础，以准确、严格地规定调查对象的内涵。

调查单位的确定取决于调查目的和调查对象，调查目的和对象变化了，调查单位也要随之改变。

从严格的定义上来说，调查单位不同于填报单位，调查单位是调查项目的承担者和载体，而填报单位是市场调查中填报调查资料和信息的单位或个人。例如，假设联想集团打算对郑州市联想计算机的使用情况进行全面普查，那么调查单位为郑州市现存的每台计算机，而填报单位是该地区每个联想计算机的使用单位或个人。但在有些情况下，调查单位与填报单位又是一致的，例如假设联想集团打算对某地计算机用户的需求和消费情况进行全面普查，则调查单位和填报单位都是每一个计算机用户（单位或个人）。在市场调查方案设计中，当调查单位和填报单位两者不一致时，应当明确从何处取得信息资料，并防止调查单位的重复和遗漏。

三、确定调查项目和内容，形成调查提纲或调查表

在调查对象和调查单位确定之后，就可以确定具体的调查项目和内容。调查项目是指对调查单位所要调查的内容，确定调查项目就是要明确向被调查者了解些什么问题。调查项目的总和就构成了调查内容。在实践中，一般来说，调查项目就是调查单位的各个标志的名称，既可以是数量标志，也可以是品质标志。确定调查项目时必须考虑调查目的和调查对象的具体特点。不同的调查目的，都有自己特定的调查项目。如果要增加调查项目，那么市场调查的工作量、统计量和调研费用也会增加。因此每一个调查项目都必须紧紧围绕调查目的来确定。

（一）确定调查项目的基本过程

调查项目确定的基本过程为：确定需要收集的材料、信息和数据；确定获取所需材料的地点；确定如何取得材料；说明获取材料的基本原则；将确定好的调查项目进行归类、整理制作成调查提纲或调查表。

（二）确定调查项目和调查内容应该注意的问题

一是所确定的调查项目和内容必须都是围绕调查目标来进行的，是为实现调查目标服务的，否则，多余的调查项目不仅起不到积极作用，反而会浪费宝贵的人力、物力和财力。

二是必须科学、准确地界定和表述每一个调查项目，否则，如果调查项目界定和表述模糊，就会导致很多不必要误解、分歧和争论，从而影响市场调查的准确性和效率性。因此，如果有必要，最好对每一个调查项目进行详细的解释和说明，以确保每一个调查人员和受调查人员对调查项目含义理解的唯一性和确定性。例如，对"消费者"的界定和解释

不同,其具体的含义也有所不同:广义的消费者不仅包括个人和住户(包括家庭住户和非家庭住户),还包括组织(如企业、政府、其他单位等);而狭义的消费者仅包括个人和住户。即使是狭义的消费者,界定不同,其具体的内涵也有差异:是仅仅包括实际、真正消费或使用产品的人,即使用者,还是除了使用者之外还包括首先提出或有意购买某一产品的人(即发起者)、对最终购买决策有影响的人(即影响者)、可以做出是否购买决定的人(即决定者),以及实际购买产品或服务的人(即购买者)等。因此,必须对调查项目进行详细、清楚的界定,才可以避免各种误解、分歧和争论。

三是各个调查项目之间一般应有一定的关联,或者存在一定的逻辑关系,如因果关系和递进关系等。因此,在调查项目中,调查人员会首先提出在内容上和逻辑上相关联的一组假设,从而构成所谓的"理论模型"。所谓理论模型就是根据调查目的和调查主题,详尽列出有关概念和相关因素,并判断这些概念或因素之间的关系。通过理论模型分析,可以使市场调查策划人员确切地从逻辑上分析:本次调查的主题是否体现在调查项目之中了,有无偏离或遗漏,哪些因素是关键性的和主要的等。因此,这种分析方法是决定调查项目保留和舍弃的理论基础,从而精确地确定调查项目的数量。

四、选择调查方式和调查方法

在具体的市场调查活动实践中,调查方式和调查方法的选择主要取决于调查目的、调查任务和调查对象的实际情况等因素。总的来说,调查目的主要包括探索性研究、描述性研究和因果关系研究等;调查方式主要包括全面调查(普查)、重点调查、典型调查和抽样调查等;调查方法主要包括文案调查法(文献法)、专家调查法、面谈调查法、问卷调查法、观察调查法和实验调查法等。如果调查目的不同,那么调查方式和调查方法的选择也会有所不同(见表2-1)。

表2-1　　　　　　　　调查目的与调查方式和调查方法的选择表

调查目的	探索性研究	描述性研究	因果关系研究
常用方法	文案调查法、观察调查法、定性调查研究	文案调查法、抽样调查法、面谈调查法、固定样本连续追踪调查法	实验调查法

根据调查目的选择恰当的调查方式和调查方法,才能使市场调查活动达到准确性、及时性和经济性的和谐统一。一般而言,文案调查法和观察调查法适用于做探索性研究;问卷调查法(除邮寄问卷之外)和面谈调查法适用于做描述性研究;而实验调查法通常适用于做因果关系研究。例如,如果对固定的消费者样本调查,可以采用面谈调查法、问卷调查法(如邮寄问卷、留置问卷、刊登问卷、电话问卷等)、观察调查法(如人工观察、仪器观察

等)等;如果电视节目的收视率进行调查,可以采用实验调查法、仪器观察法等。

在现代市场调查实践中,最为成熟、也是应用最为广泛的调查方法是用于做描述性研究的抽样问卷调查法。此外,在市场调查实践中,还要注意各种调查方式和调查方法的配合使用,这样才能够最大限度地发挥市场调查的营销决策支持作用。

五、确定调查活动的时间日程安排

在市场调查实践中,调查活动的时间进度安排包括两个方面:其一是调查时间;其二是调查日程。调查时间是指调查资料和信息所属的时间。如果所要调查的对象是时段现象,则要明确界定所需资料和信息对应的调查对象的起止时间;如果所要调查的对象是时点现象,则要统一、明确界定所需资料和信息对应的调查对象的具体时点。在现实生活中,一些现象具有明显的时间性(如公交车的拥挤程度)、时期性(如铁路运输中的客运、旅游消费等)或季节性(如冷饮、羽绒服等),因此必须根据调查对象和调查目的的特殊性来选择恰当的调查时间。

调查日程也被称作调查进度表,是将调查过程的每一个阶段所需完成的任务和起止时间做出明确规定,它既包括了市场调查活动的总时间,又包括了每一个阶段的时间。制定调查日程,既可以指导和监督调查活动计划的进展程度和完成情况,又可以控制调查成本。一个完整的市场调查活动所需工作时间的长短应该具体问题具体分析,长的需要数年时间,短的仅需数天、甚至更短的时间,这取决于调查目的、调查任务和调查对象的实际情况等因素。

调查日程将调查过程一般分为如下几个阶段:市场调查方案设计;查找二手资料;抽样调查方案设计;调查问卷设计、测试及定稿;调查问卷印刷;调查员的挑选和培训;进行实地调查;对数据和信息进行汇总整理和统计分析;撰写市场调查报告;提交有关部门或客户,建议、修正(若需要)和定稿。一个完整的市场调查活动的时间分配如表2-2所示。

表2-2　　　　　　　　一个完整的市场调查活动的时间分配表

市场调查过程与阶段	调查日程的时间分配 (占总时间的百分比)
市场调查方案设计	4%~5%
查找二手资料	10%~15%
抽样调查方案设计	
调查问卷设计、测试及定稿	
调查问卷印刷	

(续　表)

市场调查过程与阶段	调查日程的时间分配 （占总时间的百分比）
调查员的挑选和培训	30%～40%
进行实地调查	
对数据和信息进行汇总整理和统计分析	25%～30%
撰写市场调查报告	
提交有关部门或客户企业，建议、修正和定稿	5%～10%

六、市场调查的组织实施

市场调查的组织实施是市场调查活动的关键环节，决定一个设计良好的调查方案的执行情况和最终的结果。因此，对市场调查活动来说，严谨、规范、有序、有力的组织实施是必不可缺少的环节。

（一）组织人员

根据工作性质的特点和实际需要，市场调查活动涉及的人员通常有调查主持人（即主要负责人）、调查顾问、研究人员、助理研究人员、行政人员、访问人员和督导人员等。他们各自的主要职责分别如下：

调查主持人。即市场调查活动和项目的主办人和主要负责人，承担调查项目工作成败的主要责任。

调查顾问。顾问的重要作用在于为市场调查工作提供调研咨询和建设性的建议，以提高市场调查的科学性和合理性。通常邀请业内的专家、学者担任。

研究人员。他们是市场调查工作的关键人员。其职责在于实际负责市场调查的实施和执行，负责从资料收集、资料整理、数据统计和分析、决策建议提供和市场调查报告的撰写等主要工作。

助理研究人员。其职责为协助研究人员开展调研工作。

行政人员。主要提供行政方面的协调和协助，但不直接参与市场调查活动。

访问人员。主要负责调查问卷的访问作业，必须在规定的时间内，根据访问提纲和注意事项，对受调查人员或单位统一进行访问。

督导人员。主要负责访问人员的督导,其作用在于提高市场调查的效度、信度和精确度。

(二)组织体系

现代市场调查活动,除了极少数由个人就可以完成的调查项目之外,绝大部分调查工作都需要一个完整的、有组织的团队来完成。这是由现代市场调查的系统性决定的。调研团队主要包括实际执行人员、协助参与人员和建议提供人员等。其中,实际的调查执行人员承担主要工作职责,其他人员或相对单位协助完成。

(三)组织作业流程和进度管理

组织作业流程就是市场调查活动执行的作业程序和步骤。进度管理就是根据前面已经确定好的调查活动日程安排进行控制和监督。

在市场调查实践中,可以采用"甘特图"进行进度管理和控制。甘特图(Gantt chart)是在20世纪初由亨利·劳伦斯·甘特开发的。它基本上是一种线条图,横轴表示时间,纵轴表示要安排的调查活动,线条表示在整个市场调查活动期间计划的和实际的调查活动完成情况。甘特图直观地表明调查计划在什么时候进行,以及实际进展与计划要求的对比。图2-1是某企业市场调查活动进度管理甘特图。

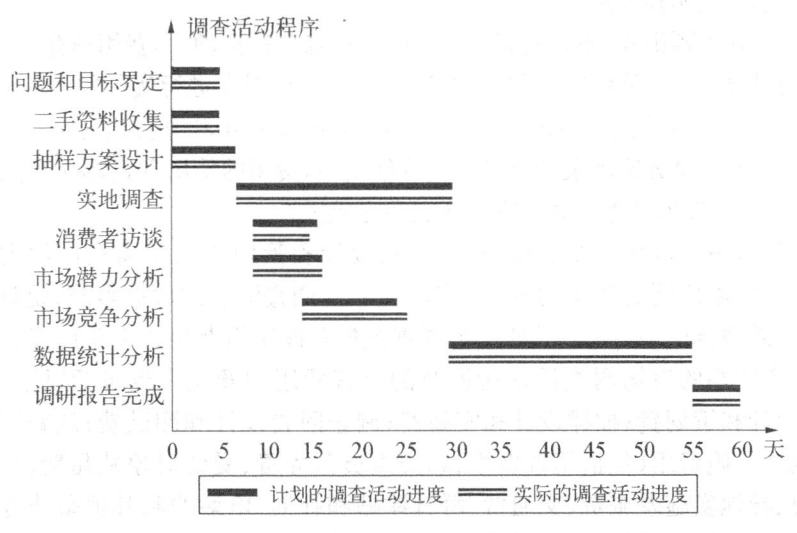

图 2-1 调查活动的进度管理甘特图

在图2-1中,时间以天为单位表示在图的下方,主要调查活动按照从上到下列的顺序在图的左边。图中的黑色实体方框表示计划的调查活动进度,白色的虚体方框表示实际的调查活动进度,两者的长短差异反映了调查活动计划与调查活动实际的偏离度。从图 2-1 中可以明确地看出,消费者访谈阶段的实际进度慢于计划进度,而市场竞争分析阶段的实际进度则快于计划进度,其他活动都是按照预定的计划完成的。市场调研人员首先判断实际进度与计划进度的偏离度大小是否正常和可以容忍。如果偏离度在允许的范围之内,则可以不用控制;如果偏离度超出允许的范围,则需要以此为线索,追溯实际进度与计划进度偏离的原因,以便在以后的活动环节中加以适当管理和控制,使市场调查活动按计划如期顺利完成;同时也有助于提高市场调查人员制定调查活动计划和管理的水平及能力。

七、调查活动的经费预算

经济性是市场调查活动必须遵循的三大基本原则之一。以最小的调查成本投入,获取最大的调查效益产出,是市场调查的最终目标。因此市场调查的成本控制成为实现这个目标的基本途径。

在市场调查活动中涉及三个主体,即调查单位(样本)、调查费用和调研人员,其中调查费用又可以强烈地影响到调查单位和调研人员的数量和质量,从而决定了市场调查的最终质量。在市场调查实践中,调查费用是最容易引起分歧和纠纷的因素之一,因此必须予以特别详细的说明和界定。

古人云:"凡事预则立,不预则废"。因此,在市场调查活动中,费用预算是有效地控制调查成本的重要方法。所谓市场调查的经费预算,就是指在进行实际的市场调查活动之前,按照一定的方法对调查活动中所要发生的一切相关费用和开支进行估计和测算的过程。调查的经费预算方案涉及调查经费的详细说明,费用的使用方式,费用的用途界定等重要问题,以保证市场调查活动的顺利开展和完成。

一般而言,一个市场调查活动前期准备、设计和策划阶段所需费用约占总预算的20%,调查实施阶段所需费用约占总预算的40%,调查活动的数据整理、统计和分析所需费用约占总预算的30%,最后的市场调查报告阶段所需费用约占总预算的10%。具体而言,一个完整的市场调查活动所涉及的所有费用和开支大致包括以下几个方面:调查方案设计和策划费;抽样设计和实施费;调查问卷设计和测试费;调查问卷印刷和装订费;调查实施费用(包括调查费用、调查人员劳务费、受访对象礼品费、督导员劳务费、邮寄费、异地实施差旅费、交通费、每日津贴和补助、电话费和其他杂费等);数据录入费(包括问卷编码、数据录入、整理);数据统计、分析费(包括上机、统计、制表、绘图以及必需品花费等);调查报告制作和撰写费;资料费、复印费等办公费用;其他费用。调查活动的经费预算不仅包括费用和开支的项目,还包括数量、单价、金额和备注等要素(见表 2-3)。

表 2-3　　　　　　　　　　市场调查费用和开支预算表

基本情况	申请人员： 调查题目： 调查地点： 调查时间：　　　年　　　月　　　日至　　　年　　　月　　　日					
费用项目	数　量	单　位	金　额	备　注	
调查方案设计和策划费					
抽样设计和实施费					
调查问卷设计和测试费					
调查问卷印刷和装订费					
调查实施费用					
数据录入费					
数据统计、分析费					
调查报告制作和撰写费					
资料费、复印费等办公费用					
其他费用					
总　　计					

在调查经费预算中还要注明本次预算的有效期限以及完成日期等信息，以避免一些意外因素影响费用预算的精确性。

此外，在进行实际的调查费用预算时，要尽量容纳所有可能发生的合理费用和开支，以免由于费用因素而导致市场调查活动不能顺利进行或不能取得预期的效果。当然，每一项可能发生的费用和开支都必须严格控制、认真核算、合理估计，以利于保证市场调查活动的经济性原则。同时，又必须注意市场调查的经济性原则与准确性原则和及时性原则的和谐统一，否则，如果过于重视经济性原则，强调调查的低成本，就会严重影响市场调查活动的准确性和及时性。因此，市场调查费用预算的基本指导思想是：在保证市场调查的准确性和及时性满足实际要求的前提下，尽量追求市场调查的经济性和低成本。

八、明确对市场调查结果的要求

明确对市场调查结果的要求，就是确定对最终调研结果的鉴定和验收标准。这一部分主要包括最终调查结果的表现形式（如市场调查报告的基本内容和基本格式），以及市场调查实施过程中每个具体环节的合格标准（如有效问卷的回收率等）。

市场调查报告作为一项市场调查活动最终结果的集中表现，是指主要以书面形式对某项市场调查活动的目的、方法、实施、结果等加以直接反映，以供有关人员或企业部门参考。市场调查报告是市场调查活动的综合成果，是评判一项市场调查活动质量高低的重要标志。凡是调查，无论是什么类型的调查，都要撰写调查报告。市场调查报告的基本内容和基本格式包括以下几个方面。

（一）扉页

扉页主要是指市场调查报告的封面。其内容主要包括调查报告的标题、调查人员姓名、所属单位、撰写报告的日期等。扉页的设计既要遵循规范性和科学性，又要体现一定的艺术性。

（二）摘要

一篇调查报告一般都有相当的篇幅，有时为了让决策者能用较少的时间掌握调查的主要结论，对调查结果一目了然，在调查报告前增加"摘要"，以简明的语言表述调查报告的精华所在。

（三）序言

序言，也被称作引言、导语或导言。序言应当只是简要地说明市场调查的由来和委托调查的原因，并简明扼要地阐明本次市场调查的目的。其基本内容主要包括以下几个方面：

本次调查的起因、目的和中心问题。可以用"按总经理的指令"、"受××公司委托"等语句点出起因；用"对××××问题进行调查"等语句点出本次市场调查的中心问题；用"以了解××××，为了××××"等语句点出调查目的。

本次调查的地点和时间期限。其目的在于点出资料来源的区域性和时间期限，以及本报告的适用时间和地点。

明确抽样样本的数量及其构成。包括性别、年龄、受教育水平、职业、经济收入等要素，以及抽样方法、调查方式等。其目的在于使阅读者了解本次调查所得材料是否具有全面性或典型性，并据以判断根据这些材料所形成的调查报告的可靠性。

写明对材料的审核鉴别情况。主要是写明是否进行过抽样复查，按什么百分比抽样复查，复查结果如何，对回收的问卷是否进行过审核，审核结果如何，对计算机的数据输入和处理是否进行过校核，校核结果如何。写这些的目的在于说明材料是否具有客观性、真实性，本报告是否具有可信性。

承启性语句。一般用"现将调查结果综述如下"一语转入下文。其目的在于将阅读者的注意力引导到对正文的研究上。

(四) 正文

正文是市场调查报告的主体部分和核心内容。正文必须包括本次调研的全部事实和全部过程,从调研的开始直到结论的形成和论证部分,同时还要包括全部资料,供决策人员从调查结果中得出他们自己的结论,而不是直接照搬市场调查人员所做出的结论。正文主要有以下几个部分。

1. 市场调查的主要目的

这部分要求简要概述调查目的、调查主题,使有关人员对调查内容有一个总体认识,或者提出人们所关注的或急需解决的问题,以增强报告的吸引力。

2. 市场调查的方法

市场调查方法是获取信息、数据和资料的方法和途径。在市场调查报告中,要说明调查过程中所用的调查方法,并解释采用这些调查方法的原因,以及存在的缺点、不足和弥补方法。

3. 市场调查的背景资料

在现代市场调查中,有关的调查背景资料是必不可少的。背景资料应该包括所有可能影响企业营销工作的宏观因素、中观因素和微观因素,其中宏观因素包括政治因素、经济因素、社会文化因素、技术因素、自然因素,甚至还有全球因素;中观因素包括市场规模、市场发展前景、市场增长率、行业竞争状况、竞争对手的市场占有率和品牌影响力、消费者的需求偏好和需求趋势等;微观因素包括企业自身的营销策略,如产品策略、价格策略、分销策略、促销策略、品牌策略、生命周期策略以及营销战略等。

4. 市场调查的结果和建议

结果和建议部分,是陈述调查研究的最终成果,是文章的最精华的部分,也是企业决策层最为关注的部分。结论可以列举几种可供选择的方案的形式,说明企业可以自主地采取哪种步骤,每种方案可能的开支和达到的结果,而且,应该预测到企业如果采取了某种具体方案,一定时间内应达到的经济效益。调查人员对此应进一步提出建议,即企业最好应当采取哪一种实施方案,每一点建议都要说明其可行性,还应当指出不应当做什么。

由于正文是调查报告的主体,因此这部分的撰写必须简明扼要、具体明确、条理清晰、层次分明、逻辑严密、层层深入。市场调查报告的撰写通常可采用的逻辑顺序主要有:按照实际的调查顺序撰写,即对调查的问题逐一阐述;按照对比原则进行阐述,每个部分可以都加上小标题,以使行文脉络清晰;按照事物发生的起因、经过和结果的顺序进行撰写。总之,正文部分是市场调查报告的核心部分,调研人员必须审慎对待、集中精力、认真撰写,以完整体现调研组的工作成果和劳动结晶。

(五) 附录

附录是用来论证、说明或佐证正文中有关情况的材料和信息。每一个附录都应编上序号。附录通常包括的内容主要有两个方面：一是为了证实本调查报告的可靠而附带的资料，如照片、录像带、录音带、图片、受访者名单和地址等；二是为阅读者进一步研究调查结果而提供的资料，如各种各样的数据和相关的文字资料。市场调查报告的附录应遵循两个原则：

(1) 必要性原则。可附可不附的资料就不必作为附录。

(2) 尊重受访者的原则。如有的受访者不愿把自己的姓名、职业、经济收入等让他人知道，在这种情况下，即使附录有此需要，也不应写上。

第三节 市场调查方案的可行性研究与评价

市场调查作为一种有关企业和社会的科学研究和探索活动，是一项复杂而严谨的系统工程。为了体现市场调查的探索性、研究性和复杂性原则，在较大型的市场调查活动中，调查方案一般都不是唯一的，而是设计多个方案，以备择优选用。同时，调查方案的设计往往也是建立在一定假设和前提基础之上的，而这些假设和前提的提出和确定难免会带有特定调研人员的主观性和个人偏好的烙印。因此，在一个市场调查方案付诸实施之前，有必要对调查方案进行可行性研究，并对调查方案的优劣进行全面的评价。

一、市场调查方案的可行性研究

为了避免调查人员的个人因素对调研结果造成影响，以使市场调查方案建立在切实可行的基础之上，调查方案设计完成后，往往需要进行可行性研究。

(一) 市场调查方案可行性研究的含义

调查方案可行性研究是指专门为决定某一项市场调查活动是否合理可行，而在实施之前对调查方案进行全面的技术经济分析论证，确定有利和不利因素，估计调查的经济效益和社会效益，从而为市场调查决策提供科学依据的一种科学分析方法。通过可行性研究，可以考察调查方案经济上的合理性和效益性，技术上的科学性和适用性，以及实施上的可能性和风险性。

(二) 市场调查方案可行性研究的内容

市场调查方案可行性研究主要包括经济可行性研究、技术可行性研究和实施可行性研究。

1. 经济可行性研究

经济可行性研究是指对市场调查方案在经济上的合理性和效益性的研究，即关于调查方案是否符合经济性原则的研究。对企业而言，市场调查是一项经济活动，因此其首要的目标应该是以最小的成本投入获取最大的产出。市场调查的成本投入主要表现为市场调查全过程，包括准备阶段、实施阶段和总结阶段所发生的全部费用和开支；市场调查的效益产出主要表现为市场调查的结果和所提出的建议为企业带来的所有即期和远期、有形和无形的各种有益的结果和影响。

经济可行性研究就是要研究市场调查方案设计中所确定的调查方式和调查方法、调查范围和样本的数量等方面在经济上是否可行，所付出的成本是否划算。如果通过经济可行性研究证明方案是可行的，则可采取；如果不可行，成本与预期收益不相匹配，则必须对调查方案加以改进，甚至更换。例如，如果一个企业试图对自己所有的消费者偏好及其品牌忠诚度进行普查，即使其经济实力再雄厚，在经济上也是不可行、不划算的。

2. 技术可行性研究

技术可行性研究是指对市场调查方案在技术上的科学性和适用性的研究，即关于调查方案是否符合适用性原则的研究。在市场调查过程中，所采用的调查方式、调查方法和调查技术并不是越先进越好，不可盲目追求所谓的先进、高级、发达、时髦，尤其万万不可"将简单问题复杂化"，即本来可以用常规的、简单的方法和技术来解决的问题，就没有必要非用先进、高级的技术来解决。在市场调查过程中，调查方法和调查技术选择应该遵循"只有适用的，才是最好的"原则和思想。能够用抽样调查、重点调查和典型调查解决的问题，尽量不用全面调查；能够用二手资料解决的问题，尽量不用一手资料调查；能够用问卷调查解决的问题，尽量不用实验调查法。

3. 操作可行性研究

操作可行性研究是指对市场调查方案操作和实施上的可能性和风险性的研究，即关于调查方案是否符合可操作性原则的研究。可操作性不仅决定了市场调查方案所涉及的每一个阶段、每一个程序、每一方法和技术都可以让调研人员在调查过程中进行操作、执行和实施，而且还决定了调查工作预期的调研结果、相关数据信息以及所提出的营销解决方案必须能够切实发挥营销决策支持作用，可供营销人员和其他相关人员采用、执行和操作，它反映了市场调查工作的具体要求。因此，市场调查方案中所涉及的每个调查细节、每个调查环节、每种调查方法、每种调查方式、每种调查技术都必须详细具体、界定明确、没有歧义、不得含糊，使得市场调查的一线执行人员不需要揣摩调查方案策划人员的本意，就可以按已经设计好的调研方案进行操作和执行，从而大大提高市场调查的工作效率。例如,假设某企业需要对自己的某些客户进行市场调查,决定采用重点调查的方式。如果在市场调查方案设计中只是规定采用重点调查,而没有详细具体地说明什么样的客户才算"重点",就会造成此阶段的调查工作不具有可操作性,必须重新琢磨、确定"重点客户",才能使调查工作进行下去。

(三)市场调查方案可行性研究的方法

1. 逻辑分析法

逻辑分析法是指通过检查所设计的调查方案的部分内容是否符合逻辑、情理和实际情况,来判断调查方案是否可行的方法。例如,如果要对从不知道网络为何物、从未上过网的人调查其关于网络广告或电子商务的看法和建议,或者对没有通电话的偏远山区进行电话问卷调查等,都是不符合调查对象实际情况的。如果要调查某城市居民的消费结构,而设计的调查指标却是居民消费结构或职工消费结构,按此设计所调查出的结果就无法满足调查的要求,因为居民包括城市居民和农民,城市职工也只是城市居民中的一部分。显然,居民、城市居民和职工三者在内涵和外延上都存在着一定的差别。逻辑分析法通常适用于调查项目的可行性研究,而无法对其他方面的设计进行判断。

2. 经验判断法

经验判断法是指邀请具有丰富经验和相关知识的专业人士,对设计好的调查方案进行初步研究和判断,以研究方案可行性的方法。例如,如果要对城市中的农民工问题进行调查,就不宜用普查方式,而适合采用抽样调查方式,因为城市中的农民工数量多、流动性强,无法全面调查;如果要对小麦、棉花等农作物的生长情况进行调查,就适宜采用重点调查等。

3. 试点调查法

试点调查法是典型调查的一种形式,是根据对小范围内的对象进行调查研究的结果来增强调查方案可行性的方法。试点是整个调查方案可行性研究中的一个十分重要的步骤,对于大规模市场调查来讲尤为重要。试点调查的目的是使调查方案更加科学和完善,而不仅是搜集资料。

从认识的全过程来说,试点是从认识到实践,再从实践到再认识,兼备了认识过程的两个阶段。因此,试点具有两个明显的特点:一个是它的实践性;另一个是它的创新性,两者互相联系、相辅相成。试点正是通过实践把客观现象反馈到认识主体,以便起到修改、补充、丰富、完善主体认识的作用。同时,通过试点,还可以为正式调查取得实践经验,并把人们对客观事物的了解推进到一个更高的阶段。

二、市场调查方案的评价

对于一个调查方案的优劣,大致可以从几个方面加以评价。下面结合我国第三次工业普查简要说明如下。

(一) 调查方案是否体现调查目的和要求

整个调查方案的设计必须紧紧围绕调查目的，必须符合调查要求，这是衡量一项调查方案科学性的主要依据。例如，第三次工业普查从摸清我国工业家底的目的出发，根据方案确定的调查范围、调查单位、调查内容，据此设置的一系列完整的指标体系，反映了我国工业的现状和全貌。方案指标设置的重点基本上能够体现国家调整工业内部结构、发展科学技术、提高职工素质、提高经济效益等方面的要求。

(二) 调查方案是否科学、完整和适用

例如，我国第三次工业普查对生产、流通、分配和消费各个环节，设置了许多相互联系、相互制约的指标，形成一套比较完整的指标体系，其特点是全面、系统、配套、适用、科学。

(三) 调查方案能否使调查质量有所提高

影响调查数据质量的因素是多方面的，但调查方案是否科学、可行，对最后的调查数据质量有直接的影响，这次工业普查由于方案设计合理，使调查的实际差错率大大低于2‰的规定。

(四) 调查实效检验

"实践是检验真理的唯一标准"。评价一项调查方案的设计是否科学、准确，最终还要通过调查实施的成效来体现。即必须通过调查工作的实践检验，来检查方案中哪些符合实际，哪些不符合实际，产生的原因是什么，肯定正确的做法，找出不足之处并寻求改进方法，这样就可以使今后的调查方案设计更加接近客观实际。

本章小结

市场调查是一项复杂的系统工程。市场调查方案设计作为调查活动的起点和指南，在调查实践中具有不可或缺的重要意义，它在很大程度上决定着调查活动的能否顺利开展和圆满完成。一份完整的市场调查方案设计的主要内容包括：研究主题和问题界定，调查目的确定，调查对象和调查单位的确定，调查项目和内容的确定，调查提纲和调查表的制作，调查方式和调查方法的选择，调查活动的时间进度的安排，调查工作的组织实施，调查活动经费预算和调研结果要求等。在市场调查方案付诸实施之前，有必要对调查方案进行经济、技术和操作等方面的可行性研究，并对调查方案的优劣进行全面的评价。

1. 为什么说市场调查方案设计是必不可缺少的?
2. 市场调查方案的横向设计和纵向设计有何区别?
3. 某企业的调查活动程序以及其计划的时间进度和实际的时间进度见表2-4。请绘出该企业调查活动的进度管理甘特图。

表2-4　　某企业调查活动计划的时间进度和实际的时间进度表

调查活动程序	调查活动的时间进度	
	计划的时间进度	实际的时间进度
问题和目标界定	第1~3天	第1~3天
二手资料收集	第1~3天	第1~5天
抽样方案设计	第1~5天	第1~5天
实地调查	第6~12天	第6~12天
消费者访谈	第6~8天	第6~8天
市场潜力分析	第6~9天	第6~11天
市场竞争分析	第8~10天	第8~11天
数据统计分析	第13~25天	第13~25天
调研报告完成	第16~30天	第16~30天

4. 市场调查方案设计的基本内容有哪些?
5. 市场调查方案可行性研究的基本内容和基本方法有哪些?
6. 如何撰写市场调查报告?

当年美国某企业向市场推出其新产品"方便尿布"时,也遇到了同样的阻力。"方便尿

布"用纸制成,用过一次便弃掉,故亦称"可弃尿布"或"一次性尿布"。在产品推广的初期,广告诉求的重点放在方便使用上,结果销路不畅。后经调查了解,仔细分析消费者的心理,方知该尿布虽然被母亲们认同确实使用方便,省去洗尿布的麻烦,但广告关于省事省力的宣传却使她们产生了心理上的不安:如果仅仅是方便使用而无其他品质,那么,购买、使用这种"一次性尿布",只是为了母亲图省事,自己就好像成了一个懒惰、浪费的母亲,婆婆也会因此责备自己。

有这样的一个故事:一位年轻的母亲正在给自己的孩子换"一次性尿布",这时门铃响了,原来是婆婆来家看望孩子。这下搞得母亲很紧张,情急之下,一脚将换下的尿布踢到床下,然后才去给婆婆开门。为什么要把尿布踢到床下?原来怕婆婆看到后有意见。在婆婆看来,给孩子洗尿布是母亲的天职,哪能嫌麻烦呢?给孩子用"一次性尿布"的母亲,必定是一个怕麻烦、懒惰的、对孩子不负责任的母亲。鉴于此,新的广告策划与策略针对这种心理进行了调整,广告诉求的重点发生了改变。新广告着重突出该尿布比布质更好、更柔软、吸水性更强、保护皮肤,婴儿用了更卫生、更舒服等特点。把产品利益的重点放在孩子身上,淡化了对于母亲方便省事的描述。广告语是"让未来总统的屁股干干爽爽!"。于是,"一次性尿布"就受到了母亲们的普遍欢迎,因为它既满足了她们希望婴儿健康、卫生、舒适的愿望,又可心安理得地避免懒惰与浪费的指责,同时兼顾了两方面的心理满足。从此"一次性尿布"就在美国流行起来。

问题

1. 在公司看来,最初其面临的问题是什么?它对该问题是如何界定的?你认为是否科学?
2. 该公司所面临的问题的现象和本质分别是什么?问题的真正原因是如何找到的?
3. "一次性尿布的转折"给我们带来什么启示?

第 3 章

市场调查方法

 学习目的

1. 领会文案调查法的意义与优缺点,掌握其来源渠道、收集与评估方法。
2. 了解观察调查法的特点以及类型,领会观察法适用条件以及内容,掌握观察调查过程中的基本技巧。
3. 了解并掌握电话调查基本步骤和应用技巧。
4. 了解面访调查的特点与程序,领会面访技巧在资料收集中的应用。
5. 了解邮寄调查与定性调查的特点、适用条件。

 引 例

肯德基炸鸡打入中国市场之前,公司派一位执行董事来中国考察市场。他来到北京街头,看到川流不息的人流,穿着都不怎么讲究,就报告说:炸鸡在中国有消费者,但无大利可图,因为中国消费水平低,想吃的多,但掏钱买的少。由于他没有具体进行相关信息的收集整理,仅凭直观感觉、经验作出预测,被总公司以不称职为由降职处分。接着公司又派了另一位执行董事前来考察。这位先生在北京的几个街道上用秒表测出行人流量,然后请500位不同年龄、职业的人品尝炸鸡的样品,并详细询问他们对炸鸡的味道、价格、店堂设计等方面的意见。不仅如此,他还对北京的鸡源、油、面、盐、菜及北京的鸡饲料行业进行了详细地调查,并经过总体分析,得出结论:肯德基打入北京市场,每只鸡虽然是微利,但消费群巨大,仍能赢大利。果然,北京的第一家肯德基店开张不到 300 天,就赢利高达 250 多万元。

这是市场调研的经典案例,从中我们可以看出"没有调查就没有发言权"。市场调查不仅要弄清楚哪些市场存在着未满足的需求,哪些市场已经饱和,更重要的是要从中分析消费者的需求、市场竞争状态以寻求营销机会。

第一节 文案调查法

根据调查的实践经验,文案调查法常被作为调查的首选方式。几乎所有的调查都可始于收集现有资料,只有当现有资料不能提供足够的证据时,才进行实地调查。因此,文案调查法可以作为一种独立的调查方法加以采用。文案调查要求有更多的专业知识、实践经验和技巧做依托,这是一项很艰辛的工作,要求有耐性、创造性和持久性。

一、文案调查法的含义

文案调查法又称资料查阅寻找法、间接调查法、资料分析法或室内研究法。它是利用企业内部和外部现有的各种信息、情报对调查内容进行分析研究的一种调查方法。其主要特点是:文案调查是收集已经加工过的文案,而不是对原始资料的搜集。文案调查以收集文献性信息为主,它具体表现为收集各种文献资料。在我国,目前仍主要以收集印刷型文献资料和电子文献资料为主。文案调查所收集的资料包括动态和静态两个方面,尤其偏重于从动态角度,收集各种反映调查对象变化的历史与现实资料。

二、文案调查法的基本要求

文案调查的特点,决定了在进行文案调查时应该满足以下几个方面的要求。

(一)广泛性

文案调查对现有资料的收集必须周详,要通过各种信息渠道,利用各种机会,采取各种方式大量收集各方面有价值的资料。一般说来,既要有宏观资料,又要有微观资料;既要有历史资料,又要有现实资料;既要有综合资料,又要有典型资料。

（二）针对性

要着重收集与调查主题紧密相关的资料，善于对一般性资料进行摘录、整理、传递和选择，以得到有参考价值的信息。

（三）时效性

要考虑所收集资料的时间是否能保证调查的需要。随着知识更新速度加快，调查活动的节奏也越来越快，资料适用的时间在缩短，因此，只有反映最新情况的资料才是价值最高的资料。

（四）连续性

要注意所收集的资料在时间上是否连续。只有连续性的资料才便于动态比较，便于掌握事物发展变化的特点和规律。

三、文案调查的渠道和方法

文案调查应围绕调查目的，收集一切可以利用的现有资料。从一般线索到特殊线索，这是每个调查人员收集情报的必由之路。当着手正式调查时，调查人员寻找的第一类资料是向他提供总体概况的那类资料，包括基本特征、一般结构、发展趋势等。随着调研的深入，资料的选择性和详细程度会越来越高，这个原则也适宜于寻找具体事实的调研活动。

（一）文案调查的渠道

从企业经营的角度讲，现有资料包括企业内部资料和企业外部资料。因此，文案调查的渠道也主要是这两种。

1. 企业内部资料的收集

主要是收集企业经济活动的各种记录，包括以下四种：

（1）业务资料。指那些与企业业务经济活动有关的各种资料。如订货单、进货单、发货单、合同文本、发票、销售记录、业务员访问报告等。

（2）统计资料。主要包括各类统计报表，企业生产、销售、库存等各种数据资料，各类统计分析资料等。

（3）财务资料。财务资料反映了企业活劳动和物化管理占用和消耗情况及所取得的经济效益，通过对这些资料的研究，可以确定企业的发展前景，考核企业经济效益。

（4）企业积累的其他资料。如平时简报、各种调研报告、经验总结、顾客意见和建议、同业卷宗及有关照片和录像等。

2. 企业外部资料的收集

对于企业外部资料,可从以下几个主要渠道加以收集:

(1) 统计部门与各级各类政府主管部门公布的有关资料。国家统计局和各地方统计局都定期发布统计公报等信息,并定期出版各类统计年鉴,内容包括全国人口总数、国民收入、居民购买力水平等,这些均是很有权威和价值的信息。这些信息都具有综合性强、辐射面广的特点。

(2) 各种经济信息中心、专业信息咨询机构、各行业协会和联合会提供的市场信息和有关行业情报。这些机构的信息系统资料齐全,信息灵敏度高,为了满足各类用户的需要,它们通常还提供资料的代购、咨询、检索和定向服务,是获取资料的重要来源。

(3) 国内外有关的书籍、报刊、杂志所提供的文献资料。包括各种统计资料、广告资料、市场行情和各种预测资料等。

(4) 有关生产和经营机构提供的商品目录、广告说明书、专利资料及商品价目表等。

(5) 各地电台、电视台提供的有关市场信息。近年来全国各地的电台和电视台为适应市场经营形势发展的需要,都相继开设了市场信息、经济博览等以传播经济、市场信息为主导的专题节目及各类广告。

(6) 各种国际组织、外国使馆、商会所提供的国际市场信息。

(7) 国内外各种博览会、展销会、交易会、订货会等促销会议以及专业性、学术性经验交流会议上所发放的文件和材料。

(二) 文案调查的方法

对于文献性资料来说,科学地查找资料具有十分重要的意义。从某种意义上讲,文案调查方法也就是对资料的查找方法。

1. 参考文献查找法

参考文献查找法是指利用有关著作、论文的末尾所开列的参考文献目录,或者是文中所提到的某些文献资料,以此为线索追踪、查找有关文献资料的方法。采用这种方法,可以提高查找效率。

2. 检索工具查找法

检索工具查找法是指利用已有的检索工具查找文献资料的方法。依照检索工具不同,检索方法主要有手工检索和计算机检索两种:

(1) 手工检索。进行手工检索的前提,是要有检索工具,因收录范围不同、著录形式不同、出版形式不同而有多种多样的检索工具。以著录方式来分类的主要检索工具有三种:一是目录,它是根据信息资料的题名进行编制的,常见的目录有:产品目录、企业目录、行业目录等;二是索引,它是将信息资料的内容特征和表象特征录出,标明出处,按一定的排检方法组织排列,如按人名、地名、符号等特征进行排列;三是文摘,它是对资料主要内容所做的一种简要介绍,能使人们用较少的时间获得较多的信息。

(2)计算机检索。与手工检索相比,计算机检索不仅具有检索速度快、效率高、内容新、范围广、数量大等优点,而且还可打破获取信息资料的地理障碍和时间约束,能向各类用户提供完善的、可靠的信息,在市场调查电脑化程度提高之后,将主要依靠计算机来检索信息。应当指出的是,文案调查所收集的次级资料,有些十分真实、清楚、明了,可直接加以利用;而有些则杂乱无章且有失真情况发生,对此还应加工和筛选,才能最终得出结论。

3. 互联网资料的收集

互联网上的原始电子信息比其他任何形式存在的信息都更多,这些电子信息里面,有很多内容是调查所需要的情报。互联网的特征是:容易进入,查询速度快,数据容量大,同其他资源连接方便。在互联网上要查找的东西,只要网上有立即得到。

四、资料质量的评估

在运用文案调查资料进行分析研究时,需注意应首先提出问题并对其质量进行评估。应当提出的问题有:一是内容,资料是否可靠、全面和精确地包括课题的要求;二是水平,资料的专门程度够不够格;三是重点,资料是否针对与课题最有关的各个方面;四是时间,资料所涉及的时期是否适当、有没有时过境迁;五是准确,资料是否可信、与第一手资料的接近程度如何;六是方便,资料能否既迅速又成本不高地获得。

五、文案调查体系的建立和管理

企业除了可根据有关调查课题进行文案调查外,还应在平时有目的、有系统地搜集并积累各类情报市场资料,为开展经常性的文案调查打下良好的基础。

(一)文案调查体系建立的必要性

目前,我国企业信息机构人员不健全,信息反馈不灵敏,调查预测工作薄弱,已经直接影响到企业的管理水平和经济效益。因此,加强文案调查体系的建设,已成为当务之急。按照信息要及时、准确、系统的要求,从当前情况出发,应着手抓好以下几项工作:

首先,制定一套文案调查的指标体系和信息搜集、处理、保存、传输的工艺流程,逐步配备现代化的信息工具和手段,加快信息的流动速度。

其次,根据企业生产经营和长远发展的需要,配备专门的调研人员,培养一支精干、有力的情报队伍。

再次,加强企业内部信息管理,提高信息传递速度,保证信息质量,增强管理机构利用信息的能力,力求用最短的流程、最快的速度、最简便的传递方式解决企业经营管理过程中的决策、计划等一系列战略、策略问题,发挥信息在企业中的"耳目"作用。

最后,建立和逐步扩大企业与外部市场信息的联系,使内部和外部的市场信息工作形成一个有机的体系。一方面可借助企业外部的各种情报信息网络获得必要的信息;另一方面企业的各种信息也可通过它们在全国范围内扩散。

(二)文案调查资料的储存管理和信息服务

1. 文案调查资料储存和管理方式

在文案调查资料中,许多资料是可供长期使用的,对这部分资料就需要加以合理的储存与保管。文案调查资料储存和管理方式主要有两种:一是经济档案式的储存和管理方式;二是采用电脑进行储存和管理。

(1) 经济档案式的储存和管理方式。正像每个人都有自己的个人档案那样,为反映市场发展变化过程,便于企业科学积累资料,企业也应针对各自的特点为资料建立经济档案,这是文案调查资料管理的重要内容。

(2) 电脑储存和管理方式。电脑储存和管理方式是把与企业经营有关的各种信息资料输入或用代码储存到电脑中,利用电脑对信息资料进行储存、查找、排序、累加和计算,这种方式不仅可以大大节省储存时间和空间,而且还可以提高数据资料处理的效率和精度。

2. 资料储存和管理要点

(1) 储存方法。应先根据实际情况编好基本资料目录,按因地制宜、先易后难、逐步完善的原则,有计划、有重点地收集积累资料,使市场资料的收集和储存做到经常化、制度化。

(2) 储存工具。应根据资料性质和企业现有条件选择储存工具,对资料加以妥善保管,一般所用的工具有资料袋、文件夹、录音机、录像机、电脑等。

(3) 储存地点。储存地点应根据资料的保密程度加以选择,通常需要有防火、防毁、防盗等措施,以保证资料的安全。

(4) 储存时间。要注意资料的时效性,要定期检查分析,对过时资料要果断销毁,以提高储存资料的质量。

六、文案调查法的局限性

文案调查法有其优势,但同时文案调查法也有一定的局限性,主要表现在以下几个方面:

第一,调查依据的主要是历史资料,其中过时资料比较多,现实中正在发生变化的新情况、新问题难以得到及时地反映。

第二,收集、整理的资料和调查目的往往不能很好地吻合,对解决问题不能完全适用,收集资料时易有遗漏。

第三,调查要求调查人员有较扎实的理论知识、较深的专业技能,否则在工作中将力不从心。此外,由于文案调查所收集的文案的准确程度较难把握,有些资料是由专业水平较高的人员采用科学的方法搜集和加工的,准确度较高,而有的资料只是估算和推测的,准确度较低。因此,应明确资料的来源并加以说明。

第二节 观察调查法

科学研究始于观察。观察是一种有目的、有意识的认识活动。观察结果是研究者形成判断和推理的依据。观察调查法是研究者考察、记录、分析研究对象行为与环境的研究方法。它可以收集和积累市场资料,探索和发现市场问题,验证和驳斥市场理论。理解和掌握观察调查法的特点、分类,观察工具的编制与选择,有助于研究者进行科学观察,获得科学的认识。

一、观察调查法的含义

观察调查法是调查员凭借自己的感官和各种记录工具,深入调查现场,在被调查者未察觉的情况下,直接观察和记录被调查者行为以收集市场信息的一种方法。观察调查法简称观察法。与面谈调查不同的是,观察调查法主要观察人们的行为、态度和情感。它是不通过提问或者交流而系统地记录人、物体或者事件的行为模式的过程。当事件发生时,运用观察技巧的市场研究员应见证并记录信息,或者根据以前的记录编辑整理证据。

二、观察调查法的类型

(一)观察调查法的基本类型

观察法有直接观察和测量观察两种基本类型。

1. 直接观察

就是观察人员直接到商店、家庭、街道等处进行实地观察。一般是只看不问,不使被调查者感觉到在接受调查。这样的调查比较自然,容易得到真实情况。这种方法可观察顾客选购商品时的表现,有助于研究购买者行为。

2. 测量观察

就是运用电子仪器或机械工具进行记录和测量。例如,某广告公司想了解电视广告的效果,选择了一些家庭作调查样本,把一种特殊设计的"测录器"装在这些家庭的电视机上,自动记录所收看的节目。经过一定时间,就了解到哪些节目收看的人最多,在以后的工作中根据调查结果合理安排电视广告的播出时间,收到很好的效果。

(二)观察调查法的具体类型

对某一个特定调查问题,从成本和数据质量的角度出发,需要选择适合的观察方法。我们通常采用的有如下四种。

1. 自然观察法

自然观察法是指调查员在一个自然环境中(包括超市、展示地点、服务中心等)观察被调查对象的行为和举止。

2. 设计观察法

设计观察法是指调查机构事先设计一种模拟场景,调查员在一个已经设计好的并接近自然的环境中观察被调查对象的行为和举止。所设置的场景越接近自然,被观察者的行为就越接近真实。

3. 掩饰观察法

众所周知,如果被观察人知道自己被观察,其行为可能会有所不同,观察的结果也就不同,调查所获得的数据也会出现偏差。掩饰观察法就是在不为被观察人、物或者事件所知的情况下监视他们的行为过程。

4. 机器观察法

在某些情况下,用机器观察取代人员观察是可能的甚至是所希望的。在一些特定的环境中,机器可能比人员更便宜、更精确和更容易完成工作。

三、观察技术

观察技术是指观察人员实施观察时所运用的一些技能手段,主要包括卡片、符号、速记、记忆和机械记录等。适当的观察技术对提高调查工作的质量有很大的帮助。

观察卡片是一种标准化的记录工具,其记录结果即形成观察的最终资料。制作卡片时,应先列出所有观察项目,经筛选后保留重要项目,再将项目根据可能出现的各种情况进行合理的编排。

符号和速记是为了提高记录工作的效率,用一套简便易写的线段、圈点等符号系统来代替文字,迅速地记录观察中遇到的各种情况。

记忆则是采取事后追忆的方式进行记录的方法,通常用于调查时间紧迫或不宜现场记录的情况。

机械记录是指在观察调查中运用录音、录像、照相、各种专用仪器等手段进行的记录。

要想成功使用观察法,并使之成为市场调查中数据收集的工具,则必须满足如下条件:所需要的信息必须是能观察到并能够从观察的行为中推断出来的;所观察的行为必须是重复的、频繁的或者是可预测的;被调查的行为是短期的,并可获得结果的。

四、观察调查法的主要内容

(一)观察顾客的行为

了解顾客行为,可促使企业有针对性地采取恰当的促销方式。所以,调查者要经常观察或者摄录顾客在商场、销售大厅内的活动情况,如顾客在购买商品之前,主要观察什么,是商品价格、商品质量还是商品款式等;顾客对商场的服务态度有何议论等。

(二)观察顾客流量

观察顾客流量对商场改善经营、提高服务质量有很大好处。例如,观察一天内各个时间进出商店的顾客数量,可以合理地安排营业员工作的时间,更好地为顾客服务;又如,为新商店选择地址或研究市区商业网点的布局,也需要对客流量进行观察。

(三)观察产品使用现场

调查人员到产品用户使用地观察调查,了解产品质量、性能及用户反映等情况,实地了解使用产品的条件和技术要求,从中发现产品更新换代的前景和趋势。

(四)观察商店柜台及橱窗布置

为了提高服务质量,调查人员要观察商店内柜台布局是否合理,顾客选购、付款是否方便,柜台商品是否丰富,顾客到台率与成交率以及营业员的服务态度如何,等等。

五、观察调查法的运用

观察调查法的运用是观察人员的主观活动过程。为使观察结果符合客观实际,要求观察人员必须遵循以下原则:

(一)客观性原则

即观察者必须持客观的态度对市场现象进行记录,切不可按其主观倾向或个人好恶,歪曲事实或编造情况。

(二)全面性原则

即必须从不同层次、不同角度进行全面观察,避免出现对市场片面或错误的认识。

(三)持久性原则

市场现象极为复杂,且随着时间、地点、条件的变化而不断地变化。市场现象的规律性必须在较长时间的观察中才能被发现。

另外,还要注意遵守社会公德,不得侵害公民的各种权利,不得强迫被调查者做不愿做的事,不得违背其意愿观察被调查者的某些市场活动,并且还应为其保密。

观察法运用的一般程序为:首先是选择那些符合调查目的并便于观察的单位作为观察对象;其次是根据观察对象的具体情况,确定最佳的观察时间和地点;第三是正确和灵活地安排观察顺序;第四是尽可能减少观察活动对被观察者的干扰;最后是要认真做好观察记录。

六、观察调查法的优缺点

观察法的优点是可以实地记录市场现象的发生,能够获得直接具体的生动材料,对市场现象的实际过程和当时的环境气氛都可以了解,这是其他方法不能比拟的;观察法不要求被调查者具有配合调查的语言表达能力或文字表达能力,因此适用性也比较强;观察法还有资料可靠性高、简便易行、灵活性强等优点。

观察法的缺点是只能观察到人的外部行为,不能说明其内在动机;观察活动受时间和空间的限制;被观察者有时难免受到一定程度的干扰而不完全处于自然状态等。

总之,应用观察法,须扬长避短,尽量减少观察误差。

第三节 电话调查法

一、电话调查的含义

电话调查是指调查者按照统一问卷,通过电话向被调查者提问笔录答案的一种方法。这种调查方法在电话普及率很高的国家很常用,在我国只适用于电话普及率高的人口总体。电话调查速度快,范围广,费用低,回答率高,误差小,在电话中回答问题一般较坦率,适用于不习惯面谈的人,但电话调查时间短,答案简单,难以深入,受电话设备的限制。

二、电话调查基本步骤和调查技巧

(一)电话调查基本步骤

首先,是制定一份抽样计划,确认抽样结构在抽样单位中,选取受访者时所使用的方法;其次,是选择在抽样中将被使用的方法,便于从抽样结构中产生电话号码的群集;第三,是针对每份抽样样本电话号码制作一份访谈表格;第四,是制定一份草拟问卷调查表,将其表格化;第五,是雇用电访员与监督人员,制定与访谈有关的时程表;第六,是进行指引性测试,借此修正调查程序及方法;第七,是印制最后定稿的问卷调查表及其他各种表格;第八,是对访谈人员及监督人员进行训练;第九,是进行完全受到监督的访谈;第十,是对已完成的问卷调查表进行校订和编码,并将所有资料转换成计算机可判读的格式;最后是对资料进行分析,编制各种调查报告。

(二)电话调查技巧

电话调查是获取人际情报的一种重要方法。在进行电话调查前,最好先搜集和消化大量的公开发表资料,对关键问题十分熟悉,对信息背景十分清楚;还应克服"别人会挂断电话"、"别人可能不愿意听"等方面的疑虑。

事先对访谈内容的准备有两种:一是按事先拟订的问题采访;一是只拟订初步框架,然后临时发挥。第一种方法是按事先拟定好的问题对被调查对象提问,提问顺序也是事先安排。这种访谈能从不同的调查中获得可比的信息,它有些像问卷调查,只不过是通过电话方式。但是它也很容易被对方感到厌倦,信息的深浅不合时宜,也没有机会利用刚获得的信息提更好的问题。第二种方法是有一个框架的方法,可使被调查对象有一定的提问机会,但提问的时机、方式却由调查人员的技巧决定。成功的调查应是访谈结束时调查对象也感到进行了一次有意义的讨论,而不是被动地回答了许多问题。所以进行电话调查时掌握技巧十分重要,下面是一些基本的调查技巧:

- 调查时先介绍自己和调查原因,争取对方好感。介绍时要热情,热情是成功的关键,被调查者越有兴趣,主动提供额外细节的可能性就越大。
- 如果有人推荐,将推荐人告诉对方可大大增加可信赖度和被接受度。
- 事先确定被采访人是否很忙。这种简单的礼节常被忽略,如果对方正忙或正在开会,留下信息再打电话。
- 同调查对象以平等身份相处,不要显得居高临下或谦卑。
- 先同认识的人打交道,如先同目标单位内认识的人联系。

- 先同下级员工打交道,如售后服务部人员、图书管理员、高级秘书等。
- 尽量同高层接触,如总经理或其他高级主管,这些人一般很愿意交谈。
- 中层管理人员是最难打交道的人,通常不愿意多说话。
- 问题应简单,问题的答案应是开放式的。
- 别急急地提问,交流应是双向式的,否则对方很快便失去耐心。
- 尽量让对方对提供的结论或信息给予量化或解释。如果对方不能量化,最好能缩小不确定性的范围。问对方该数字是否比某数更大,或比某数更小,以界定不确定性的边界,并为以后的其他访谈进一步确认或缩小范围打下基础。
- 如果得不到关键问题的反应,可以利用已有的知识,试探让对方对一个假设加以确认。比如,想知道新计算机会使用什么微处理器,可问:"我知道联想新计算机可能使用奔腾Ⅲ芯片,你的信息也是这样的吗?"许多人对别人的错误感到不自在,会立即纠正错误或证实。
- 安排关键问题的问话时间。电话调查以 10~20 分钟为好,超过了这一时间,可能会影响别人的工作,低于这个时间,可能得不到足够的信息。如果谈话对象信息太少或自己提问的方式欠佳,特别容易出现后面这种情况。一般 5~7 分钟内,对方应准备好回答主要问题了,如果问得太早,可能得到一个不很恰当的答复,如果问得太晚,可能没有机会了。最好先创造一点气氛,然后从容不迫地插入问题,一旦得到了答案就不要再停留在上面。
- 重复对方关键的答复,以保证听懂了和对方没有更多的细节补充。
- 为了与对方进行更深入地讨论,当对方认为已谈完了时,可以说自己有些地方没听清楚或还不理解而鼓励对方,与对方作继续讨论。
- 结束时问一下:"有没有什么需要我讲一讲的?"这通常使对方回到他们最感兴趣的问题,并让对方留下这种印象:你非常愿意帮忙和合作。
- 问对方是否可以晚些时候打电话给他,告诉自己的发现。对方很可能感到高兴,并愿意参与。这为继续保持关系创造了条件。
- 对方说有人来办公室找他,并请你稍候一下。这种情形可能出现多次,这时你可以问对方,如果这时不方便,你可否再打电话与他联系。
- 对方可能喜欢争论,不要同他争。
- 尽管对题材非常了解,尽量不要给人你什么都懂的印象,对方一般不愿同已很了解情况的人分享信息。
- 偶尔谈话可能沉默,这时对方正在考虑如何或者是否回答关键问题。在这种情况下保持沉默,对方最终会急忙填补空白,并告诉一些特别重要的信息。
- 如果对方开始谈与主题不相干的内容,小心引导对方回到主题上来。有些对象喜欢动感情地谈论经济、政治或当天的天气。这时,让对方知道你听到了对方的话,然后提到他开始时曾谈到的话题。"某先生,那太有趣了。回到你前面提到的话题,你认为 F 公司的产品可能没有前景,我很感到吃惊,你为什么这样说呢?"

- 最重要的是多听少说,在调查时间里,你至多说 20%,多做记录。

三、电话调查的优缺点

电话调查具有取得市场信息的速度较快、节省调查费用和时间、调查覆盖面较广、可以访问到一些不易见到面的被调查者、易于控制实施的质量等优点。缺点主要有抽样总体与目标总体可能会不一致、被调查者只限于有电话的地区和个人、受到时间的限制、对于某些专业性较强的问题无法获得所需的调查资料、无法针对被调查者的性格特点控制其情绪、访问的成功率可能较低等。

第四节 面谈调查法

一、面谈调查法的含义和分类

(一)面谈调查法的含义和特点

面谈调查法是指调查人员直接面对被调查者了解情况,获得资料的方法。它是一种最常用的方法。面谈调查法与其他市场调查法比较有以下特点:一是面谈调查是调查者与被调查者相互作用、相互影响的过程,也是人际沟通的过程;二是面谈调查效果不仅取决于调查者的素质,而且也取决于被调查者的素质和合作态度。

(二)面谈调查法的分类

1. 按面谈的内容要求不同,分为标准化面谈和非标准化面谈

所谓标准化面谈也称有结构性面谈,它是按照事先设计好的、有一定结构的调查问卷进行访问,整个面谈过程是在高度控制下进行的。标准化面谈的标准化表现在:选择调查对象的方法、面谈中提问的内容、提问的方式和顺序、对被调查者回答问题的记录方式等都是统一的。在标准化面谈中,调查问卷是调查的主要工具,面谈过程按问卷中设计的内容进行,面谈结果也记录在问卷中。标准化面谈的突出优点是便于资料的整理、汇总和分析,有利于用统计分析方法研究现象总体的表现;其局限性则表现为缺少灵活性,不能充分发挥调查双方的主观能动性,在整个调查过程中不能更改内容。

所谓非标准化面谈也称无结构性面谈。与标准化面谈不同,它事先不制定统一的调查问卷,只根据调查的目的列出粗线条的访问提纲,由调查者和被调查者根据提纲自由交谈。这种面谈对调查双方都不存在严格的约束,有利于发挥双方的积极性和主动性。非标准化面谈对于深入了解某些市场问题、对市场现象做细致的分析是很有利的。在市场调查实践中,调查者往往可以用此方法了解一些事先无法做出全部结果设想的市场现象的实际情况。非标准化面谈也有一点明显的不足,就是对调查结果的整理、分析工作量大。

2. 按面谈的物质载体不同,分为口头访问和书面访问

口头访问是指调查者通过口头语言对被调查者进行访问的方法。

书面访问是指调查者通过问卷形式对被调查者进行访问的方法。

3. 按参加面谈的被调查者人数不同,分为个人面谈和集体面谈

个人面谈是指调查人员面对面询问个别被调查者来收集市场信息资料的方法。这是最方便、最灵活的面谈调查法。个人面谈法比较适用于消费者需求状况、消费者对产品质量、服务态度评价等问题的调查。个人面谈的好处可以对调查问题进行较深入地询问,谈话内容伸缩性强,彼此可以沟通,能够产生激励效果。个人面谈还可能控制问题的次序,谈话主题集中,有针对性,可获得较丰富的信息。但个人面谈受双方自身条件和双方合作态度限制,调查花费时间长,调查面不能广泛。

集体面谈也叫集体座谈,是指调查者邀请若干被调查者通过召开座谈会形式,向被调查者了解、收集有关市场信息资料的调查方法。集体面谈的实质是每次都同时访问多个被调查者,因此也称为集体访问。采用集体座谈会形式收集市场现象的有关信息资料时,应把握以下要点:其一,明确面谈主题,准备面谈提纲和具体内容。集体面谈必须向被调查者说明面谈的目的和具体内容,此外调查者还应具体落实面谈时间、地点,并准确通知每位被调查者。其二,要选择好被调查者。参加集体座谈会的被调查者人数一般在10人左右。根据调查问题的目的,必须选择那些具有代表性的,了解市场情况的,敢于发表见解的,语言表达能力较强的人参加会议。其三,调查者在调查会中只起主持人和把握会议主题和进程的作用,对被调查者提供的市场信息进行记录。一般情况下调查者不对面谈内容发表意见,也不对被调查者意见加以评论,以免对被调查者发生倾向性影响。

4. 以调查次数不同,分为横向面谈和纵向面谈

横向面谈又称一次性面谈,是指在同一时段对某一研究问题进行的一次性的面谈以收集资料的方法。这种研究需要抽取一定的样本,被调查者有一定的数量,面谈内容是以收集事实性材料为主,研究一次性完成。横向面谈收集内容比较单一,面谈时间短,需要被调查者花费的时间较少。横向面谈常用于量的研究。

纵向面谈又称多次性面谈或重复性面谈,是指多次收集固定研究对象有关资料的跟

踪面谈,也就是对同一样本进行两次以上的面谈以收集资料的方法。纵向面谈是一种深度面谈,它可以对问题展开由浅入深的调查,以探讨深层次的问题。纵向面谈常用于个案研究或验证性研究,这种面谈常用于质的研究。

二、面谈调查的一般程序

面谈调查是一种有目的、有计划的研究活动。调查员要按照一定的程序和步骤与被调查者进行面谈,因此在面谈前应该作好充分的准备。根据面谈的进程,面谈过程一般分为三个阶段:准备阶段、面谈阶段、结束阶段。

(一)准备阶段

实施面谈调查,首先要做好面谈的准备工作,制定面谈计划,把握调查内容,选择适当的面谈形式,设计好面谈调查表或面谈提纲以及记录表格,选择面谈对象,初步了解被调查者的情况,选好面谈的时间、地点、场合等。

1. 制定面谈计划

制定面谈计划是保证面谈能够顺利进行的前提,面谈计划应对面谈中涉及的主要问题作出明确的规定。如要对面谈调查的目的、面谈调查的类型、面谈调查的内容、面谈调查的对象、面谈调查的时间等作出明确的规定,还要编写好面谈调查的提纲、进行组织分工等。

面谈调查计划首先要确定用什么类型的面谈方式。一般来说,面谈方式的确定要依据调查研究的目的来选择和确定。如果是探索性研究,通常选择非结构性面谈,并制定好调查大纲;如果是要验证某个假设或者需要较快获得较多人的态度,通常选择结构性面谈,并制定好调查问卷。面谈调查类型的选择除了与调查研究目的和性质有关外,还与人员和时间、经费的充裕与否直接相关。

在制定面谈调查计划时,还应该考虑面谈的内容,也就是面谈调查的问题。从面谈的内容看,大致分为三类:

(1)事实调查,由被调查者提供自己确实知道的一般情况。

(2)意见征询,征求被调查者对某些问题的意见、观点。

(3)个人的基本情况,包括个人经历、兴趣、爱好、动机、信仰、思想特点、个性特征、心理品质以及家庭情况、社会关系等。

面谈调查计划中还要准备面谈所需的工具,如面谈问卷、面谈大纲、面谈记录表、各种证明材料等。

2. 编制面谈问卷或提纲

在结构性面谈中,必须事先编制面谈问卷。面谈问卷的形式可以有开放式问题,也可以有封闭式问题。由于这份问卷不是被调查者书面填写,而是由调查员以口头提问的方式提出,所以问题的设计要注重表述的口语化。除了按顺序排列的面谈题目、答案选项外,也包括面谈的相关资料,如被调查者的个人基本资料、面谈日期、地点等。

在非结构性面谈中,尽管被调查者有较大的表述自由,但是在面谈调查前,调查员应该制定一个粗线条的提纲。在提纲中确定面谈的程序、主要问题以及排列的顺序。调查的提纲是调查员将研究所需要获取的重要信息资料,按照问题的形式向被调查者提出。在调查进程中,如果被调查者在介绍自己的情况时,也提及调查需要了解的其他内容,那么调查员就不必拘泥于问题的顺序,可按照面谈进程灵活掌握。在面谈调查要结束时,如果提纲中列出的重要问题尚未提及,调查员要主动提示被调查者,以便获得需要的信息资料。

3. 选择面谈调查对象

在面谈调查中,被调查者的选择是重要的一环,因为面谈调查的信息资料是由被调查者提供的,因此,它对面谈最终的成功与否有直接的关系。

选择面谈对象应该首先考虑调查研究的目的,然后确定面谈调查的总体范围,再在总体范围中采用随机抽样的方法,选取调查研究所需的、有代表性的样本。面谈调查样本的大小多半由调查研究的目的和性质来决定,当然也必须考虑调查研究的人员及时间、经费等条件。

从各种面谈类型的优势和局限考虑,一般来说,探索性研究采用较小的样本,验证性研究则需要较多样本;横向面谈样本可以多一些,纵向面谈样本可以相对少一些;结构性面谈样本可以多一些,非结构性面谈样本相对少一些。

选择面访对象还要了解被调查者的有关情况,如被调查者的性别、年龄、职业、文化水平、经历等。特别是在个别面谈、非结构性面谈和纵向面谈中,对被调查者的基本情况了解得越清楚,选择也就越有针对性。同时,在了解被调查者基本情况的前提下,对于编制面谈提纲,选择适当的面谈方式,进而顺利完成面谈调查的任务都具有重要意义。

4. 培训调查员

面谈调查要由调查员与被调查者的沟通和互动才能完成任务,尽管研究所需要的信息资料是由被调查者提供的,但在面谈中,调查者本人的素质如何与面谈工作能否成功关系更大。因此,调查员应该具备面谈调查的基本素质。

一般来说,培训调查员应该从以下几个方面入手:

(1) 使调查员掌握面谈调查的性质、目的和方法之间的关系。

(2) 使调查员熟悉面谈调查的类型,具有选择面谈调查类型的能力。

(3) 使调查员掌握面谈调查的方法,并且熟悉面谈的技巧。

(4) 使调查员掌握收集、判断、分析面谈资料的能力。

为了使面谈过程标准化,研究人员通常将培训内容打印成"面谈手册",说明面谈的程序、重点、要领等,供调查员随时参考。

面谈调查需要听、说、读、写的技能,因此培训调查员也必须包括所有这些技能。仅仅靠阅读一些介绍如何进行面谈的文章,是不可能培养出一个熟练的调查人员的。面谈的技能技巧更多的是从面谈实践中获得的。现在调查员的培训,常采取录像的形式,将一段示范性的片段录下来,供被培训者反复观看,熟悉面谈的言语、动作、表情,了解面谈的技能技巧,然后让被培训者扮演角色模拟面谈,并将模拟情境录下来,供分析比较用。

5. 试谈与修改问卷或提纲

在拟定了面谈调查问卷或面谈提纲后,正式进行面谈之前一般要安排一次试谈。试谈的目的是检查设计的问题和提问的方式是否恰当,被调查者的回答能否与希望获取的信息资料比较吻合;试谈的对象不应与正式面谈是同一个人,但两者的情况应该尽可能相似;试谈要作详尽的记录,以便发现设计问题的不足;如果需要,可以追问一些补充问题以了解被调查者较为真实的想法。

试谈结束后,如果发现设计存在着不足,应该调整和修改。如果没有条件试谈的话,也可以请有经验的研究者或同行一起商量,并请他们提出修改意见。

6. 面谈前的预约

在进行正式面谈调查前,一般要事先与被调查者约定访谈的时间、地点和场合,联系的方式有电话联系和书信联系。电话联系比书信联系便捷,可及时了解对方的情况,但书信联系比较正式,便于将各种信息较完整地告诉对方。所以,在面谈前,可以事先与被调查者用电话联系,征求对方的意见,双方确定面谈的时间、地点和场合,然后调查员可以再发一份书面的通知给对方,在书面通知中,简要说明面谈的目的、意义、内容,表明研究者的身份及研究单位,确定面谈的时间与地点,并告知对方调查员的姓名。

7. 准备阶段还应注意的问题

(1) 要使面谈调查按照预定目的进行,一个重要的因素就是要准备恰当的问题。在拟定问题时要注意:问题要紧紧围绕研究的目标展开,应将研究的总目标分解成若干个具体的内容,再根据这些内容设计出相应的具体问题;问题的语言表达要通俗易懂,让不同文化、职业等背景的人能够理解无误;问题的提法应保持中立,以保证获取的信息确是被调查者的真实想法;问题的安排应有一个大致的程序,应考虑将相关的问题放在一起,将容易回答的、事实性的问题放在前面。

(2) 选择面谈对象应考虑对方是否拥有研究所需要的有价值的事实材料,以及对方是否愿意提供有关材料。要事先了解被调查者有关背景情况以及他的经历、地位和个性特征等,以确定调查对象能否提供有价值的事实材料,是否乐意回答所提出的问题,以便为友好深入的交谈打下基础。

(3) 面谈前要对交谈的主题,提问的方式、措辞做各种可能的考虑。

（二）面谈阶段

1. 进入面谈现场

（1）尽快接近被调查者。在初次面谈时，进入面谈现场，面对素不相识的调查者，调查员要想办法尽快地接近被调查者，可以采用自我介绍，向被调查者说明来意，必要的话，调查员可以出示自己的有关证件，如盖有公章的介绍信，递上自己的名片，携带具有研究单位标志的公文包、文件夹、佩带代表身份的标识等，以消除被调查者的疑虑，获得信任，以求得理解和支持，这是面谈顺利进行的第一步。对初次接触的被调查者，也可请一位与被调查者熟悉的人引见，这样可以增加被调查者对调查者的信任感。

调查员对被调查者要有恰当的称呼，称呼要入乡随俗，自然亲切，既不可对人不恭，也不可过于奉承，调查员应根据实际情况灵活使用。在自我介绍之后，要表达进入面谈的愿望，进一步阐述面谈的目的和意义，以引起被调查者的兴趣。若被调查者推辞受访，调查员要想办法与被调查者约定下次登门拜访的时间，不要轻易放弃任何一名被调查者。

（2）建立融洽的访谈气氛。良好的气氛是保证面谈调查成功的重要条件。在双方有了初步的接触和被调查者表示愿意接受面谈时，可以从对方熟悉的事情、关心的社会问题、时下的新闻热点谈起，以消除对方紧张戒备的心理；也可以从关心被调查者入手，联络感情，建立信任，在建立起初步融洽的关系后，再进入正题。

调查员要建立和保持面谈过程融洽的气氛。调查员应该尽量保持亲切、尊重和平静的态度，使被调查者能在轻松的环境中，自然地敞开思想。调查员要掌握发问的技术，提问的方式，也要选择恰当的用词与被调查者交流，争取被调查者对回答问题的配合。调查员不能受被调查者情绪的影响，不管被调查者是否合作，怎样合作，也不论被调查者回答的问题是否在调查员意料之中，调查员都不能表示不满，更不能对被调查者批评和指责，以保持轻松和谐的面谈气氛。

2. 按计划进行面谈

在面谈双方初步认识和融洽的面谈气氛下，调查员可以按照事先拟定的面谈计划自然地进行正式面谈。在面谈过程中，调查员要按照面谈计划中确定的面谈内容、面谈方式、面谈问题顺序进入面谈，以保证面谈获得成效。

3. 认真做好面谈记录

记录面谈调查内容，要做到客观和准确，要尽可能完整、全面地按被调查者的回答记录，而不能加入调查员本人的主观意见，记录时可对某些不太明确的回答作记号，以便在追问中提出，不曲解被调查者的原意。如无法即时记录，事后要追记，面谈后要及时整理分析面谈记录。

4. 面谈阶段应注意的问题

（1）让被调查者了解面谈调查的目的，了解此次面谈的意义和价值是面谈获得成功的很重要的方面。一般而言，被调查者越是清楚面谈的价值和意义，越会采取积极和有效的态度。如果面谈的内容恰好是被调查者感兴趣的话题，往往会收到很好的面谈效果。

（2）面谈是一种人际沟通的形式，是一种社会交往的过程，面谈双方只有在互动中建立起相互信任、相互理解的合作关系，才能获得客观、可靠的资料。面谈双方中，调查人员是主动的，面谈的成功很大程度上依赖于调查人员的谈话程序和技巧。交谈中要自然、轻松，表现出诚恳谦虚、热情有礼的良好态度，以取得对方的好感、信任和合作。

（3）交谈中所提问题要简单明了、易于回答。要善于了解对方的心理变化，灵活提出问题，引导交谈的深入。要注意避免触及个人的隐私，造成被动不快的局面。

（4）要善于洞察被调查者的心理变化。调查员要机智，善于随机应变。通过"对"、"好"等言语，点头、微笑等肢体语言向对方表示你正在听，并希望他继续说下去；通过重复或总结对方的话，以验证是否弄清被调查者的意思。

（5）一次面谈的时间以两小时左右比较恰当，时间短了，了解情况往往不足，时间长了会引起双方的疲劳进而影响面谈的效果。当然如果面谈内容较少，面谈效果达到，或被调查者对回答问题很有兴趣，则可以根据情况适当缩短或延长面谈时间。

（6）要严守保密性原则，对于被调查者的顾虑，可通过对交谈内容保密的承诺来消除。

（三）结束阶段

结束面谈是面谈活动的最后一环，如何结束面谈要注意以下几个问题。

1. 掌握时间

根据国外的研究，一般情况下，被调查者保持注意力的时间为：结构性面谈 45 分钟左右；集体面谈和非结构性面谈不要超过 2 小时。这些数据可供调查员实施面谈调查时参考。至于一次面谈究竟用多少时间为宜，应根据面谈调查的实际情况灵活控制，具体情况具体对待。由于整个面谈调查需要被调查者保持积极的态度，需要被调查者的配合，所以什么时间结束，应该以不妨碍被调查者的正常工作和生活秩序为原则。

2. 掌握行为

调查员在面谈进入到尾声阶段，除了要注重被调查者的回答内容，还要时刻体察面谈过程中被调查者的表现。如果这时被调查者兴致勃勃对某个问题发表意见，只要与调查内容相关，调查员就应该继续认真倾听；如果调查员任务已经完成，被调查者所谈内容与调查关系不大，调查员可以用委婉的方式暗示面谈可以结束，如"我今天想了解的就是这些问题。"如果被调查者说话的音调降低和节奏变慢，或者不停地看时间，或已超过事先约定的时间，或者当感到交谈难以进行、话不投机时，这时应该考虑尽快结束面谈。调查员打算结束访谈时，如果不用语言表示，可以做出准备结束面谈的姿态，如开始收拾录音机，合上记录本等。

3. 结束语

面谈调查结束时,要向被调查者表示感谢,如"您今天的谈话对我们调查帮助很大。""谢谢您对我们面谈调查的支持。"如果这次面谈尚未完成任务,还需进一步调查的话,那么应该与被调查者约定下次再访的时间和地点,最好还能简要说明再次面谈的主要内容,让被调查者有个思想准备。

(四) 面谈后的工作

获取资料只完成研究任务的一半,后面的工作主要是资料的整理和分析。每次面谈结束后,要对记录的资料进行初步整理,看看是否获得了研究所需的信息,是否需要重新访问。因为在面谈过程中原以为搞清楚的问题,在整理资料的过程中会发现有些问题的回答还不清楚,有些问题被遗漏了,这时调查员不能凭自己的主观愿望决定答案。为保证资料的准确性,对于关键性问题需要重访。

采用不同的面谈方式可得到不同性质的资料,结构性面谈通常可以获得数据资料,可用统计方法处理;非结构性面谈获得的是描述性资料,对这类资料的处理,要做到条理清楚,主次分明,准确分类。

最后,根据研究的目的对加工处理过的资料进行分析综合。在对问题产生的原因作深入的分析和论证之后,得出研究结论,撰写研究报告。

三、面谈调查的技巧

面谈调查是人与人之间的交往活动,是社会互动的一种形式。面谈的关键在于调查员的言语表达艺术和交谈技巧。提问、倾听、回应被认为是面谈中的三项主要工作。在面谈中,这三项工作是相互依存、密不可分的。此外,记录也是面谈调查中重要的工作,不懂得记录的技巧,也无法使面谈调查达到预期的目的。因此,提问、倾听、回应和记录都是面谈调查必须掌握的技巧。

(一) 提问的技巧

在预备性谈话之后,接下来转入面谈正题,也就是正式提问。提问质量的优劣是面谈能否顺利进行的关键。

1. 问题的类型

研究者根据问题的性质将面谈中的问题分为三类。

(1) 开放型与封闭型问题。开放型问题是指没有预期答案,允许被访者作出自由回答的问题。在面谈调查中,开放型问题是研究者很常用的一种问题形式。开放型问题常常用"怎么样?""为什么?""是什么?"这样的疑问句出现在问题中,让被调查者根据自己的情况和意向作出回答。如"你对目前洗涤用品的价位看法怎么样？""你理想的洗涤用品的价位是什么？"封闭型问题是指对被调查者的回答方式和内容有严格限制，往往只需要回答"是与否"的问题。如"你经常在超市买日常用品吗？"在问这类问题时，要避免用主观的判断去询问被调查者一个非此即彼的问题，如"是在超市买日常用品好，还是在一般的便利商店买好？"这样的提问会让被调查者不置可否。

一般来说，开放型问题适合文化程度高和年长的被调查者；封闭型问题适合文化程度低和年幼的被调查者。

（2）具体型与抽象型问题。具体型问题主要是指具体和细节的问题。如"您一般在什么时候到饭店消费？"有时候，对事实问题还可以了解一些具体事件的细节以及从头至尾的整个过程。如"您到饭店消费的时间规律是什么？"抽象型问题是指有较高概括性的问题，目的是了解一类现象或事件总的情况。如"您到饭店消费的理念是什么？"

（3）清晰型与含混型问题。清晰型问题是指问题结构简单明了，意义单一，容易为被调查者理解的问题。如"您购买服装的时候是否只认牌子？"这个问题简单明确，只要回答"是或否"。这样的问题很容易得到被调查者清晰的回答。与清晰型问题不同，含混型问题往往语言结构复杂，具有多重意义。如"您对名牌服装有什么看法？你在购买服装时会怎么做？为什么？"这里不只问了几个问题，而且每个问题看似互相关联其实意义交叉叠加，使被调查者不容易理解。面谈过程要尽可能避免这种问题的出现。

为了保证面谈调查顺利地进行，除了面谈中需要的实质性问题以外，还可以通过一些辅助性问题穿插其中。

2. 提问应注意的问题

提问的方式多种多样，或开门见山，或投石问路，或顺水推舟，或顺藤摸瓜，或借题发挥，或层层深入……调查者应根据被调查者的实际情况，选择恰当的提问方式，使面谈在自然、平等、友好的气氛中进行。在提问过程中，要注意以下几点：

（1）提问要明确清晰。提问题要尽可能清楚明确，用口语表达，语气婉转。如果采用结构性面谈，就要按事先准备好的面谈问卷，依次提问，不可任意增删文字或更换题目顺序。如果采用非结构性面谈，则要求所提问题短小、具体，避免使用含混、抽象的专业术语。调查员事先要熟悉面谈问卷的内容，熟悉每一个问题。发问的语气和态度不要咄咄逼人，要以平等的态度提问。

（2）对回答不作任何评价。调查员对所提的问题要保持客观、公正的立场，如果被调查者对问题不理解或理解错了，调查员可以重复问题，也可以做些解释，但不能给予暗示。尤其是涉及不同观点或是有争议的问题，调查员更应保持中立态度，无论被调查者回答正确与否，都不宜作肯定或否定的评价，只能作些中性的反应，如"我明白你的意思了"、"请继续说"等，以鼓励对方把话说下去。

（3）维持被调查者的面谈动机。被调查者的合作是面谈调查得以成功的必要条件。

当面谈双方的关系趋向紧张,调查员必须设法缓和紧张气氛,可以转换一个被调查者感兴趣的话题,如果被调查者回答情绪低落,开始厌倦回答问题,这时也可暂停交谈休息放松一下,借此维持其面谈动机。

(4) 注意非语言交流。面谈调查是通过语言交流传递信息的,但是除了语言之外,服饰、语气、目光、动作、姿态等也能表达某种意义。有时非言语行为比言语行为更能表现交谈双方的态度、关系及互动的状态。因此,调查员要善于察言观色,分析和利用有关的非语言信息。如面谈过程中,被调查者连连点头,意思是"赞成"、"同意";匆匆记录问题,表示问题可能非常重要;与调查者保持距离较远,可能暗示对面谈不感兴趣或怀有敌意;东张西望,表明注意力已经转移;频频看钟表,意味着希望尽快结束面谈等。

(二) 倾听的技巧

1. 倾听的方式

在面谈调查中,倾听也是值得重视的方面,因为调查员只有通过倾听被调查者的回答,才能够确切地了解他们的真实想法。尽管倾听看来是无声的,但忽视这一环节,调查员对面谈过程就难以把握,因为倾听决定了提问的方向、方式和内容。

对调查员来说,在面谈调查过程中,既要从被调查者的陈述中听出他们对问题的看法、态度,也要听出被调查者谈话中的"言外之意"。被调查者不仅仅是提供信息者,而且是一个活生生的人;调查员也不仅仅是信息储存者,而且是有血有肉的、有意识有情感的人,只有当调查员用全身心的投入去对待被调查者的回答,才能使面谈达到理想的效果。

对于面谈中的倾听,有的专家提出了几种方式:

(1) 行为层面上的"听"。在听的行为层面上,可以有"表面的听"、"消极的听"和"积极的听"。

"表面的听"指的是调查员只是做出听的姿态,而脑子在"开小差"或在想其他的事情。这种情况下,调查员无法把握被调查者的谈话内容,还会使被调查者感到对方对面谈过程或自己的回答不重视,对回答内容不感兴趣或不尊重被调查者,进而影响面谈的质量。

"消极的听"指的是调查员被动地听到了一些被调查者的陈述,但是没有把这些话的意义听进去,或忽视了一些重要的,值得进一步了解的问题。事实上,这样的听无法了解被调查者内心深处的想法,使面谈内容流于表面现象,同样影响面谈质量。

"积极的听"指的是调查员在面谈过程中,将自己全部的注意力集中在被调查者身上,通过目光、神情、态度和倾听,用非语言行为给予对方真诚的关注。在这样的倾听中,调查员给对方不仅是平等和尊重,而且还向对方表达了这样一种信息:"你的回答对我们的研究很有价值"。在这样的气氛中,被调查者就能够畅所欲言。

(2) 认知层面上的"听"。在听的认知层面上,可以有"强加的听"、"接受的听"和"建构的听"。

"强加的听"指的是调查员用自己的意义来理解被调查者所说的话,纳入自己习惯的概念分类系统。这种听很容易将调查员个人的观点强加给被调查者,从而曲解对方的意思,得出的面谈结果可能是不符合被调查者原意的内容。

"接受的听"指的是调查员主动接受和捕捉被调查者给予的信息,注意他们谈话的实质和探询所说语言背后的含义。这是开放型面谈中最基本的倾听方式,是调查员理解被调查者需要掌握的基本能力。调查员要给予对方积极的反馈,让被调查者明白自己的角色。如不时地使用"嗯"、"是"、"懂了"、"明白了"等非指导性的话语,或用点头、目光和手势等非语言信息鼓励被调查者继续讲下去。

"建构的听"指的是调查员在倾听时积极地与被调查者进行对话,在平等的交流中调查员和被调查者共同建构新的"现实"。在这种情况下,调查员用自己的观点影响对方,得到了对方的接受和认可,从而使面谈的内容成为双方共同探讨的结果。"建构的听"需要调查员较高的素质,有自我认识和反省的能力,能够通过双方互动达到对"现实"进行重构。"建构的听"是以"接受的听"为基础的。

(3) 情感层面上的"听"。在听的情感层面上,可以有"无感情的听"、"有感情的听"和"共情的听"。

"无感情的听"指的是调查员在面谈过程中不仅不流露自己的感情,而且对被调查者的感情表露也无动于衷。一般来说,如果调查员不表露自己的感情,被调查者也不会主动表露自己的感情;如果调查员表情冷淡,被调查者就会压抑自己的感情;如果在面谈中,被调查者谈出自己的苦衷,而调查员没有表示同情和理解,被调查者就不会进一步敞开自己的思想。

"有感情的听"指的是调查员在面谈过程中能对被调查者所说的话表露自己理解和认同的感情。在这种情况下,被调查者往往会因为受到对方的感染,愿意表达自己的情感。被调查者感到自己的情感可以被对方接纳,就会比较自由地表达自己的思想和情感。

"共情的听"指的是调查员在倾听中与被调查者在情感上达到了共鸣,双方同欢乐、同悲伤。这种听并不是调查员居高临下的理解,而是从心底里确实体会到了对方的哀乐,产生了心灵的共鸣。这种听需要调查员较高的素质,能有宽广的胸怀去接纳其他人的不同情感,理解其他人的苦痛。

2. 倾听应注意的问题

(1) 不轻易打断被调查者。在面谈调查中,调查员不要轻易打断被调查者的谈话,无论从尊重、了解还是理解对方的角度出发,都应该让被调查者畅所欲言,因为对方这样说而不是那样说,总有他的动机、愿望和理由。有时即使是谈话的内容与我们希望了解的问题有距离,也要尽可能以"积极的听"、"接受的听"、"共情的听"的态度,给被调查者极大的关注,以便在被调查者充分自由地展示自己内心的过程中,走近和走进被调查者的心灵。在面谈开始阶段,这一点应当特别注意。

(2) 接受沉默。被调查者在谈话过程中,有时会沉默,作为调查员应该能够接受被调查者的沉默,同时应该弄清楚对方沉默的原因是什么。如果是因为思考、回忆,就应该给予对方一定的时间;如果是要说的话说完了,就应该提出新的问题;如果是害羞,就应该打消对方的顾虑;如果是不想继续访谈,就应该视访谈效果来决定是否结束访谈。总之,当被调查者开始沉默时,调查员应该等待一段时间,然后根据情况决定怎样对待。

(三) 回应的技巧

回应指的是调查员对被访者在面谈过程中的言行所做出的反应,包括言语反应和非言语反应。回应的目的是使自己与对方建立起一种对话关系,及时地将自己的态度、意向和感觉传递给对方。回应会影响到被调查者的谈话内容和积极性。

1. 常用的回应类型

(1) 认可。认可指的是调查员对被调查者所说的话表示已经听见,希望对方继续说下去。其方式包括言语行为:"嗯"、"对"、"是的"、"很好";非言语行为:点头、微笑、鼓励的目光。

(2) 重复、重组和总结。重复指的是调查员将被调查者所说的事情重复说一下,如被调查者没有听清楚所提的问题,调查员可以适时重复一遍问题。如"你也许没有听清楚我刚才提出的问题,我再说一遍……";重组指的是调查员将对方所说的话换一个方式说出来;总结指的是调查员将对方所说的内容用一两句话概括出来。这三者虽然形式不同,但都有类似的功能:为对方理清所谈的内容;检验自己对对方所谈内容的理解是否准确。

(3) 澄清。澄清是指如果调查员不能确知被调查者的意思,可请被调查者重复描述一番,以澄清回答内容。如"我不完全懂你的意思,请你再解释一下。"澄清是调查员对被调查者谈话的反应,弄清楚是否理解了对方的陈述。

(4) 追问。追问指的是调查员就被调查者前面所说的某一个观点、概念、事件或行为的进一步探询。当被调查者的回答不清楚、不完整或不合乎题目的意思时,需要调查员接着提出一些问题,以获得满意的回答。追问的目的是为了更多地了解事情的细节或对方的看法。追问要适时,不要打断对方的思路;还要适合,不要追问对方表现出为难的问题。

(5) 自我暴露。成功的调查员在面谈中并不总是听和点头微笑,在适当的时候也应该以适当的方式暴露自己。自我暴露指的是调查员就对方所谈的内容,通过述说自己的经历或经验作出回应。这可以使被调查者了解到调查员曾有过与自己一样的经历和感受,从而拉近了双方的心理距离,使面谈关系变得比较轻松、平等。

2. 回应中应注意的问题

(1) 要以非指导性的态度回应。回应语应该是中性的,不要诱导被调查者的回答方向,不作评论,不发表见解,更不可采取责怪的语气或态度要求被访者作进一步的回答。运用中性的回应语,可以采用重述题目、停顿不语、解释说明、重述被调查者的回答、直接请求被调查者进一步回答等方式。

（2）避免论说型和评价型的回应。论说型是作理论性的分析，这容易显示出调查员的优越感，给对方一种居高临下的感觉，使被调查者感到自己是在被分析，而不是被理解。这会造成被调查者心理上产生排斥感，不愿意继续合作。评价型是调查员对对方的谈话内容进行价值上的判断，它会妨碍被调查者自由地表达自己的思想，因为他害怕调查员对自己的想法评头论足，所以可能有意隐瞒自己的真实想法。

（3）追问要适时适度。追问是对提问的引申和补充，追问能使调查员更具体、准确、完整地了解被调查者回答的问题，可以促使面谈向纵深发展，可以充分体现面谈的灵活性。无论采用哪种追问方式，都必须尊重被调查者，以不伤害被调查者的感情为原则。追问中最忌讳的是不考虑被调查者的情感，不管对方正在说什么和正在想什么，一股脑儿地把事先设计好的问题一个一个地抛出去，强行把自己的面谈计划塞给被调查者，强迫对方回答。

（4）用被调查者的言语和概念追问。有时候被调查者在谈话过程中，用了某个调查员不熟悉的言语或者带有专业性的概念，调查员为了弄清言语或概念的意义，应该尽可能地使用被调查者自己用的言语和概念追问。

（四）记录技巧

当被调查者同意接受访问后，要找一个利于交谈、能观察对方行为、便于书写记录的位置随即进行面谈。面谈中如需要录音，应征求被调查者的同意。一般来说，如果条件允许，被调查者又没有异议，最好能对面谈内容进行录音。

1. 记录的方法

面谈的目的是通过收集面谈资料来解释问题，而资料则是调查员的现场记录，因此，现场记录的好坏直接影响研究的最终结果。熟练地掌握记录的方法，是调查员必备的技能。面谈的记录方法主要有：

（1）人员记录。在一般性面谈中，调查员通常直接对被调查者的回答进行记录。人员记录的方式主要有四种：一是速记，即用缩略语和特定的符号来全面记录被调查者的回答。这种记录方式需要速记的技巧，事后还要对速记进行翻译和整理。二是详记，即用文字当场作全面详尽的记录。与速记不同的就是不用速记符号。这种记录方式往往记录不全，因为人员记录速度往往跟不上讲话的速度。三是简记，即只记录那些调查员感兴趣的内容和要点。这种记录方式比较常用。四是补记，即面谈现场不作记录，事后根据回忆记录面谈内容。事后补记的方式用于被调查者不希望现场记录，或当场记录会使谈话显得过于正式、拘谨，会影响被调查者回答的情绪的情况。

在集体面谈中，可以安排专人做记录，个别面谈必须调查员亲自做记录。亲自做记录，一方面可以边听边思考问题，把谈话问题引向深入，对不清楚的问题可以追问；另一方面也表示对被调查者的尊重,以及对问题的重视,同时也鼓励被调查者发表自己的意见。

(2) 机器记录。限于人员书写的速度,难以获得完整的谈话资料,为了获得更完整的面谈资料,可利用机器记录(通常是录音录像)的方法来辅助面谈。当然,录音录像必须征得被调查者的同意。

面谈时采用录音录像可以保留完整的谈话资料,避免人员记录的误差,整个面谈情境可以重复、再现,便于资料的分析和整理,调查员也不必为笔录而分心,可专注于谈话内容。录音录像是一种比较理想的面谈记录方式,但它的运用取决于被调查者,如果被调查者不喜欢谈话被录音录像,调查人员则不能强求。

2. 记录应注意的问题

(1) 尽可能用原话记录。调查员要对被调查者的话逐字逐句记录,尽量记录被调查者的原话,不要润色,少作概括性的记录,不要对被调查者的回答内容作摘要,以免掺入主观成分。

(2) 边听边记。面谈过程中要边问、边听、边记,以免遗忘有关信息。

(3) 其他记录要有区别。面谈记录中除了被调查者的回答外,追问、评注、解释,面谈情境和特殊事件的描述等都需要加括号,以示区别。

(4) 记录面谈员的资料。面谈记录表上要写明调查员的姓名,面谈日期、时间、地点等资料,以便于分析查找。

四、面谈调查法的优缺点

面谈调查法的优点是:回答率高;可通过调查人员的解释和启发来帮助被调查者完成调查任务;可以根据被调查者性格特征、心理变化、对访问的态度及各种非语言信息,扩大或缩小调查范围,具有较强的灵活性;可对调查的环境和调查的背景进行了解。其缺点是:人力、物力耗费较大;要求调查人员的素质要高;对调查人员的管理较困难;此方法受到一些单位和家庭的拒绝,无法完成。

第五节 邮寄调查法

邮寄调查法是指调查人员将设计印刷好的调查问卷通过邮政系统寄给已选定的被调查者,由被调查者按要求填写后再寄回来,调查者根据对调查问卷整理分析得到市场信息的一种调查方法。有些征订单、征询意见表和评比选票等也可以认为是调查表的性质,因而，也被看作是邮寄访问调查。比如，在数字电视厂商的调查中，邮寄调查还可以与促销活动相结合，使广告宣传更有效果。

没有经验的调研人员在考虑调查时，几乎总想着自我管理的邮件调查方法。因为邮件看上去不贵，邮件调查也不要求访谈人员。但邮件调查也受到一定的限制，这些限制将使得邮件调查对许多项目而言不合适。然而当它被用作合适的地方，或者与其他方法一起使用的时候，邮件调查可以是一种有效的数据收集方法。

一、邮件调查的主要限制及适用状况

（一）邮件调查的主要限制

1. 只用来做主要是封闭式问题的短小调查

对于公众的调查，经验显示，只要问卷多于四页，回答率将大大下降。对于有极大动力的专业人士，有时回答长达十二页的问卷也是可能的，但对于一般消费者而言不会这样。邮寄问卷上的问题应当是提供答案目录或至少不应当有大量的写作，例如，邮件调查要求被调查者写上产品的品牌或者名称或购买产品的商店名称，但大多数人甚至对他们为什么作购买决策写出简短答案也不愿意，原因是回答开放式问题不仅要花费时间和精力，而且许多被调查者不能肯定问卷的最终用意。邮件调查中的开放式问题大大减少了合作比率，同时产生的有用信息少。

2. 允许非常小的分支

邮件调查的另一个限制是它们允许非常小的分支，甚至非常简单的分支指南可能使一些被调查者感到糊涂，使得被调查者对某些问卷中的题项不予回答、疏忽填答或未按指示作答。

3. 不易控制问题的顺序

邮寄调查的第三个复杂情况是不能像亲自面谈那样控制问题的顺序，你必须假设被调查者在回答任何一个问题前将把所有问题都看过。

4. 易产生样本选取而发生的偏差

这种情形可能包括：一是抽样产生的偏差。即在被选择的总人数中，某些特征或类型的人数比例失调。二是非随机抽样而产生的选择之偏误。抽样时不是遵循随机原则，而是按照研究人员的主观经验或其他条件来抽取样本，最终导致获取信息有偏差。三是构架的偏差。回收的问卷可能来自具特定偏见的被调查对象。这种情形在低回收率的情况中显得尤为明显。

（二）邮件调查的适用状况

邮件调查主要适用于下列情况：研究对象广泛分散在不同的地理区域；研究预算与

人力并不宽裕,但有较宽裕的研究期间;研究者要让被调查者能有隐私权与有充分的时间来填答所询问的问题;研究者所设计的问卷填答方式是有限的固定答案,供被调查者选择填答;研究者有被调查对象的姓名、地址或电话等名册数据。

二、邮寄调查法的优缺点

邮寄调查法的优点有:调查的空间范围大,调查对象的数量可大大增加;不必受调查者所在地区限制;调查成本较低;被调查者有较充分的时间填写问卷。其缺点是:问卷回收率较低,寄出的问卷往往不能按期收回;调查所需时间较长;无法对被调查者填写问卷进行必要的解释和指导,容易产生填写的差错。

三、使用邮寄调查法应当注意的几个问题

(一)要选择好邮寄调查的对象

一般可利用各种通讯录、名册等,也可利用电脑,电脑中储存了大量客户的名单,从中抽选部分客户,作为邮寄调查的对象。

(二)要努力提高调查问卷的回收率

不回复造成调查结果误差是邮件调查的一个潜在问题,为了减少这种偏差就必须提高问卷回收率,调查人员可以使用一系列的技巧:提前通知;在寄出调查问卷时,一定要附上空白信封和邮票;物质上的激励;附带有趣的问题;后续行动等。

尽管邮寄调查法存在一些缺陷,但该种方法仍是一种在国内外广泛采用的调查方法。

第六节 定性调查法

定性调查法是围绕一个特定的主题取得有关定性资料的一种调查方法,主要用来考察消费者的态度、感觉、动机、反应,或者用来了解问题的性质以及发展的方向。

一、定性调查与定量调查的关系

了解市场的调查有定性调查和定量调查,定量调查是市场调查的主流,但随着市场经

济的逐步成熟,定性调查的作用越来越明显。定性调查与定量调查是相辅相成的,这不仅表现在调查内容侧重点有所不同,也表现在两者功能上的互补关系。一方面,定量调查其结果依赖于统计,希望通过对相对较多的个体测量推测由大量个体构成的总体的情况,定性调查则更多的是侧重问题的选项而非变量的分布;另一方面,定性调查与定量调查通常前后相继。如问卷是定量调查的工具,但在问卷设计的过程中,为了完善问卷的内容、措辞乃至结构,普遍的做法是进行数次试访,显然试访的结论不是用来推断总体的,因而是属于定性的。

二、定性调查的方式

定性调查的方式主要包括小组座谈和个人深度访谈。

(一)小组座谈

1. 小组座谈的含义

小组座谈是近年来新发展的用来进行定性研究的重要手段。做法是选取一组(8~12人)具有代表性的消费者或用户,在一个装有单向镜或录音录像设备的房间里,在主持人的组织下,就某个专题进行讨论,从而获得顾客的消费需求、心理和行为等重要特征,为进一步的定量调查奠定基础。应用范围包括:顾客使用态度测试、产品测试、概念测试、媒体研究等。

2. 小组座谈的优势和劣势

与其他调查方法相比,小组座谈形式使讨论能在深层次上进行,而且也更具有灵活性。但是另一方面,专题小组座谈的花费比基于个人的调查多得多,而且参与者也只限于愿意去研究的人。

与个人深度访谈相比,小组座谈具有的优势有:平均到每个人的花费更低;小组交流中可能产生相互激发的效果;对管理者来说场面更为生动。这种高度的生动性并不是源于两种方法中隐性的差异,而是因为大多数小组座谈能够被观察到或被录像,而大多数个人深度访谈却不能这样等。

与个人深度访谈相比,小组座谈的劣势在于:从每个被访者处获得的信息较少;不利于运用图片等有形刺激;由于很多参与者并不对给定的话题做出评价,小组座谈在个人层面上更不完整等。

3. 正确运用小组座谈

随着小组座谈的日益受到欢迎,有人较好地运用了这一方法,而也有人错误地运用了它。正确的运用主要包括以下内容:

(1)小组座谈适合概念测试,即在花许多钱进行产品开发之前测试买主是否喜欢新产品概念而进行的测试。如果新产品概念在一个小组进行座谈讨论,参与者的反应将有三种可能:喜欢新产品、不喜欢新产品或介于两者之间。如果他们喜欢新产品,则这个概念就获胜,将得到进一步的开发;如果介于两者之间,则需要更详细的研究;如果他们不喜欢,则应当取消这个想法。

(2) 小组座谈有利于了解人们如何使用产品以及产品对他们到底意味着什么。例如,纳贝斯克消费研究主任诺曼拉丁说,小组座谈帮助公司成功地设计了奥利奥甜饼的广告宣传。专题小组座谈讨论揭示了许多成年人把奥利奥甜饼看做是珍爱的儿时纪念,认为这种产品有一种魔力能使人们感到快乐,这使得纳贝斯克公司进行了一次成功的广告宣传,即"打开奥利奥魔幻之门",用来引起人们对儿时好时光的回忆。

(3) 小组座谈也有利于探索存在的问题以及人们对产品的抱怨,同时也能发掘解决这些问题或抱怨的方法。就这一点而言,小组座谈为产品改进提供了思想源泉。

(4) 小组座谈还有利于探索为什么人们对一种品牌有固定的看法,或为什么他们喜欢某种包装或广告的形式。

(5) 小组座谈还能用来指导调研人员在调查问卷调查中要包括哪些事项。

4. 组织和进行小组座谈

进行小组座谈的具体事宜分为四类:选择地点、征集参与者、主持讨论和报告结果。

(1) 选择地点。在为小组座谈选择地点方面需要考虑两个因素:首先,会议地点对被访者必须是便利和舒适的;其次,设施应当很适合小组座谈。

(2) 征集参与者和形成小组。一个专题小组讨论所需的人群由总体的研究目标决定的。不管需要什么样的人群,必须考虑到以下问题:如何征集这类人;给参与者什么样的刺激和诱惑;要征集多少人,这些人如何分组。

(3) 主持讨论。小组座谈中的主持人应当是"大众人",易于和参与者相处,但主要是使得任务得以完成。小组座谈的主持人也需要有谈话管理的技巧和对专题小组座谈目的的详尽了解,从而能将每个人带入讨论中,并使得谈话从没有意义的主题上移开,并且认可和鼓励对讨论有意义的言论。

(4) 报告小组座谈的结果。在解释专题小组座谈的结果时,重点应当是观点、主题和个中的关系,而非某些问题被提及的次数或者同意某种观点的人数。

(二) 个人深度访谈

个人深度访谈是一种无结构的、直接的、一对一的访问形式。访问过程中,由掌握高级访谈技巧的调查员对调查对象进行深入的访问,用以揭示对某一问题的潜在动机、态度和情感,常应用于探测性调查。应用范围包括:详细了解复杂行为、敏感话题或对企业高层、专家、政府官员进行访问。

1. 个人深度访谈的方式

深入访谈有两种不同方式,结构性深入访谈与非结构性深入访谈。

(1) 结构性深入访谈。结构性深入访谈也称标准式深入访谈,它要求有一定的步骤,由访谈员按事先设计好的访谈调查提纲依次向被访者提问并要求被访者按规定标准进行回答。这种访谈严格按照预先拟定的计划进行,它的最显著的特点是访谈提纲的标准化,可以把调查过程的随意性控制到最小限度,能比较完整地收集到研究所需要的资料。这类访谈有统一设计的调查表或访谈问卷,访谈内容已在计划中做了周密的安排。访谈计划通常包括:访谈的具体程序、分类方式、问题、提问方式、记录表格等。

(2) 非结构性深入访谈。非结构性深入访谈也称自由式深入访谈。非结构性深入访谈事先不制定完整的调查问卷和详细的访谈提纲,也不规定标准的访谈程序,而是由访谈员按一个粗线条的访谈提纲或某一个主题与被访者交谈。这种访谈是访谈双方相对自由和随便的访谈。这种访谈较有弹性,能根据访谈员的需要灵活地转换话题,变换提问方式和顺序,追问重要线索,所以,这种访谈收集资料深入和丰富。

非结构性深入访谈的要素有:适宜的环境,优秀的访谈者,合格的受访者和事先精心设计的访谈大纲。一个合格的深入访谈员必须具备两个方面的条件:首先,应有丰富的相关知识,足以能够与受访者展开讨论,足以发现受访者谈话里任何有价值的线索,称得上准专家;其次,应有熟练的谈话技巧,能够创造一种轻松融洽的气氛,能够把握局面使谈话紧紧围绕访谈主题进行,能够很好掌握谈话节奏。

2. 个人深度访谈的优势和劣势

相对于小组座谈,个人深度访谈的优势是:来自各个被访者的信息的层次更深;使用项目性手段灵活性更大。

相对于小组座谈,个人深度访谈的劣势是:更高的人均成本;不可能从小组交流中获得收益;对管理者而言信息不够生动。

3. 正确使用个人深度访谈

要想使个人深度访谈起到有效的作用,必须注意以下情况:

(1) 个人深度访谈适用于了解人们为什么使用某种产品以及他们为什么以一种特殊的方式来使用这种产品。例如,一个喝咖啡的人可能每天喝加倍浓度的咖啡,而且他喝这种咖啡不是因为他喜欢这种口味,而是把它当作早晨提神的一种方法。深度访谈可以量化这种现象——消费者行为的意义。如果几个顾客深度访谈的结果都表明使用或意义的模式一致,那么这个信息就有益于帮助提高广告的设计或者促进产品的改进。

(2) 个人深度访谈使得营销者对顾客的生活有更好的了解。例如,当年乔普默成为拉宾卡姆广告公司的研究室主任时,他说了一个有关这方面的故事。他说定量研究方法已经表明林肯汽车的两种细分市场："老式富有型"购买者和"新式富有型"购买者。前者因为它有传统的舒适而购买；后者因车子代表他们的身份而购买。尽管有如此明确的描述，广告公司有创意的人员在形象化这种差异设计有效广告的时候依然遇到了困难。为了使顾客"复活"，研究部门对来自每一细分市场的几位顾客进行了深度访谈。这些访谈在顾客家里进行。采访者照了许多照片，并就顾客的生活展开了广泛的讨论，但没有特别地谈及汽车。当把这些采访给了广告部的人员后，创意广告部的人员第一次感受到他们真正地懂得了顾客，接着他们设计了一些非常有效的广告，将林肯汽车与人们的生活方式联系起来了。

（3）个人深度访谈对衡量品牌形象的基础也很有用处。在调查中，你可以问被访者他们是如何评估你的产品的。而在深度访谈中你能问他们为什么。即就该事探讨很深。

（4）个人深度访谈能被用做开发一种结构化调查的第一步。例如，了解人们如何使用某种产品，为什么使用这种产品以及他们如何评价这种产品等。

本章小结

本章主要介绍了市场调研过程中常用的几种调查方法，如文案调查法、观察调查法、电话调查法、面谈调查法、邮寄调查法、定性调查法，以及这些获取信息的方法各自的优缺点，使用的步骤，使用过程中应当注意的事项等。

复习思考题

1. 什么是文案调查法？它有什么优缺点？
2. 什么是面谈调查法？它有什么优缺点？面谈调查中有哪些技巧？
3. 什么是观察调查法？它有什么优缺点？
4. 什么是电话调查法？它有什么优缺点？
5. 什么是邮寄调查法？它有什么优缺点？
6. 什么是定性调查法？它有什么优缺点？
7. 小组座谈作为一种研究方法的优势和劣势是什么？
8. 如何很好地利用小组座谈进行研究？
9. 如何组织和进行小组座谈？
10. 个人深度访谈的优劣势是什么？如何很好地利用个人深度访谈？

 案例分析

美国的大型超级商场雪佛龙公司聘请美国亚利桑那大学人类学系的威廉·雷兹教授对垃圾进行研究。威廉·雷兹教授和他的助手在每次垃圾收集日的垃圾堆中，挑选数袋，然后把垃圾的内容依照其原产品的名称、重量、数量、包装形式等予以分类。如此反复地进行了近一年的收集垃圾的研究分析。雷兹教授说"垃圾袋绝不会说谎和弄虚作假，什么样的人就丢什么样的垃圾。查看人们所丢弃的垃圾，是一种更有效的营销研究方法。"他通过对土珊市的垃圾研究，获得了有关当地食品消费情况的信息，做出了如下结论：
① 劳动者阶层所喝的进口啤酒比收入高的阶层多，并知道所喝啤酒中各牌子的比率；
② 中等阶层人士比其他阶层消费的食物更多，因为双职工都要上班，以致没有时间处理剩余的食物，依照垃圾的分类重量计算，所浪费的食物中，有15%是还可以吃的好食品；
③ 通过垃圾内容的分析，了解到人们消耗各种食物的情况，得知减肥清凉饮料与压榨的橘子汁属高收入阶层人士的偏好消费品。

问题
1. 该公司采用的是哪种类型的观察法？
2. 该公司根据这些资料将采用哪些决策行动？

第4章

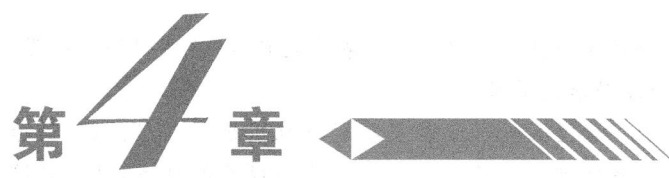
调查问卷设计

学习目的

1. 理解调查问卷的意义。
2. 掌握调查问卷的结构、设计程序、设计原则、设计技巧。
3. 掌握基本态度测量量表的建立和应用。

引 例

有的时候,问题仅仅在于你是如何提出问题的。当汉堡王(burger king)让一个调研公司向快餐的爱好者们询问他们是更喜欢火烤的还是油炸的汉堡时,他们发现有1/3的人更喜欢明火、或者是火烤的方法,而这也正是汉堡王自己所使用的方法。公司及代理商立即就这一发现付诸一个比较性的广告活动中。

但是当里奥•夏皮罗,一位营销调研公司的总裁,在亲自进行调查时,却重新编写了这个问题,并且受到了完全不同的答案。"如果你拥有两种烹饪方法,并且这是一个口头调查,对措辞的选择就会影响结果。"夏皮罗说到,并且揭示了他为什么决定亲自对308位快餐消费者进行调查。一位访员问道,"你是喜欢将汉堡放在不锈钢的烤架上还是让生肉通过明火?"夏皮罗的调查人员发现,53%的人更喜欢将汉堡放在不锈钢的烤架上。这就意味着他们更愿意选择麦当劳的油炸而不是汉堡王的明火。这位访员接着增加了另一个尺度:"在不锈钢的煎锅上烤汉堡的连锁店能够以适宜的温度来烹饪汉堡,而不需要使用微波炉。而使用明火的连锁店则会在汉堡烹饪完之后送上餐桌之前,将其放进微波炉里。只是知道这些,你更倾向于从那个连锁店购买汉堡?"

麦当劳的不锈钢煎锅再次胜出。汉堡王的汉堡在某些时候确实很成功,所以在高峰期就要使用微波炉来保持温度并且融化奶酪。汉堡王拒绝提供其调查的详情,只是说这个调查是全国性的,也是由一个全国知名的公众意见公司来进行的,所提出的问题就是"你是喜欢你的汉堡在火上烤还是油炸?",并且他们对这个调查还是满意的。

"我们发现'油炸'这个词是很倒胃口的,"夏皮罗说到,"你不吃油炸的食物。'烹饪'这个词是中性的,而'明火'是更精确但是却不太能促进食欲的(与汉堡王的'在火上烤'的描述相比)。"夏皮罗认为这个调查中最重要的发现就是对于汉堡消费者来说,烹饪及服务方法有多么重要。

第一节 调查问卷的作用与结构

　　调查问卷是至今为止用于收集第一手资料最普遍的工具。一项市场调研的结果是否能达到调查确定的要求和目的,以及所收集资料的可靠程度和完善程度都取决于调查问卷设计水平的高低。一份不合格的问卷不仅会使一项调研成果大打折扣,甚至会给调研委托者带来负面影响。所以,调查问卷要经过仔细的设计、修改、测试,要有经验丰富的专业人士审核把关,而且,当问题项意思难以理解或不容易确指时,还需要设计严谨的注解。本章将从调查问卷的作用着手探讨问卷设计的有关内容。

　　调查问卷就是收集来自于被调查者信息的一览表,是为了调查研究而设计的问题表格,或者说是为了达到调研项目目的和收集必要数据而设计的一系列问题组成的表格。在市场调查中,问卷与抽样技术相结合的方法在市场调查中得到了广泛的应用。

一、调查问卷的作用

　　在调研行业中存在着一种共识,即调研问卷设计的好坏是一次调研成功与否的关键因素之一。制作一份优秀的问卷既需要努力地工作,也需要有创造力。研究表明,如果问卷设计得不好,那么所有精心制作的抽样计划、训练有素的访问人员、合理的数据分析技术和良好的编辑与编码都将徒然无用。不科学、不规范的问卷设计将导致不完全的信息、不准确的数据,而且导致不必要的高成本。即使是有经验的调研者,也不能弥补问卷缺陷所造成的问题。毫无疑问,调研问卷作为调研可视化形式的一部分是多么重要。

（一）问卷是市场调查不可缺少的工具

市场调查的方法有许多，但除了实验法较少使用问卷（一般使用特殊的提纲）外，观察法和各种询问法都离不开问卷。特别是在现代市场调查实践中，这一作用越来越重要，因为计算机在调查中广泛应用后，规范的、科学的问卷作为调查的工具或手段是不可缺少的。

（二）设计合理的问卷有利于全面、准确地搜集资料

有了问卷，对于抽样总体内的每一个被调查者均可以询问同一系统的问题，范围广泛全面，对问题的认识又容易深入、准确，尤其是当被调查者自填问卷时，就更有利于全面准确地反映被调查者对所询问问题的基本倾向，从而提供可靠的资料。

（三）使用问卷还可以节省调查时间

使用问卷调查，无须由调查人员就调查目的向被调查者作详细的解释，也可以避免在与被调查者的交谈中，谈话游离于主题之外的现象。如果问卷内容的说明清楚明了，调查人员对被调查者只需稍做解释，说明意图，他们即可答卷。在答卷中，除非有特殊情况，一般不需要被调查者再对各种问题进行文字方面的解答，只需对所选择的答案作上记号即可。这样就节省了调查时间，从而可以提高调查工作效率。

二、调查问卷的结构

调查问卷的基本结构一般由标题、说明、主体、编码、被访者项目、调查者项目和结束语七个部分组成。

（一）标题

每份问卷都有特定的研究主题，研究者应该为特定的研究主题确定一个明确的标题，用它开宗明义地表明问卷调查的目的，使被调查者对所要回答什么方面的问题有一个大致的了解。确定标题应简明扼要，易于引起应答者的兴趣。例如，"汽车消费状况调查"、"中国互联网发展状况及趋势调查"等，把调查对象和调查中心内容和盘托出，十分鲜明。尽量不要简单地采用"问卷调查"这样的标题，它容易引起应答者因不必要的怀疑而拒答。

（二）说明

一般在问卷的开头应有一个说明，这个说明可以是一封告调查对象的信，也可以是指导语，语言尽可能简明扼要。访问式问卷的开头一般非常简短，自填式问卷的开头可以长一些，但一般以不超过二三百字为好。说明旨在向被调查者说明调查的目的意义、调查内

容、填答问卷的要求和注意事项、保密措施、调查者的身份和表示感谢等。问卷的说明是十分必要的,对采用发放或邮寄办法使用的问卷尤其不可缺少。它可以引起被调查者对调查的重视,消除顾虑,激发参与意识,以争取他们的积极合作。

不仅要使所有参加调研工作的人知道调研者调查某个问题的目的、意义和方法,而且要使被调查的群众都知道。调研者应该明白,被调查者不是材料袋,他们也是调查研究的主人。因此,要让被调查者去做的事,就要相信他们,让他们知道为什么要去做,怎么去做。当他们明白了目的意义和方法,就会给予很大的支持,积极认真地配合。说明后要署名调查研究单位,这本身也是尊重群众、相信群众的表现,不可小视。

对于自填式问卷而言,详细的填表说明非常重要,要让被调查者知道如何填写问卷,如何将问卷返回到调查者手中。这部分内容可以集中放在问卷的前面,也可以分散到各有关问题的前后。

(三) 主体

该部分是调查问卷的核心部分,它包括了所要调查的全部问题,主要由各种形式的问题和答案及其指导语组成,是调研主题所涉及的具体内容。在拟定主体部分问答题时,问题的多少应根据调查目的而定,在能够满足调查目的的前提下越少越好;与调研无关的问题不要问;能通过二手资料调查到的项目不要设计在问卷中;答案的选项不宜太多。

(四) 编码

编码是将调查问卷中的每一个问题以及备选答案给予统一设计的代码,是将问卷中的调查项目变成代码数字的工作过程。大多数市场调查问卷均需加以编码,以便分类整理。在大规模问卷调查中,调查资料的统计汇总工作十分繁重,借助于编码技术和计算机可大大简化这一工作。编码既可以在问卷设计的同时就设计好,也可以等调查工作完成以后再进行。前者称为预编码,后者称为后编码。在实际调查中,研究者一般采用预编码。

(五) 被访者项目

被访者项目是有关被调查者的一些背景资料。例如,在对消费者的调查中,消费者的性别、年龄、民族、家庭人口、婚姻状况、文化程度、职业、单位、收入、所在地区、家庭住址、联系电话等;在对企业的调查中,企业名称、地址、所有制性质、主管部门、职工人数、商品销售额(或产品销售量)等情况。

上述项目中,从目的来看可以分为两种:一种是为将来进行统计分析时使用的项目,通过这些项目,便于研究者根据背景资料对被调查者进行分类比较和交叉分析,以了解不同性质、不同属性的人在行为或态度上是否有明显的差异。例如,对于性别,可以从男、女对某一问题的看法进行比较,分析是否有差异,为将来的市场细分、广告等市场营销策略的制定提供依据。另一种是进行调查管理用的。调研组织者需要对调查人员进行监督,避免其弄虚作假,有时还需要进行抽查。例如,家庭住址、联系电话、姓名等项目都是为调查管理用的,调查人员应向被访者做恰当的说明以消除其疑虑。对于家庭住址,进行入户调查时由调查人员仔细填写,采用其他方式调查时标明大的区域即可,以免被访者产生误会。

被访者项目通常放在问卷的后面。在实际调查中,需要列入哪些具体项目、列入多少项目,应根据调查目的、调查要求而定,并非多多益善。

(六) 调查者项目

调查者项目主要包括调查人员姓名、调查地点、调查日期等与调查人员调查相关的信息,其作用在于明确责任和便于查询、核实。

(七) 结束语

结束语也称致谢语,一般放在问卷的最后,用来简短地对被调查者的合作表示感谢,也可以征询一下被调查者对问卷设计和问卷调查本身的看法和感受。当然,不同问卷的结束语略有不同,如邮寄问卷的结束语可能是"再次感谢你参与访问,麻烦你检查一下是否有尚未回答的问题后,将问卷放入回邮信封并投入附近的信箱。"而一份拦截访问的问卷的结束语可能会是"访问到此结束,这里有一份小礼物送给您,请签收。谢谢您,再见。"

以上调查问卷的基本项目是要求比较完整的调查问卷所应有的结构内容。但通常使用的如征询意见及一般调查问卷可以简单些,有一个标题、主题内容和致谢语及调查研究单位就行了。

三、调查问卷的类型

按照不同的分类标准,可将调查问卷分成不同的类型。

(一) 根据市场调查中使用问卷方法的不同,可将调查问卷分成自填式问卷和访问式问卷

所谓自填式问卷是指由调查者发给(或邮寄给)被调查者,由被调查者自己填写的问卷。自填式问卷可以借助于视觉功能,在问题的制作上相对可以更加详尽、全面。而访问式问卷是由调查者按照事先设计好的问卷或问卷提纲向被调查者提问,然后根据被调查者的回答进行填写的问卷。访问式问卷要求简便,最好采用选择题进行设计。

（二）根据问卷发放方式的不同,可将调查问卷分为送发式问卷、邮寄式问卷、报刊式问卷、人员访问式问卷、电话访问式问卷和网上访问式问卷

送发式问卷、邮寄式问卷、报到式问卷可以划归自填式问卷范畴,人员访问式问卷、电话访问式问卷、网上访问式问卷则属于访问式问卷。

送发式问卷就是由调查者将调查问卷发给选定的被调查者,待被调查者填写完毕之后再统一收回。邮寄式问卷通过邮局将事先设计好的问卷邮寄给选定的被调查者,并要求被调查者按规定的要求填写后寄给调查者。邮寄式问卷的匿名性较好,缺点是问卷的回收率低。报刊式问卷随报刊的传递发送问卷,要求报刊读者对问卷如实回答,并寄给报刊编辑部。报刊式问卷有稳定的传递渠道,匿名性好,费用省,因此有很强的适用性,缺点也是回收率不高。

人员访问式问卷是由调查者按照事先设计好的调查提纲或问卷询问被调查者,然后再根据被调查者的口头回答填写的问卷方式。人员访问式问卷的回收率高,也便于设计一些适于深入探讨的问题,但不便于设计敏感性的问题。电话访问式问卷就是通过电话中介来对被调查者进行访问调查的问卷类型。此种问卷要求简单明了,在设计上要充分考虑几个因素,即通话时间限制、听觉功能的局限性、记忆的规律、记录的需要。电话访问式问卷一般应用于问题相对简单明确,但需及时得到调查结果的调查项目。网上访问式问卷是在因特网上制作,并通过因特网来进行调查的问卷类型。此种调查不受时间、空间限制,便于获得大量信息,特别是对于一些敏感性的问题,相对而言更容易获得满意答案。

第二节 调查问卷设计的原则及程序

设计调查问卷是调研准备阶段的重要工作之一,同时又是一项创造性的活动,其设计质量如何将直接关系到调查的成败。

一、调查问卷设计原则

调查问卷设计的根本目的是设计出符合调研与预测需要及能获取足够、适用和准确信息资料的调查问卷。为实现这一目的,调查问卷设计必须遵循以下原则。

（一）能为管理者提供必需的决策信息

任何问卷的主要作用都是提供管理决策所需的信息,它必须完成所有的调研目标,以

满足决策者的信息需要。问卷设计人员必须透彻地了解调研项目的主题,才能拟出可从被调查者那里得到最多资料的问题,做到既不遗漏一个问句以致需要的信息资料残缺不全,也不浪费一个问句去取得不需要的信息资料。因此,一份问卷设计得是否合格必须经过管理者的认可。

(二)便于调查人员的调查工作

设计好的问卷要使调查人员能够顺利发问、方便记录,并确保所取得的信息资料正确无误。

(三)便于应答者回答

研究者发现,超过 40% 的被访者拒绝参与调查。如果受访者对调查题目不感兴趣,一般不会参与调研。问卷设计最重要的任务之一就是要使问题适合潜在的应答者,要使被调查者能够充分理解问句,能够回答、愿意回答、乐于回答、顺利回答、正确回答。所以设计问卷的研究人员不仅要考虑主题和受访者的类型,还要考虑访谈的环境和问卷的长度。对成人购买者的问卷应当使用成人的语言表述,对儿童进行测试的问卷应当使用儿童的语言表述。问卷必须避免使用专业术语,一般应使用简单用语表述问题等。

(四)便于问卷结果的处理

这一原则要求问卷设计人员具有前瞻性,在设计问卷的时候就要考虑结果的处理问题。设计好的问卷在调查完成后,能够方便地对所采集的信息资料进行检查核对,以判别其正确性和实用性,也便于对调查结果的整理和统计分析。如果不注意这一点,很可能出现调查结束,信息资料获得了一大堆,但是统计处理却无从下手的难堪局面。

上述原则对于问卷设计人员的要求是很高的,问卷设计人员必须具有丰富的人际交往经验、清晰的思路、极大的工作耐心,同时必须懂得问卷设计的技能与技巧。

二、调查问卷设计的程序

要保证问卷的设计水平,使其既科学合理,又实际可行,就必须按照一个符合逻辑的程序进行。一般来说,设计调查问卷必须遵照下述程序。

(一)明确调查主题和资料范围

市场调研项目,委托人往往只给出一个大致的范围,具体目标内容并不十分清楚,需要调研机构为之明确调研的主题以及设计调研方法等。因此,设计问卷时,首先要进一步明确调查主题及其资料范围。为此,要深入了解调研的目的,认真准确地界定以下几方面内容：Who——谁需要资料；What——要什么资料；Where——在哪儿调查；When——要什么时间的资料以及什么时间调查；Why——为什么要调查；How——如何获取这些资料。通过对"5W1H"的界定,确定资料的内容、来源、范围和收集资料的方法。

(二) 分析样本特征,确定问卷类型

调查对象群体的特征对问卷设计也有很大的影响。不同的调查对象具有不同的特点,需要采用不同的方法进行调查。问卷必须针对具体的调查对象的特点进行设计,才能保证问卷的合理性。为此,必须对样本特征进行分析,明确调查对象是企业还是个人；是生产商还是经销商；是现实消费者还是潜在消费者等。并了解各类调查对象所处的社会阶层、社会环境、行为规范和观念习俗等社会特征；了解他们的需求动机和潜在欲望等心理特征以及他们的理解能力、文化程度和知识水平等学识特征,并针对其特征确定问卷类型。例如,适用于大学生的问题不一定适合家庭妇女。对样本特征的理解主要涉及调查对象的社会经济特征,理解不好就可能造成不确定性或不表态的回答。调查对象群体差异越大,就越难设计一个适合整个群体的问卷。

(三) 拟定问题,设计问卷

确定了问卷类型后,设计者就可以根据被调查对象的特征拟定问题,按照问卷设计原则设计问卷初稿。其内容主要包括：调查中所要提问问题的设计、问题答案的设计、提问顺序的设计以及问卷版面格式的设计等,相关问题将在下一节中详细介绍。

(四) 对问卷初稿进行试调查

设计好的问卷初稿不应直接用于正式调查,必须先进行小范围的试调查,以便对问卷初稿的内容、措辞、问题的顺序等进行全面的检查,找出问卷初稿的不足,及时进行修改。

小范围试调查可以在以下几方面产生作用：一是检测问题措辞是否得当。包括访问员宣读时是否困难,受访者是否能够准确理解,是否可能出现诱导或者引起受访者不悦等。二是检测问卷初稿内容是否充分反映了所需资料的内容。特别是提供选项由被访者进行选择的封闭题,选项不完全会造成信息的丢失,所以需要在测试时确定是否有其他可能的选项(有助于提供多项选择问题的答案)。三是检测问卷长短是否合适,确定访问所需的平均时间。问卷过长会增加成本同时引起较多的拒访,而问卷过短则会造成访问员劳动的浪费。

试调查的样本量少则十来人,多则50人左右。试调查后,设计人员需要对问卷进行修改。如果有必要,还需要再进行试调查。试调查次数越多,所产生的效果也就越好。如果试调查是按调查设计严格执行的,试调查的样本可以用作实际调查的样本,从而可节约试调查所付出的成本。

(五)印制问卷

问卷经过测试和修正以后,就可以进行问卷设计的最后一个环节,即印制问卷。印刷时,要注意选择质量合适的纸张。用质量低劣的纸张印制的问卷,容易使被调查者觉得这项调查无足轻重,从而不予以积极配合,回答的质量可能会受到影响。而印刷精美的问卷,有一个"专业性"或"职业性"的外形,往往给人以意义重大的印象,进而引起被调查者的重视和主动合作。如果问卷长度超过四页,不应该简单地用订书机订一下,而应考虑正规地装订成册,每页最好是双面印刷的,这样更便于使用,看起来也更正规且不容易丢页。

在某些情况下,问卷可能要进行特殊的折叠和装订。当然,印刷和纸张的质量要随问卷的阅读对象的不同而有所不同。在邮寄问卷调查中,问卷的阅读对象是被调查者,印刷和纸张的质量对回答率影响很大,但是在电话调查中,问卷的阅读对象是调查者,这个问题的影响就不那么重要了,问卷能读即可。

第三节 调查问卷设计的技巧

在市场调查中,常常存在由于问卷设计不当而造成调查结果失效或结论有异的情况。同样的问题,由于形式不同或措辞不同,获取资料就有明显的差异;同样,使用不同的排列次序,其结果也会不一样。特别是有些敏感问题,在设计时如果没有采用恰当的较为婉转的形式,轻则造成被调查者拒答,重则产生令人不快的后果。因此,在设计问卷时,必须注意可能影响调查结果的一系列问题。

一、问题的类型

(一)从问题的作用来划分,有心理调节性问题、过滤性问题、试探和启发性问题、背景性问题和实质性问题

心理调节性问题是能引起回答者兴趣,烘托合作气氛的问题。这类问题应是容易回答又不太直接,且口气和蔼的问题。由于在询问正式问题之前一般要设计一两个这类问题,因此又称其为前导性问题。例如,在调查对电子商务看法之前,可问"现在许多人都在谈论电子商务,您注意到了吗?"

过滤性问题是将访问对象限于有符合要求的经历或回答富有意义的回答者的问题。例如,研究课题涉及酸奶市场,那么那些未曾用过或不食酸奶的消费者,不应作为正式调查对象。于是在确定访问对象之前,应提出一系列合适的问题,以便使被访者符合研究酸

奶市场的目的。例如，

"您曾食用过下列哪些食品？"

a. 全脂奶　　　　b. 脱脂奶　　　　c. 酸奶　　　　d. 黄油

如果遇有回答未食用过酸奶的人，应中止提问，或改变提其他问题。有时为了缩短问卷也可以把前导性问题和过滤性问题结合起来。

试探性问题的作用是对一些敏感性或接近敏感性的问题，探询被访者是否愿意讨论，以减少阻力，争取配合。启发性问题是唤起被访者的回忆，以提高回答速度和准确性的问题。

背景性问题是指有关被访问者个人背景的问题，包括性别、民族、年龄、住址、职业、职务和文化水平等等。有时还包括其心理状况的描述。这类问题对于后续的资料整理和分析非常重要。

实质性问题是要调查的全部事实和信息，是问卷的核心问题。从某种意义上说，上述的所有问题都是服务于实质性问题的，因为只有通过这类问题的询问才能达到调查的基本目的。因此这类问题的量也应是所占比重最大的。从实质性问题所涉及的内容来看，它包括事实性问题、行为性问题、动机性问题、态度性问题和预期性问题等。

（二）从问题的联系来划分，可分为系列性问题和非系列问题

系列性问题是指围绕一个调查项目逐步深入并展开的一组问题。例如，向被访者出示一份《市场导报》并询问：

A. 您是否阅读过《市场导报》？

a. 是的　　　　b. 没有

（如果回答"a. 是的"，请继续回答下列问题，否则访问终止）

B. 您阅读的这份报纸是：

a. 自己订阅　　　　b. 报摊零买　　　　c. 借阅

（如果答案是"c. 借阅"，请继续回答下列问题，否则跳过问题"B"直接回答问题"D"以及后面问题）

C. 您是从哪里借阅的？

a. 图书馆、资料室　　b. 朋友处　　　　c. 办公室　　　　d. 其他场合

……

非系列性问题是指设计的各问题之间无递进关系，而是一种平行的关系。例如，关于评价某商场综合服务质量的一组问题，就属于非系列性的问题。

（三）从问题与答案的联系来划分，可分为开放式问题和封闭式问题

开放式问题是指问题后不列举明确答案，由被调查者自由回答。例如，

A. 您对这种新品牌的奶粉有什么看法？_____
B. 您饮用过什么品牌的奶粉？_____

封闭式问题是指把询问的具体答案列举出来，由被调查者按要求选择。问卷中使用的多数都属于这类问题。如上述系列性问题举例就是封闭式问题。

二、问题设计原则

为了如实、准确地获得被调查者的有关信息，除了被调查者的认真合作之外，问卷中的问题如何提出、如何询问也至关重要。在问题的措辞中，设计者应尽力避免各种错误，使一份问卷更完善，使受访者能够顺利地作答。

(一) 问题要简洁明了

简洁明了的问题才易于被不同文化背景、不同阶层的消费者理解和接受，也可以避免因理解错误而产生的回答偏差。具体说来，要注意三点。

1. 提问尽量具体而不抽象，避免提一般性的问题

只要可能，问题应该清楚、明确、具体、特定，使回答者不仅熟悉问题中的概念，而且熟悉适当的回答范畴。

2. 避免使用冗长复杂的语句

句子越复杂，回答者出错的潜在可能性就越大。从修辞的角度来说，修饰词多一些，语句长一些，会使语言显得很优美。但是，如果问卷中问题太长，不仅会给被调查者的理解带来一定的困难，增加作答的时间，也会使其厌烦，不利于对问题的回答。因此，在语义能表达的前提下，句子要尽量简洁。一句话能够表达清楚的问题，决不用两句话来表达；一个词足以表达清楚的意思，绝不用两个或三个词来表达。

3. 避免使用否定句，最好不用否定式疑问句

否定句、反义疑问句都有点弯弯绕，会影响被调查者的思维，不利于其对问题的正确理解，容易造成相反意愿的回答或选择。由于受习惯思维的影响，人们往往不太习惯否定形式的提问；而反义疑问句往往向人们暗示了提示信息，在没有明确态度的情况下，回答者往往会受到暗示的牵引。

(二) 措辞要确切、通俗，避免使用不易理解的词汇和语言

在实际调查中，调查对象的个人背景如受教育程度、文化水平、知识经验等均有很大的差别，如果问题措辞不确切、不通俗，势必影响到调查的结果。

1. 尽量避免使用专业术语

例如，"您是否认为使用电脑数字技术制作的广告更具有吸引力？"这个提法就不太合

适。对于电脑数字技术之类的专业化术语，有些人可能根本无法理解，不知道是什么含义，因此无法予以正确回答，即使勉强回答了，也可能错误百出。

2. 避免使用无明确界定的词语

诸如"一般"、"经常"、"偶尔"、"普遍"、"目前"、"很多"、"最近"、"差不多"等都属于过于笼统、无明确界定的词语，不同的人可能有不同的理解，从而造成回答的偏差。例如，"您最近经常去超市购物吗？""最近"指哪一段时间？一段时间内去超市几次才算"经常"？显然回答者会有各自的理解，所得结果毫无意义。

3. 避免使用俚语和行话

如果问题中使用一些并不是所有被调查者都熟悉的俚语和行话，将导致那些对此不熟悉的人的理解错误。

4. 避免使用夸张的词语

夸张的词语可能转移被调查者的关注点，不利于获得准确的调查结论。有一个为雷朋太阳镜作调研的实例："您认为您会花多少钱去购买一副能防止使眼睛失明的太阳光紫外线的太阳镜？"可以看到，这一夸大的提问主要关注于防止紫外线的效力上，会导致回答者考虑他们愿意花多少钱去购买一件物品以保护眼睛受紫外线的伤害，而不是考虑他们会愿意花多少钱去购买一副太阳眼镜。较为恰当的提问方式应该是："您愿意花多少钱购买太阳眼镜，以保护眼睛不受太阳光紫外线直射？"

5. 避免使用有歧义的词语

有歧义的词语会导致被调查者对问题理解的偏差，歧义的发生有以下两种形式：一是词语本身有多种内涵。例如，一个防止残害动物协会的调研可能会问："当你的小狗造成意外事件时，你是否会教训它？"此处的"意外事件"是指它在地板上撒尿还是咬伤了人或是其他意外事件？关于"教训"一词的意义也是含糊不清的，就你能想到的犬类的天性是可以有多种变化的。我们可用一系列的问题来特别限定"意外事件"的种类。二是这些词语对于不同的回答者有不同的含义。这一形式的歧义往往发生在不同地域对于同一词语的用法不同。在美国有一种被称为是"ginder"的三明治，在新英格兰地区是指夹有海中鱼类的三明治，而在其他州被解释为"可怜的男孩"。

6. 对问题的措辞，设计时要考虑的问题

这个词是否恰好表达了我们想要的意思；它有无其他意思，如果有，是否会带来理解混乱；这个词有其他发音吗；有与这个词发音相同或相近的其他词吗；问卷设计者应通过对这些问题的认真思考，选择出最为确切的措辞。

（三）要避免双重或多重主题的问题，一个提问只应包含一项内容

在问卷中，如果一个题目包括双重或多重主题，会使受访者不知所措。例如，"您觉得这种新款轿车的加速性能和制动性能怎么样？"这实际上包含了两个方面的问题，如果被

调查者认为加速性能好,而制动性能不好,或者反之,那么他很难作出回答。所以,应该分开提问,改为"您觉得这种新款轿车的加速性能怎么样?"和"您觉得这种新款轿车的制动性能怎么样?"避免这种错误的有效办法是检查一下已设计好的问卷,看看提问项目是否有"和"、"跟"、"与"、"及"、"或"或"同"的字眼。如果有这些字眼,就应该小心地审查,一旦发现一个题目包括双重或多重主题,就应将它改正。

(四)避免诱导性提问

诱导性提问是指提问中含有暗示被调查者如何回答的线索,如带有情绪色彩的词语,或者有赞成、反对的感情等。问卷提问不能带有倾向性,而应保持中立。词语中不应暗示调查者的观点,不要引导被调查者该作何种回答或该如何选择。诱导性提问违背了市场调查者必须遵循的"客观性"原则,在问题中包含了调查者的观念或看法,会使回答者产生营销调研顺从心理,导致调查访谈结果产生系统性偏差。例如,"很多人都喜欢看金庸的武打小说,您也喜欢看吗?"这个问题就明显带有倾向性,暗示了回答者应该从众,对被调查者的选择具有诱导作用。解决类似问题的办法是将诱导性语句删除,改为"中性"语句。例如,将上例改为"您喜欢看金庸的武打小说吗?"

(五)避免提出需要被调查者通过推断猜测才能回答的问题

当问题中包括一些常识,回答者往往会回答他们认为是如何或他们认为应该如何。这就助长了猜测,尽管猜测有时也可能是正确的,但大多数情况下是不正确的。考虑以下两个实例:"当你在超市购买新鲜鱼时,你是否考虑它的新鲜程度";"如果你在一家商品陈列室中购买了一架 35 毫米自动对焦的照相机,你是否会向售货员询问它的质量保证"。按常规,被调查者的回答一定是"是"。因为通常来说购买海鲜,新鲜程度是一个重要的衡量标准,而对一名购买较昂贵照相机的普通购买者来说,质量保证是十分必要的。有一种避免常识因素对回答者的影响方法,就是向被调查者询问一些更为详细的资料。例如,在询问新鲜度时可以问:"在你最近五次去超市购买新鲜鱼时,有几次你考虑了它的新鲜程度?"而在询问照相机这一事例时,最好运用量表选择法来询问他对担保的考虑。如将回答设为"不是"、"有时是"、"是"、"完全是"等几个等级。

(六)避免询问超越大多数被调查者能力和经历的问题

若询问超越大多数被调查者能力和经历的问题,其结果将毫无实用价值。比如,若询问一位受访者"去年看过多少部广告片?"大多数情况下,他是很难回答的。但问他"昨天看电视,最有印象的广告或节目是什么?",他就有可能说清楚。同样,当问题中让从来没有接触过股票和股票知识的人指出最有用的技术分析方法时,可能得到的回答只能是一脸的莫名其妙或者胡乱的瞎猜。又如,"去年您使用了多少袋洗衣粉?"洗衣粉是日用品,消耗量大，近期使用一般还能记清楚，而要回答一年用了多少，很少有人能够准确地给出答案，只能粗略估计。像这样的问题，最好缩短时间跨度，如改为"您一个月使用多少袋洗衣粉？"这样被调查者一般都能给出准确答案。

（七）要充分考虑被调查者回答问题的意愿

有些事情被调查者可能记得很清楚，然而他们也许不愿意作出真实的回答，或者即使回答，也是朝着合乎社会需要的方向倾斜。比如，尴尬的、敏感的、有威胁的或有损自我形象的问题，被调查者要么干脆不回答，要么就朝着合乎社会需要的方向回答。个人收入问题、个人生活问题、政治方面的问题等都属于这种情况。如果问到这些问题，被访问者可能会产生反感，不愿说出真心话，因而得不到正确的答案，所以应尽量避免问此类问题。如果必须涉及，就要讲究提问的艺术，避免引起反感，可采用间接询问方式，并放在问题的后面部分问。

三、问题的筛选

在进行问题筛选时应该考虑以下几个方面。

（一）问题本身的必要性

最终所使用的问题都应该是必要的、有用的。不必要的问题应该舍弃。考虑某个提问是否必要，主要应参照所研究的问题和调查目标，并参照其他提问的内容。例如，有一项婴幼儿食品的市场调查，其问卷中有这样的两个问题："你家里有无小孩？""小孩的年龄多大？"这样的设计就不妥。因为现在研究的是婴幼儿食品的营销问题，其消费只与学龄前小孩有关，没有必要涉及大孩子。如果前一个问题改为"你家里有无学龄前小孩"，而舍弃后一个问题，并不影响调查的结果。

（二）问题细分的必要性

筛选过程包括增加和减少问题两个方面。有时，将一个问题分割成两个或几个问题可能更有利于获取确切的信息。例如，对拥有摄像机的家庭询问："您为什么购买摄像机？"就过于简单。因为，这时有人可能回答："为了随时记录生活场景"；有人可能回答："朋友们都购买了。"显然，这两个回答是从不同角度考虑所提的问题，前者是回答购买目的，后者是回答刺激其购买的因素。这种情况下最好分解成如下两个问题："您购买摄像机的目的是什么？""您购买摄像机的促动因素是什么？"

（三）被调查者是否掌握所问信息

多数被调查者是否掌握所问的信息，调查者应有一个基本估计。如果多数被调查者对所询问的信息基本不了解或不清楚,这类问题就不要保留,否则,据此获取的信息会有很大的误差。

(四)被调查者是否提供所问信息

尽管被调查者有所寻求的信息,但有时他们最终没有提供给调查者,其原因可能有三种情况:一是问题敏感而不愿意回答;二是缺乏回答问题的能力;三是所设计的问题回答起来很麻烦。对于敏感问题,一般人都不愿意正面回答,最好不要问;如果实在需要问也要讲究技巧和策略。对于缺乏回答问题的能力,又有两种情况:或者调查者素质较低,或者问题过于专业化。设计专业化的问题就要考虑被调查者的回答能力。例如,调查消费者喜欢什么样的汽车.如果要求被调查者用语言文字描述,恐怕除了内行人其他多数人都不可能回答清楚。这时候,可以提供一些汽车图片让被调查者说喜欢哪一种,喜欢什么地方,即"图解量表法"。这三种原因中的第三种情况较多,在问题设计时尤其要注意。一般来说,如果设计的问题需要用数值来回答,而且又需要调查者算来算去才能得到答案的,最好就不要提,否则多数人会嫌麻烦而放弃回答,或者随便给一个不准确的答数。这样的问题如果必须有,也应该选择一个有利的设计法,如数值分区间式封闭答案。

四、问题设计的形式

(一)自由式问句

这种问句也称为开放式问句,即被调查者可以自由回答问题,不受任何限制,换句话说,就是事先不规定答案。

这种问句的优点是被调查者可以按自己的意见进行回答,不受任何限制,而且,调查者可以获得足够全面的答案。缺点是答案过于分散,不利于统计分析。若是由调查者记录答案的话,还容易产生调查者的理解误差,使答案与被调查者的本意出现偏差。

(二)封闭式问句

这种问句与自由式问句相反。它的答案已事先由调查者设计好,被调查者只要在备选答案中选择合适的答案。封闭式问句又分为两项选择问句和多项选择问句。例如,

A. 你是否准备在最近半年内购买一台彩电?

 a. 是   b. 否

以上是一个两项选择问句。这类问句通常针对性质相反的答案。

B. 你购买洗衣粉通常在什么地方?(单选)

 a. 超级市场   b. 杂货店   c. 百货商店

C. 你购买××洗衣粉的主要原因是什么?(选最主要的两种)

a. 洗衣效果好　　　b. 价格便宜　　　c. 购买方便
d. 不伤手　　　　　e. 朋友介绍

以上两例是多项选择问句,可见,多项选择问句有单选与多选两种。

对于封闭式问句来说,它的答案都是事先拟订的,因而便于统计分析;同时,也便于被调查者选择,节省调查的时间。但是,它也有自己的缺陷,那就是限制了被调查者的自由发挥,他们的答案可能不在所拟订的答案之中,因此就随意地选择一种并非真正代表自己意见的答案。

在决定采用自由式问句还是封闭式问句时,必须考虑到问题答案的分散性程度。如果可能性的答案较多,用封闭式问句会使答案的范围过于狭窄,因而适用自由式问句;反之,如果答案的可能性较少,使用封闭式问句比较方便。一般来说,封闭式问句的答案以不超过十个为好,否则,选择时相互之间的比较就困难了。而事实上,我们常结合自由式问句与封闭式问句的特点,采用一种末尾开放式的问句来解决这一问题。例如,

你购买洗衣粉通常在什么地方?（单选）
a. 超级市场　　　b. 杂货店　　　c. 百货公司　　　d. 其他（请填写）

在问句的末尾加上答案"d. 其他（请填写）",使之成为一个开放式的问句。这样,如果被调查者在前三者以外的地方购买洗衣粉,就可以选择答案 d,而不会随便选前三者之一了。研究人员可以对答案 d 进行分析,如果在答案 d 中能发现一些比较集中的答案类型,则将它们单独列出进行统计分析,而对一些偶尔出现的、频率极小的答案类型予以排除。

（三）倾向偏差式问句

这种问句通常提出态度程度不同的几个答案,以测定被调查者的态度转变需要偏差到何种程度。这种问句一般用来测定对产品（品牌）的忠诚度。例如,

A. 现在你用什么牌子的口红?答（美宝莲）
B. 目前市场上最受欢迎的是"羽西",今后你还打算用"美宝莲"吗?答（是）或（不是）
C. （回答是的）如果"羽西"的价格要降低 3 成,你还打算用"美宝莲"吗?

通过这样几个问句,就可以看出,消费者对一种品牌的忠诚程度如何。如果以上问题中价格降低 5 成,消费者才回答用"羽西",就可以认为该消费者对"美宝莲"口红的忠诚度相当高。

五、不同访问形式及其答案设计

按照答案设计对访问的重要程度划分,访问形式可分为非标准式访问、自由回答式访问和封闭回答式访问。

（一）非标准式访问与答案设计

所谓非标准式访问是指没有固定的标准程序和形式，在访问过程中由访问者灵活掌握的访问。进行这种访问之前，管理者没有对访问者具体的词语表达、问题的格式等提出要求，在被调查者如何表达答案方面，更没有确切的内容。访问者只要铭记调查目的和资料目标，即可以任何形式到任何方面去寻求有用的信息。

常见的非标准式访问主要有中心小组座谈访问、深入访问和投射式访问。

所谓中心小组座谈访问是由一个经过训练的主持人以一种无结构的自由形式与一组被调查者交谈，主持人负责组织讨论，从而获取对一些相关问题的深入了解。访谈的时间一般控制在两小时左右，因为这是对深层次探讨、调查一个问题所必需的。

所谓深入访问法是指利用适当的心理分析方法和渗透性问题，来深入探索被调查者的经验、态度，或者探索任何所要研究的现象。

所谓投射式访问是指访问者通过向被调查者提供某种促动因素，在其无意识的情况下，使被调查者的真实意图"具体化"，或展现回答者的真正看法。

非标准式访问主要适用于以下两种情况：① 调查者正在寻求各种意见，或者寻求某些人在回答时提出的各种"假设"；② 访问的次数很少，并且又是集中性的访问。

可见，非标准式访问注重的是问题和询问方法的设计，而对备选答案设计没有、也不可能有严格的要求。因此它一般也不用于结论性调查。

（二）自由回答式访问与答案设计

所谓自由回答式访问是指提问的问题事先构思好，而如何回答是自由的、开放的，即被调查者不论用什么资料和什么词语来回答都可以。在这种类型的访问中，访问者的任务是尽可能以准确的措词来记录答案。自由回答式访问可分为两类：任意答复和追问答复。

1. 任意答复

任意答复是一问一答式，没有追问。例如，

A. 回顾您在商场购货时的体验，对这家商场，您喜欢什么或不喜欢什么？

B. 回顾您的体验，对这家商场的店员，您喜欢谁或不喜欢谁？

这两个问题分别要求被调查者对商场某一方面直接答复，完全使用自己的措词自由回答，回答完毕即告结束，不再有追问的问题。

2. 追问答复

追问答复是跟随在特定的主题问题之后再进行追问访问，逐步深入讨论主题。例如，如果对上述问题"A"答复："和其他商场相比，它的售价比较合理。"于是追问："还有其他要说的吗？"答复："我刚才在那里买东西，了解他们的商品和服务的质量。"追问："还有什么要说的吗？"或"为什么您那样说？"或"还有您不喜欢的吗？"等。

这种追问方式一般都是首先提出一个规范性的问题,然后根据回答者的答复再进行追问。但追问不应离开主题,而且也要适可而止。

(三) 封闭回答式访问与答案设计

所谓封闭回答式访问指提问和答复的范围都事先构思并落实在提纲或问卷中的一种访谈形式。这种访问下的问题都拟定有充分的答案,回答者只能按要求从备选答案中进行判断和选择。因此封闭回答式访问的优点是便于资料的整理和分析,便于被调查者选择,节省调查时间。但是它也有缺陷,那就是限制了被调查者的自由发挥,他们的答案可能不在备选答案中,因此就随意选择一种不太确切的答案。

符合封闭回答式访问要求的答案设计有多种形式。从答案使用的符号来看,有词语式答案、数值式答案和图解式答案。

词语式答案是指每一个备选答案都用字词表示,例如,您喜欢这则广告语吗?答案有"喜欢"和"不喜欢"。这样的答案就是用字词表示。用字词表示答案是最常用的形式。数值式答案是指备选答案用相应的系列数字表示,如数值量表法的答案就是这种形式。图解式答案是指用相应的图形表示备选答案。如图解量表法的答案就是这种形式。

从封闭回答的答案结构来看,答案设计主要有以下类型:

(1) 二项选择型。二项选择型是指对问题只给出两个合理的答案,且这两个答案一般还是具有相反意义的,被调查者选其一即可。常用的答案词语有:是或否(或不是);有或没有;买过或没买过;喜欢或不喜欢等。例如,

您是否计划在未来三年内购买汽车?

  a. 是   b. 否

二项选择型答案设计的优点是便于填表者回答;简单明了,易于统计;强制性强,可使中立意见者偏向一方。其缺点是调查统计结果只能反映被调查者的一种态度或一种状态,忽视了程度的差别,因此这种设计只适用于简单真实的具体问题调查或引导回答者转移到合适的问题上(即所谓分叉式问题)。例如,

 A. 您是否购买了汽车?

  a. 是(请转到问题"B")   b. 否(请转到问题"C")

 B. 您购买的是新车还是旧车?

  a. 新车(请转到问题"E")   b. 旧车(请转到问题"H")

 C. 您没有购买汽车的主要原因是:

  a. 收入水平低   b. 没有必要

(2) 多项单选型。多项单选型是指预先给出3个或更多的备选答案,被调查者可以选择其中一个最合适的答案。例如,

贵公司属于下列哪一类企业?

a. 批发商 　　　　b. 零售商 　　　　c. 批发兼零售商

这种答案设计的优点是缓和了二项选择型强制选择的程度,考虑了比较全面的情况,统计时也比较方便。但设计时也要注意,答案须包括所有的可能情况,各答案之间要互斥,避免答案交叉重复,比如,上述例子中的两个答案合起来就穷尽了各种可能情况,如果没有"批发兼零售商"这一答案,就不是好的设计。对于多项单选型,在选定全部备选答案后,应该按照随机原则对答案的排列顺序做不同的处理,以便尽可能抵消某些被调查者在回答时极端倾向带来的负面影响。

(3) 多项多选型。多项多选型答案设计是预先给出 3 个或 3 个以上答案,被调查者可以选择其中符合自己想法的 1 个、多个或全部答案,或者不选。它与"多项单选型"设计的主要区别在于:答案不一定穷尽所有可能情况,答案之间也不互斥,因此可以选择一个以上答案。例如,

此前的一个月内您购买过下列哪些商品?
　　a. 水果罐头 　　　b. 蔬菜罐头 　　　c. 熟肉罐头 　　　d. 方便面
　　e. 饼干 　　　　　f. 速冻食品 　　　g. 都没有

对此问题,被调查者可以根据自己的经历选择 1~6 个答案。但有时根据研究分析的需要,也可限定最多选择若干项,如最多选 3 项。多项多选型答案设计的优点是有利于获得多角度、多类别的信息。在数据分析时,可以计算每一种单项情况的百分比,从而分清楚各种分类情况的重要性。但在设计时也要注意,供选择的答案不能太多,一般应控制在 10 个以内,以免填表人厌烦。

(4) 半封闭型。为了弥补封闭式答案设计的缺陷,在调查实践中经常将封闭式答案设计与开放式答案设计结合起来,形成半封闭型答案,即在一系列备选答案之后,留出一个空白,标明"其他"或自由填写。例如,

您在选择购买电冰箱时考虑的主要因素是什么?
　　a. 制冷快 　　　　b. 容积大 　　　　c. 价格便宜 　　　　d. 维修方便
　　e. 外观漂亮 　　　f. 质量好 　　　　g. 噪音小 　　　　　h. 其他(请填写)

半封闭型设计主要适用于下述情况:① 当探索性调查不深入而导致备选答案不能包容所有可能情况时;② 根本不存在穷尽可能时;③ 类别情况太多,没有必要一一列出,或列出后过于繁琐。

六、关于问题的编排及版面布局

一份问卷通常包含许多问题,在每个题目(包括提问项目和回答项目)编写、筛选完毕后,接下来的工作是安排题目的先后顺序,即进行问题的编排。心理学研究表明,问卷中问题排列的前后顺序有可能影响被调查者的情绪。同样的题目,编排得合理、恰当,有利

于有效地获得资料；编排不妥当,可能会影响被调查者作答,影响问卷的回收率,甚至影响调查的结果。所以在设计问卷时,应站在被调查者的角度,顺应被调查者的思维习惯,使问题编排得容易回答。下面是问题编排的一般原则。

（一）问题的编排应具有逻辑性

问题的编排应具有逻辑性是指问题的编排应该符合人们的思维习惯。为此,同类或成套问题应该编排在一起,这样便于被调查者系统思考,提高回答效率。如果问题的编排缺乏逻辑性,问题的性质发生突然改变,会使被调查者感到困惑,增加反应的难度,影响被调查者回答问题的兴趣,不利于其对问题的回答。一般采用当面访问时,开头宜采用开放式的问题,先造成一个良好、和谐的谈话气氛,保证后面的调查能够顺利进行。采用书面调查时,开头应是容易回答且有趣味性的问题,核心的调查内容放中间部分,专门或特殊的问题放在最后。

（二）问题的编排应该先易后难

问题的编排应该先易后难是指将容易回答的问题放在前面,难以回答的问题放在后面。问卷的前几道题容易作答,能够提高被调查者回答问题的积极性,增强其回答问题的信心,有利于他们把问卷答完。如果一开始就让他们感到费力,容易使他们对完成问卷失去兴趣。一般对公开的事实或状态的描述要容易一些,因此这类问题应放在问卷的前面位置,面对问题的看法、意见等需要动脑筋思考,因此放在问卷靠后一点的位置。

从问题的类型来看,一般封闭性问题应该安排在前面,开放性问题安排在后面。开放性问题一般需要较长时间,而一般的被调查者是不愿意花太多的时间来完成一份问卷的。如果将开放性问题放在问卷前面的位置,会使被调查者觉得回答问卷需要很长时间,从而拒绝接受调查。特别是自由回答题,被调查者的回答内容多少不一,在问卷上需要留出较多的空间,放在后面有利于卷面的编排,也有利于被调查者自由发表意见。开放性问题放在后面,即使被调查者不作答,其他问题的回答还有分析的价值。

另外,从时间的角度来考虑,一份问卷可能包含好几段时间的问题,如近期的事情（最近1周、最近1个月）、远期的事情（前几个月、上一年等）,由于近期的事情容易回想,便于作答,因此放在问卷前一点的位置,至于远期的事情,由于记忆容易受到干扰,不容易回想,因此放在问卷较后一点的位置。例如,可先问"您现在使用的是什么牌子的洗发水？"然后再问"在使用这种牌子的洗发水之前您使用过什么品牌的洗发水？"。

（三）敏感性问题、威胁性问题和人口统计问题置于问卷的最后

敏感性问题如收入、婚姻状况、政治信仰等一般放在问卷的后面,因为这类问题容易遭到被调查者的拒答,从而影响后续问题的回答。如果将这类问题放在后面,可以保证大

多数问题在被调查者出现防范心理或中断回答之前得到回答。并且,等到此时,被调查者往往与访问者之间已经建立起融洽的关系,增加了获得回答的可能性,被调查者会条件反射地做出回答。即使这些问题被拒答,前面问题的回答资料仍有分析的价值。

问题编排基本完成之后,设计者还要注意认真考虑问卷的版面布局。问卷版面布局总的要求是整齐、美观,便于阅读、作答和统计。具体包括以下几点:

一是卷面排版不能过紧、过密,字间距、行间距要适当,尤其是行间距一定要设计好。拥挤的问卷容易造成阅读吃力,使人产生厌倦情绪,影响被调查者答题的兴趣,从而直接影响答卷效果,也更容易导致调查者记录的不正确。

二是字体和字号要有机组合,可适当通过变换字体和字号来美化版面。一般来说,问卷标题一定要醒目,问题和答案一定要有变化。另外,问卷的说明、结束语和正文字体也要有所变化。通常的做法是说明、结束语部分采用楷体,主体部分(调查内容)采用宋体或仿宋体。

三是对于开放式问答题,一定要留足空格以供被调查者填写,不要期望被调查者自备纸加页。一般来说,一个开放式问题留有 3~5 行空格就被认为是足够了。对于封闭式问答题,给出的每一个答案前都应有明显的标记,答案与答案之间要有足够的空格。

四是注意一些细节性问题,比如,在可能的情况下,一个题目最好不要跨页编排,问卷四周应留有足够的空白,等等。好的版面布局是给人留下良好第一印象的关键因素,问卷设计者不可掉以轻心。

七、敏感问题的处理技巧

(一)释难法

所谓释难法就是通过在问题之前加一段有助于不使被调查者感到为难的文字,使提问自然化。例如,在进行公房出租情况调查时,先写如下一段文字:"据其他途径的资料显示,公房出租在我市已非罕见,甚至还有中间商公开打广告的。"然后再问问题"您是否有公房在出租?"就可以增加被调查者说实话的勇气。一般在问卷引言中都公开申明本次调查仅用于统计分析目的,个案资料绝对保密,这样就有助于打消被调查者的疑虑。

(二)人称代换法

所谓人称代换法就是将要直接向被调查者询问的问题,改成关于第三人称的问题,使被调查者处于纯客观的地位,便于回答问题。例如,"您是否认为公民可以不履行缴纳个人所得税义务?"绝大多数人会答"否"。但这不是所有人对该敏感问题的正确看法。如果问句改成:"你的朋友们是否认为公民可以不履行缴纳个人所得税义务?""你的朋友中有多少人认为应履行缴纳个人所得税义务?"这时候,被调查者就容易坦率地回答。再比如,要想了解被调查者是否经常打麻将、喝酒等,直接询问就得不到真实的回答,若改成第三人称间接询问:"你的朋友经常打麻将吗?""每星期玩几次?"回答者就不会感到窘迫而能认真回答。

(三) 数值归档法

所谓数值归档法就是将要研究的变量的取值划成几个连续的区间,由被调查者选择。如年龄、收入等敏感问题可使用数值归档法。关于年龄或收入,不是直接问年龄多大或收入多少,而是问他的年龄或收入属于哪个区间,效果会更好一些。例如,

2006 年你家的收入大约为多少?

  a. 10 000 元以下   b. 10 000~15 000 元   c. 15 000~20 000 元
  d. 20 000~25 000 元   e. 25 000 元以上

将收入水平分层列表,只要得到大约收入水平的层次即可。但在设计各档次时要注意:分档标准要以当地的收入水平和调查的目的来确定;最好设计成区间式数值分档,这有利于数据处理和分析;在设计单项式数值分档时,也要选用合适的措辞,这对口头询问尤其重要。

第四节 调查问卷中的常用量表

调查问卷是由一系列为实现调查目的而设计的反映所需市场信息的具体问题组成的表格。通常状况下,我们将由封闭式问题(问题类型之一)组成的表格称为量表,即通过一系列事先拟定的用语、记号和数目,对需要收集的信息资料进行可量化度量的调查问卷。

▶ 一、量表的类型

量表的种类很多,可以按照不同的标准加以划分。常用的分类方法是根据测量尺度将量表分为类别量表、顺序量表、等距量表和等比量表。

(一) 类别量表

类别量表又称分类量表或名义量表,其调查测量的目的是将被调查者按照性质不同进行分类。例如,在问及消费者是否购买过某品牌奶粉时,答案可有两个,即买过和没有买过。亦即调查对象分为"买过和没有买过"两类。其中可供选择的答案,既可用字母符

号编码,也可用数字编码。得到的调查结果可进行频数、列联表分析,也可求众数或进行卡方检验。应当注意的是,如果备选答案采用数字进行编码,其代表数字可用作分类的符号,不可进行数学计算。

(二) 顺序量表

顺序量表又称次序量表,其调查目的是测量所调查事物各类别之间不同程度的顺序关系。例如,要了解不同品牌电冰箱在消费者心目中的地位,可将若干接受调查的电冰箱品牌一一列出,请被调查者按照偏爱程度,标出其第一喜欢品牌、第二喜欢品牌、第三喜欢品牌……需要注意的是,其"第一喜欢品牌、第二喜欢品牌、第三喜欢品牌……"仅表示的是偏爱的等级顺序,并不表明量的绝对大小。

通过顺序量表得到的调查结果,可进行频数、列联表分析,也可进行卡方检验以及秩相关分析和非参数统计分析。

(三) 等距量表

等距量表又称为差距量表,它不仅可以像顺序量表一样测量调查事物之间的顺序关系,还可测量各顺序位置之间的距离。在市场调查中,等距量表常用于态度测量,即我们将人们对某一问题的看法从极端有利到极端不利进行人为的等距划分,请被调查者进行选择。

在等距量表中,我们经常根据备选答案数目,将量表分为平衡量表和不平衡量表。如果有利答案的数目与不利答案的数目相等即为平衡量表,否则为不平衡量表。

由等距量表获得的调查结果不仅可以进行频数、列联表分析、卡方检验等方面分析,还可以计算均值、标准差,进行方差分析、回归分析、因子分析以及聚类分析等。

(四) 等比量表

等比量表是表示各个类别之间的顺序关系成比率的量表,例如,对人们身高、体重的测量,对企业职工人数、产值的测量等。等比量表获得的调查数据适用于各种统计分析方法,但是由于其在对被调查者进行态度测量方面有一定困难,因此市场调查中较少使用。

二、态度测量量表

市场调查所涉及的问题不外乎两类:一类属于定量问题。例如,价格、收入、销售量、年龄等,它们可以用数字来表示;另一类属于定性问题,例如,被调查者的需求意向、态度、意见、感觉等,一般难以直接用数字表达。对这类定性问题的调查,我们称为态度测量。

如果调查只是希望了解人们对某一事物了解与否、某种行为喜欢与否、某种观点赞同与否等基本的态度状况,采用类别量表即可。但通常我们都希望进一步了解人们对问题认识的深浅、态度的强度,这时就必须采用一定的态度测量技术,把定性问题尽可能地量化表示。解决这一问题的有效形式,就是态度测量表。

态度测量表一般采用等距量表的形式。等距量表的具体形式很多,在此我们仅就常用的李克特量表和语义差别量表进行探讨。

(一) 李克特量表

李克特量表是 Rensis A. Likert GF 1932 年发明的。其量表建立过程为:

首先,由调研者提出大量与所要评价事物有关的反应态度的语句,这些语句有有利意见,也有不利意见,有利意见与不利意见的数量基本相当。

其次,建立意见差别强度的分类等级,一般常用五等级分类法,即非常同意、同意、未定、不同意、非常不同意五个等级。也有用三等级分类法的,即同意、未定、不同意。

第三,规定有利意见与不利意见的具体评分办法如表 4-1 所示。

表 4-1　　　　　　　　意见程度评分标准参考表

意见程度类别	有利意见的评分		不利意见的评分标准	
非常同意	5	+2	1	-2
同意	4	+1	2	-1
不确定	3	0	3	0
不同意	2	-1	4	+1
非常不同意	1	-2	5	+2

第四,选择 20~30 个被调查者作为评定者,对上述语句逐一进行评价,并根据自己的看法选择对各语句的同意程度。假设选定 20 位评定者,他们对某一条语句评定的结果(按表 4-1 的标准进行评定)如表 4-2 所示。

表 4-2　　　　　　　　评定者对某一语句的评分表

评定者编号	1	2	3	4	5	6	7	8	9	10
对某一语句的评分	3	4	5	5	4	3	3	2	2	2
评定者编号	11	12	13	14	15	16	17	18	19	20
对某一语句的评分	3	5	5	4	4	1	2	1	3	4

第五,选择量表语句,选择过程为:

(1) 根据各评定者对每一条语句的评分高低排序如表 4-3 所示。

表 4-3　　　　　　　　　评定者对某一语句的评分高低排序表

序号	1	2	3	4	5	6	7	8	9	10	11	12	13	14	15	16	17	18	19	20
分数	5	5	5	5	4	4	4	4	4	3	3	3	3	3	2	2	2	2	1	1

（2）从高低分数两端各选出 1/4 语句,分别组成最高分组和最低分组,计算出最高和最低分组的平均值。根据表 4-3 可算得:

$$最高分组平均值 = (5+5+5+5+4) \div 5 = 4.8$$

$$最低分组平均值 = (2+2+2+1+1) \div 5 = 1.6$$

（3）计算最高最低分组的平均值之差。根据上面的计算结果可得:

$$最高最低分组的平均值之差 = 4.8 - 1.6 = 3.2$$

（4）选择最高最低分组的平均值之差比较大的语句作为量表采用的语句。因为此平均值之差越大,说明该语句的辨别能力越大,其价值越大;此平均值之差越小,说明该语句的辨别能力越差,易造成调查结果混乱,故应删除。

第六,将全部选出的语句编制成李克特量表。

实际调查中,假设有由 10 条语句组成的李克特量表,对某被调查者测定后,按表 4-1 的标准进行评定,评定结果如表 4-4 所示(表中"+"、"-"分别代表有利意见或不利意见)。

表 4-4　　　　　　　　　应 用 示 例

语 句	类 别	很同意	同 意	不确定	不同意	很不同意	分 数
1	-				√		4
2	+					√	1
3	-		√				2
4	-			√			3
5	+		√				4
6	+		√				2
7	+		√				4
8	+	√					5
9	-				√		4
10	+			√			3
总 分							32

从表4-4中的数据可以看出,该被调查者对10条语句的评价总分数为32。按照表4-1规定的评分标准,10条语句的最高分数为50分(10×5),10条语句的最低分数为10分(10×1)。

10条语句最高得分与最低得分的平均分数就是我们判别有利意见与不利意见的依据。根据这一情况可知,表4-4显示的某被调查者对10条语句的评分略高于平均值,就是说稍倾向于肯定。如果评分低于平均值,表明该被调查者持否定态度。分数越高,说明肯定态度越强;分数越低,则否定态度越强。

在市场调研实务中,李克特量表非常流行,但是,很少有人遵循前面所列出的那些步骤来制定量表,通常是由调研人员与客户经理共同设计的。很多时候,量表是在召开小组座谈会后创制的。

(二)语意差别量表

语意差别量表是由查尔斯·奥斯古德(Charles Osgood)、乔治·苏西(George Suci)和珀西·坦纳鲍发姆(Percy Tannenbaum)等人研究开发的。该技术的发明者们发现,许多词和概念的认知含义能分解成有效、行动和评价三个部分。在营销调研中,语意差别常用来测量人们对想象中的周围产品和服务的态度,一般来讲,它仅仅设计了评价(例如好与坏)这一部分。

语意差别量表的第一步是确定要进行评分的概念,如公司形象、品牌形象或商店形象。被调查者挑选一些能够用来形容这一概念的一系列对立(相反)的形容词或陈述、描述所评价的对象。每个两端对立的形容词等级量表通常由七个差异类别组成,除了两端的种类外,既没有数字标签也没有种类描述。为了消除任何位置偏差,赞成和不赞成的对立词组随机地分布在左右两边的位置。第二步就是由被调查者在每一比较形容词所形成的七个差异类别中选出一个能最好描述被调查者对所研究对象看法的选项(见图4-1)。调研人员计算出被调查者对每一对形容词评分的平均值作为该被调查者的总的态度分数,并以这些数为基础构造出"轮廓"或"形象"图。在计算总的分数之前,必须对回答类别进行编号,通常对这些种类从1~7进行赋值,不喜欢的形容词组是1,喜欢的形容词组是7。因此,在分配编码和汇总之前,调研人员必须注意在需要的地方调整单个量表项目的次序,使每一个态度差异从喜欢到不喜欢或相反的顺序进行排列。

例如,我们很想知道你对我们酒店的看法,以下是一些能用来描述我们所提供服务的陈述,对每一对形容词组,希望你标出能最好地描述你对我们的感觉的那一个。

如果利用语意差别量表同时测量几个对象的形象,可以清楚、直观地将整个形象轮廓进行比较。

语意差别量表可以迅速、高效地检查产品或公司形象与竞争对手相比所具有的长处

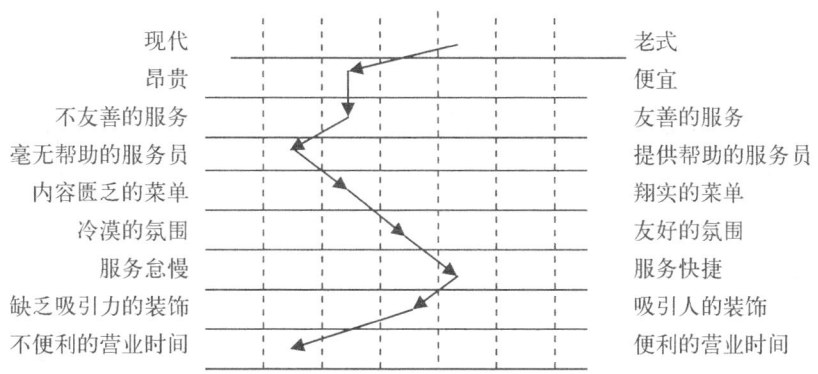

图 4-1 语义差别表示例

或短处,更重要的是,在营销与行为科学研究中发现,语意差别量表在制定决策和预测方面有足够的可靠性和有效性。语意差别量表适用于广泛的主题,而且非常简洁,故被调研人员所偏爱,经常作为测量形象的工具,以及帮助制定广告战略、促销战略和新产品开发计划等。

语意差别量表也不是完美无缺的。第一,它缺乏标准化。调研人员必须根据实际调研主题制定语意差别量表。由于语意差别量表没有一套标准模式,因此调研人员经常要花大力气来解决这些问题。第二,语意差别量表中的评分类别数目也是一个问题。如果评分类别数目太少,也会使整个量表过于粗糙,缺乏现实意义;如果评分类别数目太多,又可能超出了大多数人的分辨能力。研究表明,"七点评分"量表的测量效果较令人满意。第三,"光晕效应"[①]是语意差别量表的另一大弱点。对一个特定形象的组成要素不太清楚时,可能产生明显的偏差。为了能部分地消除"光晕效应",调研设计者应随机地将相对的褒义词和贬义词分布在两端,不要将褒义词集中在一端,贬义词集中在另一端。这样做可以迫使被调查者在回答前仔细考虑。在数据收集之后为了便于进行分析,可以再把所有褒义词放在一边,贬义词放在另一边。第四,对 4 分的解释要非常小心。对 4 分的回答可以说明两件事:被调查者或者是不能将已给的这组形容词同概念联系在一起(他们不了解),或者是他可能对此保持中立态度不大清楚。在许多形象研究中,经常会有大量的 4 分答案。这种情况使我们得到的是一幅"中间"状态图。因此这种轮廓就不够清楚,而且也显示不出很多特征。

---

① 人们往往根据对一个人的部分成见而波及对整个人的看法。

本章小结

调查问卷是至今为止用于收集第一手资料最普遍的工具。一项市场调研的结果是否能达到调查确定的要求和目的,以及所收集资料的可靠程度和完善程度都取决于调查问卷设计水平的高低。本章主要论述了调查问卷的重要性,以及调查问卷设计的基本知识,包括调查问卷的结构、设计程序、设计原则、设计技巧,介绍了几种基本态度量表的建立和应用。

问卷是市场调查不可缺少的工具。设计合理的问卷不但有利于全面、准确地搜集资料,而且还可以节省调查时间。调查问卷的基本结构一般由标题、说明、主体、编码、被访者项目、调查者项目和结束语七个部分组成。要保证问卷的设计水平,使其既科学合理,又实际可行,就必须遵循一定的设计原则,按照一个符合逻辑的程序进行。在市场调查中,常常存在由于问卷设计不当而造成调查结果失效或结论有异的情况。同样的问题,由于形式不同或措辞不同,获取资料就有明显的差异;同样,使用不同的排列次序,其结果也会不一样。

为了如实、准确地获得被调查者的有关信息,除了被调查者的认真合作之外,问卷中的问题如何提出、如何询问也至关重要。在问题的措辞中,设计者应尽力避免各种错误,使一份问卷更完善,使被调查者能够顺利地作答。为了保证问卷的质量,有必要进行问题的筛选,除了考虑问题本身的必要性之外,还要考虑问题细分的必要性和被调查者是否掌握所问信息等。问题设计的形式有自由式问句、封闭式问句、倾向偏差式问句。根据问题和访问形式的不同,问题答案的设计也有区别,按照答案设计对访问的重要程度划分,访问形式可分为非标准式访问、自由回答式访问和封闭回答式访问。

一份问卷通常包含许多问题,在每个题目(包括提问项目和回答项目)编写、筛选完毕后,接下来是安排题目的先后顺序,即进行问题的编排。心理学研究表明,问卷中问题排列的前后顺序有可能影响被调查者的情绪。同样的题目,编排得合理、恰当,有利于有效地获得资料;编排不妥当,可能会影响被调查者作答,影响问卷的回收率,甚至影响调查的结果。所以在设计问卷时,应站在被调查者的角度,顺应被调查者的思维习惯,使问题编排得容易回答。问题编排基本完成之后,设计者还要注意认真考虑问卷的版面布局。问卷版面布局总的要求是整齐、美观,便于阅读、作答和统计。

在营销调研中,经常需要对消费者的消费状况及态度等进行测量。态度测量就是调查人员根据被调查者的可能认识或认识态度,就某一问题列出若干答案,设计态度测量表,再根据被调查者的选择来制定其认识或认识程度(态度)。常用的态度测量表有李克特量表和语意差别量表。

第4章 调查问卷设计

复习思考题

1. 调查问卷的功能有哪些?
2. 试述调查问卷的设计原则。
3. 试述调查问卷的结构及其设计的程序。
4. 试分析开放式问题和封闭式问题的优缺点。
5. 在应用多项选择法时应注意哪些事项?
6. 试述问卷设计中关于问题及其措辞要注意的事项。
7. 问卷设计中问题编排应掌握哪些原则?
8. 关于问卷的版面布局应注意哪些问题?
9. 简述李克特量表的建立与使用。
10. 语意差别量表的优劣何在?

案例分析

答卷人基本信息表:
姓名:　　　　　性别:　　　　　年龄:
身份证号码:　　　　　联系方式:
通信地址:　　　　　受教育程度:(高中以下/大专/本科/硕士以上)
职业:　　　　　家庭月收入:　　　　　家庭月可支配费用:
装修面积(套内):　　　　　装修预算(含材料,不含家电、家具等):

Ⅰ类题
1. 您通过什么渠道了解和选择装修公司?(可多选)
   A. 户外广告　　　B. 报纸　　　　　　　　C. 电视　　　　　　　D. 广播
   E. 朋友介绍　　　F. 家装公司现场促销活动　　　　　　　　　　　G. 逛装饰市场
   H. 网站　　　　　I. 家装会展活动　　　K. 设计师自荐
   L. 宣传单　　　　M. 车身广告
2. 您选择装修公司主要看重以下哪些方面?(可多选)
   A. 设计　　　　　B. 施工质量　　　　　C. 价格　　　　　　　D. 信誉
   E. 售后服务　　　F. 口碑(朋友推荐)　　G. 其他(请填写)
3. 您最不满意施工方(装修公司或非正规施工单位)哪些行为?(可多选)

A. 不按原定方案施工　　B. 拖延工期　　　　　　C. 价格欺诈
D. 施工质量差　　　　　E. 施工材料以次充好　　F. 其他(请填写)

4. 您对装饰公司组织的哪些活动感兴趣？(可多选)

A. 价格促销　　　　　　B. 设计展示　　　　　　C. 施工工艺解读
D. 环保家装讲解　　　　E. 推行先进的装修理念　F. 施工成功案例观摩
G. 其他方面(请填写)

Ⅱ 类题

1. 您采用的装修途径是哪种？(单选)

A. 请品牌家装公司(请注明是　　　　公司)
B. 请非品牌施工单位(没有与家装公司之间的合同约定)(跳至第3题)
C. 私底下找装修公司的设计师或施工项目经理装修(跳至第4题)
D. 自己动手装修(跳至Ⅳ类题)
E. 请装饰材料卖场自办的装饰公司(跳至第4题)

2. 如果您选择的是品牌家装公司，您是基于什么原因？(可多选)(答后转第4题)

A. 品牌家装公司与非品牌施工单位相比，信誉好，服务好
B. 没时间监工，对装修也不太懂，请正规家装公司进行设计、施工省事一些
C. 朋友或亲戚推荐
D. 家装公司主动预约
E. 其他原因(请注明)

3. 如果您选择的是非品牌施工单位，您是基于什么原因？(可多选)

A. 装修预算不多，非正规施工单位装修费用比家装公司报价低
B. 家装公司和非正规施工单位差不多，不见得多好
C. 朋友或亲戚介绍
D. 其他原因(请注明)

4. 您采用的装修方式是哪种？(单选)

A. 由家装公司包工包料
B. 由家装公司包工包辅料，自购主材
C. 由非正规施工单位包工包料
D. 由非正规施工单位包工包辅料，自购主材
E. 由非正规施工单位包工，自购主材和辅料

5. 装修时您采用的监督方式是哪种？(单选)

A. 亲自监督　　　　　　　　　　　　B. 委托亲友进行监督
C. 请家装监理公司进行监督　　　　　D. 定期了解进度和质量
E. 不监督

6. 您对您家的装修如何评价?(单选)

A. 非常满意　　B. 比较满意　　C. 一般

D. 不太满意　　E. 很不满意

7. 您在装修过程中的感受是什么?(单选)

A. 非常辛苦　　B. 比较辛苦　　C. 一般

D. 比较轻松　　E. 很轻松

8. 您选用的基础材料是否环保?(单选)

A. 确实环保　　B. 选择环保诉求品牌,但未确认

C. 未考虑环保问题

9. 您是否了解您所选用的基础材料的质量?(单选)

A. 经过权威信息确实,了解

B. 根据广告、装修公司推荐或朋友介绍选择质量保证材料

C. 主要考虑适用和性价比

D. 不考虑质量

10. 请根据下列条件进行选择。(横向单选)(答完本题后请转Ⅳ类题)

　　　　非常满意　比较满意　一般　不太满意　很不满意

整体设计

装修质量

施工队伍素质

售后服务

合同的履行

投诉处理

材料质量

装修污染控制

Ⅲ类题

1. 如果您现在开始装修,您会选择哪种方式?(单选)

A. 请品牌家装公司

B. 请非品牌施工单位

C. 私下请装修公司的设计师或施工项目经理装修

D. 自己动手装修

E. 请材料卖场自办的装饰公司

2. 您会选择以下哪种方式进行装修?(单选)

A. 由家装公司包工包料

B. 由家装公司包工包辅料,自购主材

C. 由非正规施工单位包工包料

D. 由非正规施工单位包工包辅料，自购主材

E. 由非正规施工单位包工，自购主材和辅料

3. 您是否知道识别环保材料的方法？（单选）

　A. 是　　　　　　　　　　　　　　B. 否

4. 您是否知道并注重家装中的人体工学运用？（人体工学指围绕人的生理、心理特征进行的设计）（单选）

　A. 是　　　　　　　　　　　　　　B. 否

5. 你打算采取的工程监督方式是哪种？（单选）

　A. 亲自监督　　　　　　　　　　　B. 委托亲友进行监督

　C. 请家装监理公司进行监督　　　　D. 定期了解进度和质量

　E. 不监督

6. 您在装修中最担心的问题是什么？（单选）

　A. 装修合同暗藏陷阱　　　　　　　B. 偷工减料，影响装修质量

　C. 设计不合理　　　　　　　　　　D. 价格有陷阱，多花冤枉钱

　E. 隐蔽工程有隐患　　　　　　　　F. 装修造成室内空气污染

　G. 拖延工期　　　　　　　　　　　H. 其他（请注明）

7. 您最希望在报纸上看见什么样的装修相关内容？（可多选）

　A. 建材、装饰材料的价格信息　　　B. 家装工艺、材料方面的专业知识

　C. 家装行业动态（包含流行趋势）　D. 家装相关的新材料、新指标

　E. 家装设计方面的指导　　　　　　F. 其他（请注明）

Ⅳ类题高端家装调查题

1. 对目前家装公司推出的高端家装设计业务您是否了解？（单选）

　A. 不了解，不知道何为高端家装　　B. 了解，接触过，但不是很清楚

　C. 很了解

2. 在选择高端家装时，你最看重什么？（单选）

　A. 设计好坏　　B. 公司综合实力　　C. 设计师名气　　D. 公司品牌形象

　E. 服务　　　　F. 口碑和信誉　　　G. 施工工艺

3. 你对付费设计如何看待？（单选）

　A. 现在很多装修公司设计都不收费，所以设计不付费（跳至第5题）

　B. 设计应该付费，花了钱的东西想起来应该好些

　C. 看设计好坏，如果设计得好，可以付一定费用

4. 你认为付费设计多少价位合适？（单选）

　A. 每平方米10～30元　　　　　　　B. 每平方米30～60元

C. 每平方米 60~100 元 　　　　　　D. 每平方米 100 元以上

5. 现在市场上承接高端设计的主要有两类公司：一是大型综合性公司推出的高端设计工作室，另一是小型专业设计公司，你倾向于选择哪类公司为你服务？（单选）

A. 选择大型公司高端设计工作室，更有保障

B. 选择专业设计公司，术业有专攻，服务可能更好

C. 选择大型公司高端设计工作室，公司综合实力强，可能聚集有大量的优秀设计师

D. 选择小型专业设计公司，但是找其灵魂设计人物

E. 视情况而定

问题

1. 这是一份对何种产品进行调查的问卷？
2. 你认为它有何不足？

第 5 章

抽 样 设 计

 学习目的

1. 了解抽样调查的有关基本概念和程序。
2. 掌握各种抽样方法的特点和具体应用。
3. 熟悉抽样误差的估计以及样本数目的确定方法。
4. 了解有关抽样设计在市场调查应用中的几个问题。

 引 言

　　为适应经济和社会发展需要,并与国家编制五年计划更好地衔接,推进国民经济核算与统计调查体系的综合配套改革,国务院决定,在 2004 年开展第一次全国经济普查。

　　此次经济普查,主要是为了全面掌握我国第二产业和第三产业的发展规模、结构和效益等信息,建立健全覆盖国民经济各个行业的基本单位名录库(含编码)及其数据库系统。

　　认真搞好经济普查,对研究制定国民经济和社会发展规划,优化经济结构,改进宏观调控,开拓新的就业渠道,提高人民生活水平,全面建设小康社会,具有重要意义;对改革统计调查体系,完善国民经济核算制度,健全统计监测和预警、预报系统,将发挥重要作用。

此次经济普查的对象,是在我国境内从事第二产业和第三产业的全部法人单位、产业活动单位和个体工商户。具体范围包括:采矿业,制造业,电力、燃气及水的生产和供应业,建筑业,交通运输、仓储和邮政业,信息传输、计算机服务和软件业,批发和零售业,住宿和餐饮业,金融业,房地产业,租赁和商务服务业,科学研究、技术服务和地质勘察业,水利、环境和公共设施管理业,居民服务和其他服务业,教育、卫生、社会保障和社会福利业,文化、体育和娱乐业,以及公共管理和社会组织等。

普查的主要内容包括单位标志、从业人员、财务收支、资产状况,以及企业的主要生产经营活动和生产能力,主要原材料和能源消耗及科技开发的投入状况等。

普查的标准时点是2004年12月31日,时期资料为2004年度。

经济普查涉及范围广、参与部门多、技术要求高、工作难度大。为了加强对此项工作的组织和领导,国务院成立第一次全国经济普查领导小组,负责普查的组织和实施。其中,涉及普查宣传动员方面的事项,由中央宣传部负责协调;涉及普查经费和物资保障方面的事项,由财政部和发改委负责协调;涉及企业和个体工商户名录方面的事项,由工商总局和税务总局负责协调;涉及机关和事业单位名录方面的事项,由中央编办负责协调;涉及社团和民办非企业单位名录方面的事项,由民政部负责协调;涉及组织机构代码方面的事项,由质检总局负责协调。中央和国务院其他各有关部门,也要按照全国的统一部署,各司其职、各负其责、通力协作、密切配合。

地方各级人民政府也要设立相应的普查领导小组及其办公室,认真做好本地区普查工作的组织和实施。对于普查工作中遇到的各种困难和问题,要及时采取措施,切实予以解决。要充分发挥街道办事处和居民委员会、乡镇政府和村民委员会的作用,广泛动员和组织社会力量积极参与并认真配合做好普查工作。

普查所需经费,由中央和地方各级人民政府共同负担,并列入相应年度的财政预算,按时拨付、确保到位。

凡在我国境内从事第二产业、第三产业的所有法人单位、产业活动单位和个体工商户,都必须严格按照《中华人民共和国统计法》的有关规定和此次普查的具体要求,按时、如实地填报普查表,确保基础数据的真实可靠。任何地方、部门、单位和个人,都不得虚报、瞒报、拒报、迟报,不得伪造、篡改普查资料。各级普查机构和宣传部门、新闻单位,要充分利用广播、电视和报刊等多种形式,广泛深入地宣传经济普查的有关要求及重要意义,为普查工作的顺利实施创造良好的社会环境。

社会经济调查的最基本形式有全面调查与抽样调查两类。

由于社会经济调查客体的复杂性、多样性,社会经济调查往往会采取抽样调查。全面调查是对全体被研究对象进行调查,可以看作是一种特殊的抽样调查。

第一节 抽样调查概述

抽样调查是市场调查中的一个重要环节。在一手资料市场调查的大多数场合,都需要进行严格或不太严格的抽样调查。在整个市场调查过程中抽样扮演着决定调查谁、调查多少人的重要角色,而且技术含量很高,所以抽样调查中抽样设计与问卷设计一起被看作是市场调查的两个关键环节,也是需要技巧较多的两个环节。实际上,与问卷设计一样,抽样设计往往由调查机构中的高级专业人士完成。由于市场调查面临着当今市场构成多元化、变化节奏快同时调查经费相对紧张的现实,抽样设计得好与差、巧与拙将直接影响调查的效果和调查的成本,因此了解抽样调查的基本原理、掌握抽样设计主要的技巧是学习市场调查理论的重点。

一、抽样调查的特点

抽样调查是市场调查中使用频率最高的一种调查方式。它是指按照某种原则和程序,从总体中抽取部分单位(样本),通过对这部分单位进行调查,将获得的调查信息运用数理统计的原理和方法进行分析,从而达到对总体的数量特征进行估计和推断的目的。

抽样调查之所以成为最普遍使用的调查方式,与其自身特点密切相关。抽样调查的特点主要有以下几点。

(一)时间短、速度快

由于抽样调查只是针对一部分,更多时候是针对一小部分而进行的,自然要比全面调查节约时间、加快速度。在一些紧迫的场合,由于及时性往往是首要要求,抽样调查的这种优势就尤为突出。

(二)费用少、成本低

如果调查的内容相同,抽样调查所需费用当然就比较少,这样调查成本就随之降低。特别是总体规模很大时,由于调查的仅仅是很小的一部分,费用和成本方面的节约十分惊人。

(三)调查结果比较准确

由于费用方面节约程度明显,而且调查的工作量因此减少很多,这样就可以用更高的报酬聘用素质高作风好的人员,可以进行更为规范深入的训练,可以进行更为严格的质量控制,大大降低那些人为的所谓粗大误差(超出在规定条件下预期的误差,如调查时标记错误等),因此能够弥补只抽取一部分单元进行调查所引起的代表性误差,取得甚至比全面调查还要准确的调查结果。

(四)应用范围广泛

一方面,有些时候不仅总体方面的限制会使全面调查根本不可能,另外一些时候调查人员、设备方面的制约也会使全面调查无法进行。例如,SARS 检查不仅需要受过训练的医疗人员,而且需要相应的专业设备,由于人员和设备的数量极其有限,进行全面调查就毫无可行性,抽样调查是必然的选择。另一方面,虽然习惯上某些内容的调查普遍采取全面调查的方式,但应该看到,即使在这些场合普查也不是不可由抽样调查来取代,对户籍人口的抽样核查其结果的精度可能要高于历史悠久的人口普查。

当然,抽样调查与全面调查并不是完全对立的。抽样调查也有其局限性,首先,抽样调查只是抽取总体中的一部分进行调查,以此对总体作出判断,必然存在误差,即所说的代表性误差。其次,抽样调查只提供对总体目标量的估计,而不能提供许多子总体的信息。

二、抽样调查中的基本概念

(一)总体和样本

1. 总体

总体是指调查对象的全体,由符合调查目的要求的所有个体组成。例如,欲对河南省城镇居民家庭 2007 年生活消费支出状况进行调查,则河南省范围内所有城镇居民家庭就构成一个调查总体。总体是调查主体根据自身调查目的人为限定的。对于每一项具体的调查,调查对象必须明确,所以,在抽样调查中,总体一般也是明确的。

2. 样本

样本是总体的一部分,它由从总体中按照一定程序抽选出的个体组成。例如,欲对河南省城镇居民家庭 2007 年生活消费支出状况进行调查,则抽中参与调查的那部分城镇家庭就构成了样本。

(二)总体指标和样本指标

1. 总体指标

总体指标是根据总体中各单位标志值计算,是调查所关心的指标的数字特征。例如,河南省城镇居民家庭 2007 年平均生活消费支出额就是一个总体指标。常用的总体指标有总体平均数、总体比例、总体方差等。

2. 样本指标

样本指标是根据样本单位标志值计算,其常用指标包括样本平均数、样本比例、样本方差等。样本指标是样本的函数,如果样本是随机抽取的,在大样本状况下,样本指标趋于正态分布,因此可以根据样本指标对总体指标进行推断,并计算抽样误差。

(三)抽样框

抽样框由总体中所有个体的相关名单资料构成。抽样框的具体形式很多,常用的包括企业名录、电话簿、人员名册等。在抽样过程中,如果将个体名单编码,即可按照一定的随机化程序进行抽样。在抽样后,调查人员也可根据抽样框所提供的样本信息找到入样单位,进行调查。

抽样框的质量对抽样误差影响很大,高质量的抽样框应当尽可能多地提供个体信息,并且没有重复和遗漏。

三、抽样调查的具体实施步骤

抽样调查相对于全面调查,具有节省人力物力、调查误差小、操作灵活和取得资料较快等优点,因此,被人们看作是统计调查中的重要操作方法之一。目前,我国政府统计部门的人口变动情况调查、城乡住户调查、农产品产量调查、物价调查以及农村劳动力结构、固定资产结构等调查都采用了抽样调查方法。今后,随着社会主义市场经济体制的建立和完善,抽样调查将得到更加广泛的应用。

要想进行抽样调查,首先必须明确抽样调查的具体实施步骤,这是一个基本而又十分重要的前提。调查是一项系统工程,它必须一步一步地严格按照既定的程序执行。调查的目标不同,具体步骤也会有所不同,但这里所给出的这些步骤是最基本的。

(一)调查目标确定

调查中最重要的任务之一就是规范地表述调查目标。这不仅意味着明确调查所要求的信息,也包括尽可能清晰的概念、操作定义和分类。要达到这个目标就要有明确的主题、概念和定义,要决定研究中包括哪些对象,要决定顾客需要知道哪些及最好知道哪些。

调查目标最后应表明:调查需要的信息,数据的基本用途和使用者,概念化和操作化的定义,调查内容,分析计划。

(二)抽样框选择

抽样框有各种形式,可能是已有的现成清单如计算机数据文件、电话簿,也可能是概念性的抽象名单等。

调查机构通常有三种途径得到抽样框：使用已有的抽样框，补充现有的抽样框，建立全新的抽样框。抽样框的选择对调查总体的定义、收集数据的方法、抽样方法和估计方法产生直接影响，也会影响到调查费用和调查质量。

（三）抽样设计

抽样方法的选择受诸多因素的影响：可用的抽样框，总体的散布程度，调查每个单元的费用以及对所取得数据的分析方法。而样本量的大小，则直接影响着调查费用，调查花费的时间，需要的访员数量等。样本量确定并没有一个完美的方法，只能综合考虑各种不同甚至是矛盾的要求，如估计精度、客观约束等。

（四）问卷设计

调查问卷是用于从被调查者那里获取某方面信息的一组或一系列问题。调查问卷在数据收集过程中起着核心作用。它不仅影响着数据质量，也影响着调查机构在公众中的形象。

问卷设计涉及的主要问题是：提什么问题、如何修辞以及如何安排问题的顺序，以获取所需信息。问卷的内容要求容易理解，容易回答，容易保持连贯。尽管问卷设计的准则已相当完善，但这项工作仍是一门需要技巧、经验和谨慎的艺术。如果问卷设计不周，对数据的要求就不能恰当地转化为高质量的数据收集，那么即使好的样本也会产生很不理想的结果。

（五）数据收集

数据收集是从选定的抽样单元获取信息的过程。数据收集的方法主要有以下三种：被调查者在没有访员辅助的情况下自己完成问卷；访员面对面辅助被调查者完成问卷；访员通过电话辅助被调查者完成问卷。数据收集可以采取书面或计算机界面的形式。如果采用书面形式，回答将记录在打印好的问卷上。如果采用计算机界面，问卷呈现在屏幕上，回答也被输入计算机，其他数据收集方法包括直接观察、电子数据记录以及使用行政数据等。

（六）数据编码和录入

数据收集上来以后，要整理成便于电脑处理的数码形式。编码是为回答内容赋予一个数字以方便数据的整理和处理，数据录入则是将回答内容转换成电脑容易识别的形式，并以数据库进行保存。数据编码和录入事关数据质量，是一项耗费很多时间和财力的活动。因为任何错误都会影响调查的最终结果，所以早期阶段就应该重视避免错误。而防止错误的两种手段是质量保证和质量控制,前者可提前预见并防止错误;后者可将错误控制在接受范围内。

(七)审核与插补

审核就是检查鉴别缺失的、无效的和不一致的数据。审核的目的是更好地理解调查的进程和数据来保证最终数据的完整、一致和有效。审核贯穿于调查的各个阶段,方式多样,从简单的访员的手工检查到复杂的依靠计算机程序都在考虑之中。

审核不仅是一种整理数据的工具,通过审核的过程也可以提供调查程序的有关信息:对本次调查质量的衡量和对下次调查的改进建议。审核也要耗费大量的时间和经费,因此应该在取得完美数据和合理的花费之间取得平衡。

审核中发现的错误可以通过推测被调查者的回答或人工复核问卷来弥补。但由于时间和费用的限制,要修正所有错误几乎不可能。插补是解决这一问题的好办法。尽管插补可以提高最终数据质量,不过仍应小心选择插补的方法,毕竟有些插补的方法不能保留变量间的关系,或者会扭曲数据之间的内在联系。因此插补方法要依据调查的种类、调查目标和错误的性质来选择。

(八)参数估计

一旦数据已经完成了整理、编码、编辑、录入,就应计算出样本结果(估计量),并与总体特征如总量、均值、比例、比率等联系起来。这个过程称为参数估计。此外,抽样误差的计算也是必不可少的。

(九)数据分析和调查结果的表述

数据分析是整个调查过程中最重要的环节之一,分析的质量和沟通的程度可以很大程度上对各个步骤的效果产生正面或负面的影响。

数据分析的对象可以仅限制在本次调查数据,也可以将本次调查数据与其他调查数据结合。甚至包括其他来源的数据如各种图表和频数分布、平均数等汇总结果。数据分析的主要作用是统计推断,旨在证实假设是否成立或研究变量之间的关系。

在数据分析过程中,应包括数据质量评估的内容,以便于用户自己判断数据的有用性。数据质量评估也会为本次或其他调查的改进提供有价值的参考。数据质量报告应包括关于调查方法的描述及误差的来源和度量指标。

最终结果的发表也是非常重要的。只有把信息传递给使用者,他们才能理解和解释调查结果。为了达到这个目的,应该概括数据,表明数据的优点和不足,通过书面报告(包括表格、图表和图像)来强调重要的细节。

(十) 数据发布

数据发布是通过各种媒介将调查数据向使用者公布。数据发布应注意所谓披露控制问题,以保护接受调查者的法定隐私权不会被侵犯。

(十一) 文档

所谓文档是关于调查的详细历史记录,包括调查的每一个步骤和阶段以及调查的不同方面。文档面向不同的人群,如管理层、技术人员、其他调查的策划者和使用者以满足这些人员的不同需要。例如,一份不仅包含做出何种决定,也包括为什么做出这种决定的调查报告可以提供给管理层和技术人员很多关于将来类似调查中可以借鉴的有用信息。关于程序的文档则有助于提高执行效率和结果。

第二节 随机抽样技术

随机抽样是指总体的全部基本单元都有同等被抽中的机会,也称概率抽样。随机抽样调查过程,首先是按照随机原则从总体中选取调查样本,然后依据样本调查结果推算总体,并可以计算出抽样误差的大小。一般在调查之前明确抽样误差须要控制的允许范围,这样就可了解调查精确度。

为了达到随机抽样的目的,人们创造了多种多样的随机抽样方法,其中主要有简单随机抽样、分层随机抽样、分群随机抽样、多阶段抽样等。

一、简单随机抽样

简单随机抽样是总体中的每个基本单元(亦称子体)都有相等的被选中的机会。样本抽选完全排除任何有目的的选择,按随机原则选择,它的优点是简便易行。对于总体特征分布均匀的总体比较适用,并具有较高的可靠性。

通常有抽签法、随机数表法和使用统计软件直接抽取法三种方法来实现随机原则抽取样本。

(一) 抽签法

抽签法是利用骰子的转动来指明样本的方法。骰子不能是普通的立体正六面形,必须是立体正二十面形,并且每两面刻上 $0,1,2,\cdots,9$ 的同样的有关数字。这是为使 $0,1,$

2,…,9 的数字都能有同等出现的概率。

抽签法的步骤如下：

一是将调查总体排队编号。如有 n 个子体，则将其编成从 $1\sim n$ 的正整数号码，即 1，2，3，…，$n-1$，n。

二是利用骰子转动指明样本。假定某单位有工人 975 人，想从中选出 25 人作为调查样本。因为总体为三位数，这时可以连续转动骰子三次：第一次出现的数字作为百位数；第二次出现的数字作为十位数；第三次出现的数字作为个位数。得到一个三位数。依此办法，取得 25 个三位数假如是：987,951,763,003,123,674,……上列数字中 987 超出原编号，应舍掉，再补充一个，直到选出符合要求的 25 个数字。

三是将选出的数字与编号一一对号入座，作为进行调查的样本。获得样本情况后，再推算出总体信息。

（二）随机数表法

利用随机数表抽选样本，是最常用的一种随机抽样法。随机数表又称乱数表，它是将 0～9 的 10 个自然数，按照编码位数的要求（如两位一组，三位一组，五位一组甚至十位一组），利用特制的摇码器（或电子计算机），自动地逐个摇出（或电子计算机生成）一定数目的号码编成表，以备查用。这个表内任何号码的出现，都有同等的可能性。每次抽取样本时，利用这个表，可以大大简化抽样的繁琐程序。随机数表最早出现在英国，后来在其他国家得到广泛应用。为了便于说明问题，现从《随机数表》中部分摘录如表 5-1 所示。

表 5-1　　　　　　　　随机号码表（乱数表）

03 47 43 73 86	36 96 47 36 61	46 98 63 71 62	33 26 16 80 45
97 74 24 67 62	42 81 14 57 20	42 53 32 37 32	27 07 36 07 51
16 76 62 27 66	56 50 26 71 07	32 90 79 78 53	13 55 38 58 59
12 56 85 99 26	96 96 68 27 31	05 03 72 03 15	57 12 10 14 21
55 59 56 35 64	38 54 82 46 22	31 62 43 09 90	06 18 44 32 53
16 22 77 94 39	49 54 43 54 82	17 37 93 23 78	87 35 20 96 43
84 42 17 53 31	57 24 55 06 88	77 04 74 47 67	21 76 33 50 25
63 01 63 78 59	16 95 55 67 19	98 10 50 71 75	12 86 73 58 07
33 21 12 34 29	78 64 56 07 82	62 42 07 44 38	15 51 00 13 42
57 60 86 32 44	09 47 27 96 54	40 17 46 09 62	90 52 84 77 27
18 18 07 92 46	44 17 16 58 09	79 83 86 19 62	06 76 50 03 10
26 62 38 97 75	84 16 07 44 99	83 11 46 32 24	20 14 85 88 45
23 42 40 64 74	82 97 77 77 81	07 45 32 14 08	32 98 94 07 72
62 36 28 19 95	50 92 26 11 97	00 56 76 31 38	80 22 02 53 53
37 85 94 35 12	83 39 50 08 30	42 34 07 96 88	54 42 06 87 98

利用随机号码表的数字应不受任何限制,可以任意指定一个数字,然后按上下左右的顺序或按一定的间隔顺序读起;数字可以按排列顺序用作两位数的号码或四位数的号码,也可以用作三位数的号码或五位数的号码。例如,从第一行第一位数字起用三位数(按由左至右顺序),第一个数字是 034,接下去是 743,738,636,964,……从第一行第一位数字起用五位数(按由左至右的顺序),第一个数字是 03474,接下去是 37386,36964,73661,…

(三) 使用统计软件直接抽取

前提是拥有合适的抽样框或使用电子表格软件自动生成了类似前两种方法的 $1\sim N$ 的编号作为抽样框。较为流行的统计分析软件 SAS 和 SPSS 等都有此功能,其工作原理与使用随机数表法实出一辙。

在此我们通过一个简单的例子,说明简单随机抽样的手工实施方法。

某大学为了了解学生身体素质的基本状况,从全校学生总数 $N=2\,650$ 人中抽选一个简单随即样本 $n=250$ 人进行体检。

首先,利用全校学生名册的顺序将全校学生的名字排列,每个学生编一个号码,依次为 0001~2650,从而形成一个抽样框。

其次,对于这样一个 $N=2\,650$ 的总体,采用简单随机抽样方式选出 $n=250$ 人的简单随机样本。

一种是"抽签"方式:准备 2 650 张卡片,写上全体学生的抽样框编号,将它们放入一个盒子里,充分摇匀,然后在排除任何主观因素的条件下取出 250 张卡片,以卡片上号码所代表的 250 个学生作为样本,这就是一个随机过程,所选方法简单,但在实践中一般不采用,因为这种方法用起来很麻烦。尤其当 N 很大时更不实用;这种方法的等概率性在很大程度上依赖于抽样个体(卡片)是否摇匀,假如在盒内的一堆卡片没有充分摇匀,就会造成随机性较差的结果。

另一种是使用随机数表的方式:在一个随机数表中,将数字 0~9 随机排列而成,这些数字在表中的第一位数,以及第二,第三位数……随机出现并有相同的出现概率。

从一个随机数表中任意连续选取 4 列(因为 2 650 是 4 位数)数,去掉所有大于 2 650 的数字,其余的即为选中者。如果不够,再另选取 4 列,重复上述步骤直到选满 250 个为止。这种方法在抽样实践中得到了广泛应用,因此应作为一种工具而掌握。

应用随机数表方法选取样本单位时,可能会遇到这样一种情况,即一个学生(个体)有可能被选中两次或两次以上,比如说,号码为 0735 的学生,由于我们从起点开始顺序向下数随机数时遇到 0735 这个数而中选,但不能排除这种可能,即当我们继续数下去时,0735 这个数还可能再次出现。在使用抽签方式抽取简单随机样本时,则不会出现这个问题。

当出现某个个体被抽中两次或两次以上的问题时,可以有两种处理方法。一种方法是只将每个个体的第一次中选计入样本,如果再次遇到同样的号码就跳过去,使样本中个体数是 250 个。这种方法称为不放回抽样或不重复抽样。另一种方法是将再次中选的每一次都计入样本,如果一个个体被选中两次,该个体的统计量就两次计入样本,即将一个个体当成两个个体用,这样实际选出的样本个体数就会小于 250。比如说,如果 5 个个体中选两次,那么实际选出的样本规模为 245,这 5 个个体的统计量各被计入样本两次。这种方法称为放回抽样或重复抽样,在随机抽样中的举的骰子的例子就相当于是放回抽样。

采用简单随机抽样法,在市场调查对象不明,难以划分组类,或总体内单位间差异小时效果更好。如果市场调查范围广,内部各子体之间差异大,一般不直接采用此法,而是与其他方法结合进行抽样。

简单随机抽样是最简单的概率抽样方法,是其他抽样方法的基础。简单随机抽样简单直观,在总体 N 不是很大时可以单独使用。但当总体很大时,简单随机抽样就遇到了问题,因为它需要含全部抽样单元的完整抽样框,这在总体很大时是很困难的。另外,简单随机样本包含的单元比较分散。导致调查中往往要为得到一个数据而花费很大的代价,引起费用的上升。因此,在实际调查工作中很少直接使用简单随机抽样,多是与其他方法结合使用。

二、分层随机抽样

分层随机抽样是将市场总体分成若干层,再从各层中随机抽取所需数量的基本单位,综合成一个调查样本。分层随机抽样在分层时,要将同一性质的基本单位分成一层,但层与层之间基本单位特性的差异则较大。即分层后要做到层内个体特征相似,基本代表了子体的某一特征;层间个体特性相异,代表了子体不同的特征。这种方法适用于总体基本单位特征差异大,且分布不均匀,采用简单随机抽样有可能集中于某些特征,代表性差的情况。这种方法实质上是分层与单纯随机抽样的结合。例如,调查某地区百货商店的商品资金周转情况,先按其经营规模分为超大型、大型、中型和小型百货商店四种类型,然后再从四种类型中分别随机抽选出样本。按此程序抽取样本的方法,就是分层随机抽样法。

采用分层随机抽样的具体形式有:分层比例抽样法、分层最佳抽样法、最低成本抽样法和多次分层抽样法。

(一)分层比例抽样法

分层比例抽样法是指分层以后,按各层占总体的比例份额,用单纯随机抽样法进行抽样的一种方法。

分层比例抽样的计算公式如下:

$$n_i = \frac{N_i}{N} \times n$$

式中　n_i——第 i 层应抽取的样本数；
　　　N_i——第 i 层总数；
　　　N——调查总体数；
　　　n——设定的抽样数。

【例 5-1】 某地调查商业企业销售情况。该地区有商店 5 000 个，即要调查的总体总数，其中分层子总体为：大型百货商店 500 个，中型百货商店 1 000 个，小型百货商店 3 500 个。如果确定样本数为 100 个，采取分层比例抽样法，则各层应抽取的样本数目是：

大型百货商店应选取样本数：

$$n_{大} = \frac{500}{5\,000} \times 100 = 10\,(个)$$

中型百货商店应选取样本数：

$$n_{中} = \frac{1\,000}{5\,000} \times 100 = 20\,(个)$$

小型百货商店应选取样本数：

$$n_{小} = \frac{3\,500}{5\,000} \times 100 = 70\,(个)$$

确定了各层样本数后，即可按简单随机原则从各层中抽取预定数目的样本，进行销售情况调查，最后推算出各层情况，再汇总成整体销售情况信息。

【例 5-2】 某部门要调查城市居民家用电器用品潜在需求数量。这种商品的销售量与居民收入水平相关，且总体中各基本单位之间差异较大，因此适用于分层比例抽样。以家庭收入作为分层标准，假定该市居民户即整个总体中含家庭总数 100 万户，已确定计划抽取样本 600 个。家庭收入按高、中、低分层，其中高收入户数为 15 万户，中等收入户数为 60 万户，低收入户数为 25 万户。采用分层比例抽样法，应抽出各层样本数分别为：

$$n_{高} = \frac{15}{100} \times 600 = 90\,(户)$$

$$n_{中} = \frac{60}{100} \times 600 = 360\,(户)$$

$$n_{低} = \frac{25}{100} \times 600 = 150\,(户)$$

再用简单随机抽样方法从各层中抽出样本，进行调查，推算需求情况。

有时按比例分层抽样无法较准确地抽取到能概括某些层次全貌的样本。比如，上例中全市中等收入居民 60 万户中，在内部收入水平参差不齐和内部收入水平基本接近两种情况下,对60万户以同样的360户样本数来概括其全貌,显然代表性程度是不同的。因此,遇到分层后层内个体单位间差异较大的情况,就要采用考虑层内标准差因素的抽样方式,即分层最佳抽样。

(二)分层最佳抽样法

分层最佳抽样法亦称非比例抽样法。它是根据各层基本单位标准差的大小,而调整各层样本数目的抽样方法。在各层差异过分悬殊,某些层的重要性大于其他层的情况下,采取非比例抽样,这些层抽取的样本数就多;反之,抽取的样本数就少。这样采取同时兼顾层的大小和层内差异程度的大小来抽样,有利于提高综合样本对总体全貌的代表性,可以提高样本的可信程度。

采用分层最佳抽样法,确定各层样本数目的计算公式如下:

$$n_i = n \times \frac{N_i S_i}{\sum N_i S_i}$$

式中 n_i ——第 i 层应抽取的样本数;
n ——样本总数目;
N_i ——第 i 层的调查单位总数目;
S_i ——第 i 层调查单位的标准差。

这里仍沿用[例5-2]某部门对以城市居民家用电器用品的潜在需求量的调查。该城市高、中、低收入家庭分别为15万户、60万户、25万户,假如 n 和 N_i 仍然用上例分层的数字,即抽取样本为600,$n=600$,$N_高=15$万户,$N_中=60$万户,$N_低=25$万户。假定其标准差估计值 S_i,高收入家庭的 S_i 为300,中等收入家庭的 S_i 为200,低等收入家庭的 S_i 为50,即 $S_高=300$,$S_中=200$,$S_低=50$。为便于计算,列表如表5-2所示。

表5-2　　　　　　　　　确定样本量的数据表

层	每层中调查单位总数(N_i)(万户)	各层中标准差估计值(S_i)	积($N_i S_i$)	调查费用 $\sqrt{C_i}$(元)	乘积 $N_i S_i / \sqrt{C_i}$
高	15	300	4 500	20	225
中	60	200	12 000	30	400
低	20	50	1 000	25	40
合计	100		17 500		665

依照分层最佳抽样法,各层应抽样本数分别为:

$$n_{高} = \frac{4\,500}{17\,500} \times 600 \approx 154 \text{（户）}$$

$$n_{中} = \frac{12\,000}{17\,500} \times 600 \approx 412 \text{（户）}$$

$$n_{低} = \frac{1\,000}{17\,500} \times 600 \approx 34 \text{（户）}$$

如果用这个方法计算出的各层样本抽取数同分层比例抽样法抽出的样本数相比较，可以看出，因各层标准差大小不同，家庭收入高的分层样本增加了 64 个(154－90)，家庭收入中等的分层样本数增加了 52 个(412－360)，而家庭收入低的分层样本数减少了 116 个(150－34)。这样抽选到的综合样本比原先仅考虑分层比例抽样得到的综合样本更具有对全市居民总体的代表性，其抽样调查推断的总体结果准确性程度会有所提高。

各层中的标准差估计值，反映的是各层的每一个子体值和平均值之间的差异。如果某层中各子体特征比较接近，差异较小，那么从理论上说，标准差就较小。因此，少抽取一些数目的样本，仍然可以代表、反映该层的大致情况。反之，如果某层内各子体差异较大，那么标准差就较大，因而要适当多选一些样本才更合理。各层标准差估计值可以通过在各层中抽选少量子体，用试验调查获取数据计算得到。仍以[例 5－2]资料（所不同的是将数值缩小若干），假定高收入家庭抽取 10 户为样本，中等收入家庭抽取 20 户为样本，低收入家庭抽取 5 户为样本。经计算：高收入家庭用于购买家用电器支出平均每月每户为 500 元。实际上，本层抽出 10 户子体之间有差异，具体数据为：385，390，500，450，800，700，345，510，680，240。

离差平方和＝$(385-500)^2 + (390-500)^2 + \cdots + (240-500)^2 = 281\,950$

代入标准差估计值计算公式，即可计算得：

$$\text{高收入层标准差估计值} = \sqrt{\frac{281\,950}{10}} \approx 168$$

用同样的方法可求出中、低等收入家庭的标准差估计值。实际调查选样中，标准差估计值既可以根据经验或上次调查积累结果而定，也可以根据小规模试验调查而定。最佳抽样依据标准差估计值不同，选取样本比例也不同。

（三）最低成本抽样法

最低成本抽样法是指根据抽样的费用支出来调整各层样本数的抽样方法。分层比例抽样法、分层最佳抽样法主要是考虑统计效果；而最低成本抽样法则是在考虑统计效果的基础上，再考虑各层之间调查费用支出的明显差异，这样既注意了统计效果，又注意了经济效果。就是说，要在对调查结果的可信水平影响不大的前提下，注意调整各层的样本数目,以节省调查的费用支出。其抽取样本的计算公式为：

$$n_i = n \times \frac{N_i S_i / \sqrt{C_i}}{\sum (N_i S_i / \sqrt{C_i})}$$

式中　C_i——第 i 层的调查费用。

【例 5 - 3】　资料仍如[例 5 - 2]所示,其中高、中、低等收入家庭的样本调查费用如表 5 - 2 所示,试依据最低成本抽样法,计算各层应抽取的样本数分别为多少？则：

$$n_{高} = \frac{225}{665} \times 600 \approx 203（户）$$

$$n_{中} = \frac{400}{665} \times 600 \approx 361（户）$$

$$n_{低} = \frac{40}{665} \times 600 \approx 36（户）$$

(四) 多次分层抽样法

多次分层抽样法是指对调查总体进行分层的次数在两次或两次以上的抽样方法。采取这种市场抽样调查,从总体分层以后,再进行一次或多次分层。经过多次分层以后,仍用随机抽样法抽出样本。

科学合理分层的步骤：首先,要以构成调查内容的核心项目为标志进行分层,如调查居民收入状况,就应以人均收入水平作为分层标准；若调查服装消费状况,则应以年龄或性别标志为准进行分层。其次,分层要以公认的、界限清晰的客观依据为标准。如地区、职业、文化程度等。第三,分层要保持各层内部样本的相对同质性,各层之间较明显的异质性,这样分层才可以提高抽样的代表性。

综上所述,无论采用哪种分层方式,其共同点是：分层抽样的估计是先在各层内进行的,再由各层的估计量进行加权平均或求和,从而得出总体的估计量。分层抽样不仅可以用于估计总体,同时也可以估计各层的值。当划分的各层之间差异较大,而层内的各单元比较集中时,有利于调查的实施。正是由于分层抽样具有这些优点,它是应用最为广泛的抽样方法之一。

三、分群随机抽样

分群随机抽样是将市场调查总体区分为若干群体,然后以简单随机抽样方法选定若干群体作为调查样本,对群体内各子体进行普遍调查。分群随机抽样同分层随机抽样的内容要求不同,分层随机抽样要求各分层之间有差异性,各分层内部的子体具有相同性

(即层间异质,层内同质);分群随机抽样则恰恰相反,要求各群体之间具有相同性,每一群体内部的子体之间具有差异性(即群间同质,群内异质)。假设调查居民家庭收入,采用分层随机抽样和分群随机抽样,其不同要求可以概括为图例如图 5-1、图 5-2 所示。

图 5-1 分层随机抽样的各层及各层的内部

图 5-2 分群随机抽样的各群及各群的内部

分群随机抽样是在简单随机抽样基础上发展起来的。采用简单随机抽样,有时会因为样本单元过于分散而导致调查费用过高。采用整群抽样因抽中的单位比较集中,调查起来方便省时,节省人力、物力。但是在分群过程中,注意分成的群体之间差异要小,以使抽取的群体代表性强。如果分成的群体之间差异大,抽中的群体不能很好地体现总体属性,抽样误差就大。分层抽样适用于界限分明的总体抽样,分群随机抽样则宜在界限不清,总体中不同质单位多、乱度高,不便于判断分层标准时采用,可以地域或外部特征将调查总体分成若干群。

分群随机抽样一般采用两段式分群随机抽样法,即先采取随机抽样选择群样本,然后再对有关群体进行普查。

【例 5-4】 调查某市大学生消费支出情况,拟抽出 100 000 个样本,假定某地区有 300 所大专院校,每校大约有 5 000 名学生。这样,学生按学校分群,按随机原则从 300 所学校中抽出 20 所,然后把这 20 所学校的学生约 100 000 人作为调查样本,对其消费支出普遍进行调查。

分群随机抽样,也可以根据调查需要,实行多阶段式分群抽样。如上例中,对第一群体(学校)划分为若干较小的群体(如年级),作为第二阶段群体;还可以再划分为若干更小的群体(如班),作为第三段群体;最后按随机原则选取样本群体进行普查。同样的道理,还可以分为四段、五段等多阶段分群法。

在实践中,调查地区市场适宜采取分群随机抽样法。因为以不同地区为母体,各地区固然会有一定特点,但总体之间差异性并不明显,或者说不易区分总体的差异性。

相对于简单随机抽样,整群抽样的优点是样本单元比较集中。如果群是按照空间或系统进行划分的,可以减少在不同单元之间的奔波,从而节约调查费用。另一个优点是整群抽样只需要初级单元的抽样框,而并不要求全部次级单元的名单,简化了抽样框的编制。整群抽样的主要缺点是精度较差,一般比相同样本量的简单随机抽样差。这是因为同一群内的单元往往具有相似性,对相似的单元进行调查是在做"无用功"。而从本质上说差异性是一切信息的源泉。尽管如此,整群抽样凭借单个单元的调查成本较低,在同样花费下可以通过多抽单元来弥补精度的不足,仍然可能取得比其他方法高的精度。

四、多阶段抽样

假设总体由 N 个初级单元组成,每个初级单元又有若干个二级(次级)单元组成,若在总体中按照一定的方法抽取 n 个初级单元,对每个被抽中的初级单元再抽取若干个二级单元进行调查,这种抽样被称为二阶段抽样。如果每个二级单元又由更小的三级单元组成,那么在第二阶段抽样后,若对每个被抽中的二级单元中的三级单元再进行抽样,则是三阶段抽样,以此类推,可定义更高阶段的多阶段抽样。在此我们看到整群抽样可以看作为多阶段抽样的特殊情形,即最后一阶段抽样是100%抽样。

多阶段抽样保持了一阶整群抽样样本单元相对集中的特点。因此与简单抽样相比,实施方便,每个基本单元的调查费用也低;另外,多阶段抽样,不仅对初级单元进行了抽样,而且对每个被抽中的初级单元实施了再抽样,因此它能充分发挥抽样的效率,节省了人力和物力。而且,由于多阶段抽样是分阶段实施的,因此抽样框可以分级准备;如二阶段抽样中,在第一阶段抽样中仅需准备总体中关于初级单元的抽样框,在第二阶段抽样中,仅需对被抽中的初级单元准备其关于二级单元的抽样框,即每次仅需要对被抽中的单元准备下一级抽样单元的抽样框,使得构造抽样框相对容易一些。但是也需要注意,在每一阶段抽样中都会带来误差,抽样的阶数越多,抽样误差就会越大,因此,划分阶段不宜过多,这中间有个权衡取舍的过程。此外多阶段抽样可以采用不同的抽样方法,如简单随机抽样、放回的或不放回的不等概率抽样等,使用起来更加灵活。例如,在全国或者一个大城市中调查数以百万计的居民,对城市抽选可以是分层的,大城市和中小城市各选若干;在城市中抽选居委会可以采用简单随机方法;在居委会中抽选居民户则采用等距抽样方法。

多阶段抽样首先具有整群抽样的优点:样本比较集中,调查方便;不需要完整的次级单元抽样框。而对群中相似的单元,由于进行了再抽样,减少了不必要的浪费。多阶段抽样是大型调查中经常使用的方法。但应该注意的是,多阶段抽样对估计量方差的估计很复杂,如果阶段分得过多,会导致估计困难,因此应尽量减少阶段数。

第三节 非随机抽样技术

非随机抽样是指抽样时不遵循随机原则,而是按照调查研究人员的主观经验或其他条件来抽取样本的一种抽样方法。凡是非随机抽样都有一个共同点,不是按照随机原则的方式抽取样本,也就是说在抽样时,总体单元的入样概率事先未知,入样与否与调查研究人员的经验和主观意志有很大关系。因此,非随机抽样在应用时更需调查研究人员具备深厚的背景知识与相关经验。

随机抽样的结果明显优于非随机抽样,然而,由于实际中的调查没有一个能严格匹配于经典教科书的随机抽样方法,而非随机抽样能够很好地辅助随机抽样调查。比如,随机抽样中的无回答问题要通过满足一定假设的模型获得解决。模型体现的是一种主观的假定,一种非概率化的操作手段,从某种意义上可以说,现在大部分的调查均是随机加模型的混合模式。

非随机抽样的应用越来越受到重视。通常是出于下述几个原因:第一,严格的随机抽样几乎无法进行。例如,调查对象总体边界不清而无法制作抽样框。此外有些研究为了更切合研究目的,不得不按照需要从总体中抽取少数有代表性的个体作为样本;第二,为了保证随机的原则,对抽样的操作过程要求严格,实施起来比较麻烦,费时费力,因此如果调查的目的仅是对问题的初步探索,或是为了获得今后研究的线索,或是为了提出假设,而不是由样本推论总体,采用随机抽样就不一定是必须的。第三,调查对象不确定或根本无法确定。例如,对某一突发事件进行现场抽样调查等。第四,总体各单位间离散程度不大,且调查有关人员具有丰富的抽样调查经验。这样即便是非随机样本,仍然可以从经验判断意义上进行推论,经验丰富老到的专家进行的经验判断意义上的推论往往并不亚于统计学意义上的推论。

非随机抽样一般具有操作方便、省钱省力的特点,统计分析方面通常也要比随机抽样简单,而且若能对调查总体和调查对象有较好的了解,非随机抽样照样可以获得相当的成功。但是需要注意的是,非随机抽样由于每个总体单元进入样本的概率是未知的,而且由于不能排除调查主体的主观影响,因而无法说明样本对总体的代表性误差究竟有多大。毫无疑问,这种误差有时相当大,又无法估计,将给整个研究带来很大困难。因此,采用非随机抽样方法获得的数据一般不能计算抽样误差,也不能从概率意义上控制误差并以此来保证推断的准确性。但是在操作上,如果非随机抽样的具体抽样方法与某些概率抽样方法的抽样过程差异不大(或者说只存在理论上的差异),那么非随机抽样得到的样本就可以以"概率化"的方法进行研究与推断。以下介绍几种具体的非随机抽样方法。

一、便利抽样

便利抽样又称就近抽样、偶遇抽样、自然抽样、方便抽样。具体来说,是指根据调查者的方便与否来抽取样本的一种非随机抽样方法。

操作上,调查研究人员常抽取偶然遇到的人或者仅仅选择那些离得最近的、最容易找到的人作为样本单元进行调查。这种抽样方法事先不确定样本点,样本点是随便选取的。如采取"街头拦截法",即在街上或路口任意寻找一个符合基本条件的行人,将他(她)入选样本进行调查,可能是向其询问市场物价变动之类问题的看法,也可能是让其填写事先设计好的调查问卷。从一个实验室的笼子里取 10 只小白鼠,研究人员可能把他(她)手能伸到的那些小白鼠取来,而不是有意识地随机抽取小白鼠,这种抽取样本的方法就是便利抽样。还有为了了解某市的交通情况,在最近的公共汽车站将正在那里等车的人拦住进行调查,这样抽取样本的方式也属于便利抽样。其他应用便利抽样的场合还有很多:在商店门口、展览大厅、电影院等公众场所对进出往来的顾客、观众进行的调查;利用报刊杂志向读者进行调查;老师以他(她)所教的班级的学生作为样本的调查等。

便利抽样简单易行,能够及时取得所需的信息数据,省时、省力、节约经费,能为非正式的探索性研究提供很好的数据源。但便利抽样取得的样本偶然性很大,很难说明其对总体的代表性的好坏,有时会因抽取的样本过于极端而呈现两极分化,从而导致抽样偏差很大,因此,一般不能依赖便利抽样得到的样本来推论总体,特别是估计总体的数值特征。有一种情况,各总体单元之间变量特征差异不大时,抽取的样本对总体就会有较高的代表性,尽管不能确切计算从样本到总体推断的精度或误差,但推断结果却是可信的,而且不会比简单随机抽样得到的结果差。例如,科学家可以用这种抽样方法来判定一个湖泊是否已被污染。假定湖水确属充分混合均匀(可以算是合理的假设),这样任何样本点所含的信息都是类似的,于是科学家可以在自己最方便的地点取样,而不必担心抽到的样本对整个湖水的代表性问题,推断结果自然有相当说服力。

二、判断抽样

判断抽样又称目的抽样、主观抽样、立意抽样、专家抽样,是指一种凭调查研究人员的主观意愿、经验和知识,从总体中选择具有代表性的样本点构成样本作为调查客体的一种非随机抽样方法。

操作上,研究人员一般选择最能代表普遍情况的总体单元作为调查客体,也可以利用目标总体的全面统计资料,按照一定的分类标准,对各类主观地选取样本。如果调查研究目的是探讨某一现象产生的原因,有时也会选择"极端型"的总体单元进行调查。人们通常所说的重点调查和典型调查都是判断抽样的特例。例如,若要调查企业管理水平,调查人员可按个人经验选取若干管理水平高、一般与较差的三类典型企业作为调查样本进行调查,即为典型调查法。而重点抽样调查法是以行业、部门中大型企业为调查对象进行的抽样调查。例如,要调查今年第四季度汽车生产状况,只要调查一汽、东风汽车、上汽、北汽、广汽等有限几家大型汽车公司即可。

如上所述,判断抽样是"有目的的"选择样本,主观地选取一些可以代表总体的个体作为样本,因此应用这种抽样方法的前提是调查研究人员对总体的有关特征有相当程度的了解。常常用于无法确定总体边界或总体规模小、调查所涉及的范围较窄,或因调查时间、人力、费用等条件有限而难以进行大规模抽样的情况。如在编制物价指数时,有关产品项目的选择和样本地区的决定等,往往采用判断抽样。判断抽样的另一个优势场合是,更多地用于一些探索性研究以发现问题,例如,在问卷设计阶段,为检验问题设计得是否恰当,则会有意选择一些观点差异悬殊的人作为调查对象。又如,研究人员专找那些偏离总体平均水平者作为调查客体,以确定问题答案的各种选项,这类似于函数研究中对定义域和值域的确定,其重要性不容置疑。

判断抽样方法由于样本的选取具有主观性,估计精度严重依赖于调查研究人员的自身素质,所以样本的代表性经常受到质疑,一般不轻易地用于对总体进行数量方面的推断。但在样本容量较小以及样本点不易分门别类时,判断抽样大有优越性,因为此时随机抽样的长处受到限制。随机抽样的缺陷之一是无法利用那些有效而无法定量的信息。事实上,当调查研究人员具有较强的分析判断能力,且对调查研究的总体情况比较熟悉的时候,采用这种判断抽样方法不仅方便,而且有效,更具有某种"别无选择"的意味。

三、配额抽样

配额抽样是指市场调查总体按某些属性特征进行分层,对分层后的副次总体按照一定的特征规定(或控制)样本配额,配额内的样本则由调查人员主观判断选定的方法。从对市场调查的总体按特征分层并分别规定样本来看,配额抽样同分层抽样有类似之处,不过,对于层内的抽样方法又有所不同。分层抽样是采用随机方法抽取样本;配额抽样是按判断抽样方法抽取样本。所以,从一定意义上讲,配额抽样也是一种分层判断抽样。

实行配额抽样的主要理论依据是:认为特征相同的调查对象,如同一类别年龄、性别、收入的居民,其要求、反应大致相似,误差不大,因而不必再按随机抽样法抽取样本。

在实践中,采取配额抽样法抽取样本简便易行,节省费用,也能够较快地取得调查结果,而且样本不至于偏重某一层。只要调查的项目设计得当,分析方法正确,所取得的结果也就比较可靠。因而,配额抽样法广泛地被人们所采用,成为非随机抽样法中最流行的一种方法。

当然,配额抽样法也存在着一定的不足之处。与随机抽样相比,容易出现由于所依据的资料不确切而发生选择上的偏差的情况;同时,也不能像随机抽样那样可以估计抽样误差,并且能够对调查人员访问调查对象的方法加以规定和控制。

配额抽样法按分配样本数额时的做法不同,分为独立控制和相互控制两种类型。

(一)独立控制配额抽样

独立控制的配额抽样是只对具有某种特征的样本数量规定配额,而对具有两种特性或两种以上特性的样本数则不作规定。

【例5-5】 控制特性为年龄、性别、收入三种,已确定样本总数为200个,按独立控制的配额抽样,则可列成表5-3,表中的数字是假设的。

表5-3　　　　　　　独立控制配额抽样

(a)

年　　龄	
34岁以下	40
35～44岁	60
45～60岁	70
61岁以上	30
总　　计	200

(b)

性　　别	
男	100
女	100
总　　计	200

(c)

收　　入	
高	40
中	60
低	100
总　　计	200

从表5-3(a)中可以看出,在200个被调查者中,规定34岁以下者应有40人,35～44岁者应有60人,45～60岁者应有70人,61岁以上者应有30人;表5-3(b)中规定,男、女应各取100人;表5-3(c)中规定,收入高的应取40人,收入中等的应取60人,收入低的应取100人。在各表中,虽然年龄、性别、收入等不同特性都作了具体规定(样本数),然而年龄、性别、收入三者之间的关系却没有具体规定,如35～44岁的60人中间男、女各应有多少,高、中、低收入者各应有多少等,都没有规定样本数目,而这正是独立控制配额抽样的特点所在。

(二)相互控制配额抽样

相互控制配额抽样同独立控制配额抽样不同,它对各特征的每一样本数目都有规定,即按各类控制特性分配样本数额时,要考虑各类型之间的交叉关系,采用交叉控制表安排样本的分配数额。仍以[例5-5]资料,前提不变,采用相互控制的配额抽样法,列表如表

5-4 所示。

表 5-4　　　　　　　　　　相互控制配额抽样

年龄 \ 收入性别	高		中		低		总计
	男	女	男	女	男	女	
34 岁以下	4	4	6	6	10	10	40
35~44 岁	7	7	9	9	14	14	60
45~60 岁	6	6	10	10	19	19	70
60 岁以上	3	3	5	5	7	7	30
合　计	20	20	30	30	50	50	200
总　计	40		60		100		

根据交叉控制列表，市场调查人员便可以清楚地了解自己应该抽取的不同分层样本数。例如，34 岁以下的被调查者应有 40 人，其中收入高的男女各 4 人，中等收入的男女各 6 人，收入低的男女各 10 人。

根据国内外市场调查的实践经验，实行配额抽样法大致要经过四个步骤。

1. 确定控制特性

配额抽样要以某些社会的、经济的特征作为抽样的基础，而选定这类特征便叫做控制特性。确定控制特性，主要是研究确定以哪些特征作为总体分层的标准，如年龄、性别、收入、文化程度等。至于具体选定哪些控制特性则要取决于市场调查的目的、调查对象的性质和客观环境的条件等。

2. 按控制特性划分副次母体层，确定各分层之间的比例关系

例如，调查某商品的需求潜在力量，可以以家庭月收入和家庭户主年龄作为控制特性，区分副次母体层。为了便于观察分析，可以制定一个分层比例表。列表如表 5-5 所示。表中数字是假设的。

表 5-5　　　　　　　　　　分　层　比　例　表

家庭月收入	户　主　年　龄		总　计
	40 岁以下	40 岁以上	
1 000 元以上(%)	2	8	10
1 000 元以下(%)	60	30	90
总　计(%)	62	38	100

3. 决定各分层母体(副次母体层)的样本数

这一步骤通常是依据分层母体在总体所占的比例来分配样本数。如果确定样本数为250个，根据上表中母体构成的比例，各分层应抽出的样本数目如下：

(1) 1 000 元以上，40 岁以上＝250×8％＝20(个)
(2) 1 000 元以上，40 岁以下＝250×2％＝5(个)
(3) 1 000 元以下，40 岁以上＝250×30％＝75(个)
(4) 1 000 元以下，40 岁以下＝250×60％＝150(个)

4. 配额指派

即各分层母体的样本数目确定以后，便要向市场调查人员指派配额，由调查人员在指派的样本数额限度内，自由地选择调查对象。

配额抽样由于在各个类别中的选样过程中给予调查员过多的自由处置权，很难说明样本的代表性是否足够好，从而会产生样本选择的偏差。但是配额抽样有两点理由可以使之得到广泛的应用：一是在抽选样本点的时候不需要精致的抽样框；二是调查员不必多次跑路才能接触到像概率抽样那样事先确定的受访者。况且，很多研究结果表明，正常情况下，配额抽样研究的结果很接近于概率抽样里精度很高的比例分层抽样的结果，而且更经济、节省时间。

四、系统抽样

假设总体中的 N 个单元按某种顺序(通常是按某种规律排列，但也可以是随机排列)依次编号为 $1,2,\cdots,N$ 排列，如抽样程序是首先抽取一个或一组起始单元的编号，然后按某种确定的规则选取其他单元的编号，直到满 n 个为止，则这种抽样称为系统随机抽样，简称系统抽样。显然，系统抽样是指一种介于随机抽样与非随机抽样之间的抽样方法。

系统抽样的特点突出表现在两个方面：一是抽样之前需要将 N 个单元排序；二是第一个或第一组样本点之外的其他样本点的选取规则既不同于第一个或第一组样本点，也不是随机的。在系统抽样中，等距抽样最简单也最常用，所以本节在此主要对等距抽样的理论及实施要点给予阐述。

假设总体中的 N 个单元按某种顺序(通常是按某种规律排列，但也可以是随机排列)依次编号为 $1,2,\cdots,N$ 排列。如抽样程序是按简单随机抽样方式抽取一个起始单元的编号，然后按固定的间隔 k 选取其他单元的编号，直到满 n 个为止，则这种抽样称为等距系统抽样，简称等距抽样。

其中固定的间隔 k 称为抽样间隔，一般取不大于但最接近于 $\left[\dfrac{N}{n}\right]$ 的一个整数。于是 N 就不一定是 n 的整数倍，因而最终抽取的样本点数可能是 $\left[\dfrac{N}{k}\right]$，也可能是 $\left[\dfrac{N}{k}\right]+$

1,即样本量 n 竟然不确定。这在实际场合并不能给人们造成太大困扰,但在理论分析的时候,样本量 n 不确定将导致很大不方便。为此通常的处理手段是将 $n=\left[\dfrac{N}{k}\right]$ 与 $n=\left[\dfrac{N}{k}\right]+1$ 两种情形分开讨论,区别对待。注意此时 $n=\left[\dfrac{N}{k}\right]$ 相当于 $N=nk$,$n=\left[\dfrac{N}{k}\right]+1$ 相当于 $N\neq nk$。

等距抽样又可分直线等距抽样和圆形等距抽样。

(一)直线等距抽样

假设总体单元数为 N,样本容量为 n,$N=nk$,且总体中的 N 个单元已按某种确定顺序依次编号为 $1,2,\cdots,N$ 排列。如抽样程序是先从前 k 个单元编号中随机抽出一个单元编号,然后每隔 k 个单元编号抽出一个单元编号,直到抽出 n 个单元编号为止,则这种等距抽样称为直线等距抽样。

直线等距抽样的具体实施步骤可归纳如下:

第一步,将 N 个单元按某种顺序依次编号为 $1,2,\cdots,N$ 排列;

第二步,计算抽样间距 $k=\dfrac{N}{n}$;

第三步,从 $1\sim k$ 个单元编号中随机抽出一个单元编号,假设为 r;

第四步,每隔 k 个单元编号抽出一个单元编号,直到抽出 n 个单元。

这样最终抽出的样本是由以下编号的单元组成的:$r+(j-1)k$ ($j=1,2,\cdots,n$)。

直线等距抽样的抽样结果如图 5-3 所示。

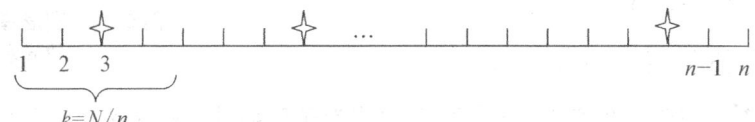

图 5-3 直线等距抽样示意图

【例 5-6】 某公司共有 200 个职工,要以直线等距抽样抽选 40 个为样本,调查其对公司制度改革的看法。

首先将 200 个职工依次编号为 1~200 号,其次计算抽样间隔 $k=\dfrac{200}{40}=5$,然后在 1~5 中随机抽取一个数字,假设抽中的是 3,则其余的样本点依次为 8,13,18,23,…,193,198 号的职工。40 个进入样本的职工编号可以表示为:

$$3+(j-1)\times 5 \quad (j=1,2,\cdots,40)$$

当 N 不是 n 的整数倍即间距 $k=\dfrac{N}{n}$ 不是整数时,实际抽取的样本量是不固定的(只能取一个最接近且不大于 $\dfrac{N}{n}$ 的整数),这时每个总体单元入样的概率也是不等的,假如采用直线等距抽样有可能产生偏差。为了改进这种缺陷,使样本均值为总体均值的无偏估计,拉希里(Lahili)于1952年提出了所谓圆形等距抽样方法。

(二)圆形等距抽样

假设总体单元数为 N,样本容量为 n,$N \neq nk$,且总体中的 N 个单元已按某种确定顺序依次编号为 $1,2,\cdots,N$ 排列。如将这些编号看成首尾相接的一个环,并从1到 N 中按简单随机抽样方式抽取一个单元编号作为随机起点 r,然后每隔 k 抽取一个单元编号,直到抽出 n 个单元编号为止。则这种等距抽样称为圆形等距抽样。

圆形等距抽样与直线等距抽样的区别在于两个方面:一是编号不是直线排列而是环状(圆形)排列;二是随机起点的选择范围由 $1\sim k$ 扩展到 $1\sim N$。这些区别似乎微不足道,却不仅可以使样本量保持固定,不随随机起点而变化,而且可以保证每个单元被抽中的概率严格相等。

对于圆形等距抽样,可以证明,入样单元编号为:

$i = r+(j-1)k$ 当 $r+(j-1)k-N \leqslant 0$

$i = \min\{r+(j-1)k, r+(j-1)k-N\}$ 当 $r+(j-1)k-N \geqslant 0$

$(j=1,2,\cdots,n)$

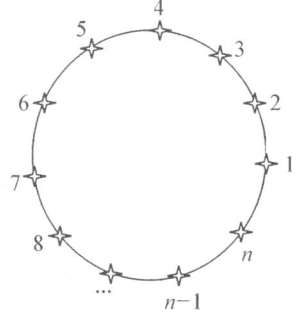

图 5-4 圆形等距抽样的抽样示意图

圆形等距抽样的抽样结果如图 5-4 所示。

【例 5-7】 假设总体有17个单元,拟以圆形等距抽样方式抽取 $n=5$ 个单元。

首先将17个单元依次编为 $1\sim17$ 号,并将这些编号看成首尾相接的一个环;其次计算抽样间距 $k=\dfrac{17}{5}=3.4$,取与之最接近的整数 $k=3$,相应地 n 调整为6;然后依次在 $1\sim17$ 中随机抽取一个数字,假设抽中的号码是16,则其余样本点依次为 2,5,8,11,14 号单元。

从上述的实施方法中可以看出,在等距抽样过程中,一旦起始单元确定了,整个样本就完全确定了,这是整个系统抽样有别于其他随机抽样方式的一个显著特点。另外,注意当 $N=nk$ 时,无论直线还是圆形等距抽样,总体中每个单元入样的概率都相等,因而这是一种严格的等概率抽样。而当 $N \neq nk$ 时,按直线等距抽样每一个单元的入样概率依赖于随机起点 r,对不同的 r 各个单元的入样概率会有所不同;但此时按圆形等距抽样的结果则是各个单元的入样概率都相等。因而圆形等距抽样也是一种严格的等概率抽样。这就是为什么把系统抽样放在非随机抽样里面介绍的原因,也是之所以说它是介于随机抽样与非随机抽样之间的一种抽样方法的原因。

考虑到实际问题中,n 通常比较大($\geqslant 50$),多一个少一个无关宏旨,因此大可不必考虑 $\frac{N}{n}$ 不是整数的影响。为了处理方便,一般我们总是假定 N 是 n 的整数倍,这相当于说我们讨论的只限于 $N = nk$ 的情形。事实上,人们在实际场合常常采用简单的处理方法:随机选出$[k_d = (N - nk) < k]$ 个单元扔掉,使总体规模略微缩减。虽然略显粗暴,不足为训,但从效果上看也并无大碍。

系统抽样是实际工作中经常用到的抽样方法。它的突出优点是实施简便,只有初始单元需要随机抽取。系统抽样甚至并不需要完整的抽样框。如果总体排列有一定的规律性,并在设定抽样规则时加以利用,则系统抽样完全可以取得很高的估计精度。系统抽样的缺点是对估计精度的估计比较困难,这与非概率抽样相似。实际上许多系统抽样并不是概率抽样。

五、滚雪球抽样

滚雪球抽样又称链式抽样、网络抽样、辐射抽样、连带抽样,是指以"滚雪球"的方式抽取样本,即通过一些"种子"样本点以获得更多样本点信息,样本逐渐庞大的方法。

在操作上,调查员可以先选定一个或多个"种子"样本点,然后根据物以类聚的原理如滚雪球般一一取得样本点。需要注意的事,不同"种子"样本点的选取,多少会影响样本的代表性。

这种抽样方法的应用前提是总体各单元之间具有一定的联系,通常用于稀少而难以发现者构成的总体的研究,在社会科学和自然科学领域,一些特殊族类就属于此类总体。譬如,对获得无家可归者、流动劳工及非法移民等的样本抽取,雪球抽样方法就十分适用。当某研究部门在调查劳务市场的保姆问题时,研究人员首先访问自己熟悉的 2 名保姆,再请她们提供其他的保姆名单,如此逐步扩大到所需数目的保姆数量,进而研究她们的来源地、从事工作的性质、经济收入等,并对整个保姆劳务市场作出推断。对于稀少或罕见的总体而言,这种方法乃是一种迫不得已的选择,否则抽样成本会十分惊人。例如,某保险公司可能想得到全国过去 6 个月中健康保险人转入康复机构进行康复的一个样本,为了找到符合条件的 1 000 个样本点,可能需要在全国范围内进行大量的调查,然而,若能先取得总体中的 200 个样本点作为调查者,再从这些调查者那里得到另外 800 个人的名单,以此来完成这 1 000 个样本点就经济多了。

雪球抽样的特点在于便于有针对性地抽选样本而不致"大海捞针"。雪球抽样假定总体单元之间必须有一定的联系,并且愿意保持或至少不会反对向外人公开这种联系,否则将会失去如此抽样的前提。类似于系统抽样,雪球抽样对起始样本点的依赖程度是很高的,因此必须慎重地进行选择。不过,不同于系统抽样的是,雪球抽样的起始样本点不是随机选择的,大多时候是可遇而不可求的。

另有一种常见的非随机抽样形式,其样本完全或者几乎完全由"志愿者"所组成。例如,刊登在报刊、杂志、互联网等大众媒体上的受众意见的调查,调查表是否返回答案完全由受众的意愿决定,因而这种调查结果只是反映了这部分"热心"受众的意向,按照调查的定义,这根本不能算是一种抽样调查,因为调查主体对调查哪些客体已完全失去控制。因此对此问题不予论述。

上面介绍了非随机抽样的常用的几种具体的抽样方法。必须说明的是,由于非随机抽样中的总体单元被抽取之前的入样概率不知,因而非随机抽样无法推断总体。其实随机抽样和非随机抽样的本质差异仅仅在于总体单元入样之前的概率是否确知,而目标并无两样。不论何种抽样方法,最终目标都是要对特定的总体参数进行尽可能准确而可靠的估计,因此借助非随机抽样方法对总体进行估计和推断乃是题中应有之义,只是能做到何种程度和是否能够满足需求的问题。

第四节 抽样误差与样本量

抽样误差是指抽样所得的样本指标值与相应未知总体指标值之间的差异。样本容量是指在抽样设计中确定的样本单位数,是抽样设计的重要内容。在抽样设计过程中,较大的样本容量可以减少抽样误差,而样本容量的增大,又不可避免地会增加抽样设计的费用,这就需要调查人员综合平衡,确定合理的样本容量,既保证样本容量的大小,足以准确地反映总体的特征,同时又使调查费用最低。

一、抽样误差

任何调查都不可避免地存在误差,这是误差公理所决定的。抽样调查中的误差有两类:一类称为抽样误差;另一类称为非抽样误差。

所谓抽样误差是指由于样本数据对总体特征进行估计所引起的代表性误差。由于每次只是抽取一个样本,而这个样本中包含哪些单元是随机的。不同的样本由于包含的单元不同,得到的估计值自然不同。各个估计值与总体特征之间不可避免地存在误差,由此产生了抽样误差。

所谓非抽样误差是指由于其来源比较复杂,主要有抽样框未能不偏不漏地包含所有抽样单元导致的抽样框误差,调查者测量不准确引致的测量误差,此外还有无回答误差、粗大误差等。非抽样误差不仅在抽样调查中,而且在全面调查中也是存在的。减小非抽样误差的方法主要是严格调查程序、规范调查步骤、加强调查人员的培训和管理、合理地设计问题和答案、改进测量方法和工具等。在这方面的理论研究近年来进步较大,在抽样理论中占有越来越重要的地位。

在随机抽样中,抽样误差是可以进行数量上的估计的,也是可以通过改进抽样方法而加以控制的。

(一)影响抽样误差的因素

抽样误差是反映样本代表性大小的指标,影响抽样误差的因素主要有三个。

1. 样本容量

在其他条件不变的条件下,一般来说,样本容量越大,抽样误差就越小;反之,样本容量越小,则抽样误差就越大。

2. 总体各单位之间的差异程度

在其他条件不变的情况下,总体各单位之间的差异程度越大,抽样误差就越大;如果各单位之间的差异程度较小,那么,抽样误差值也较小。

3. 抽样方法

不同的抽样方法选取的样本对总体的代表性不同,相应的抽样误差也不一样。如分层随机抽样比简单随机抽样误差小,而分群随机抽样又比分层随机抽样误差小。

(二)抽样误差的计算

不同的抽样方法,抽样误差的计算也有所不同。但是各种不同的抽样方法都是以简单随机抽样为基础的。可以把简单随机抽样误差的计算方法作为其他各种抽样误差计算的基础。这里以简单随机抽样为例说明。

简单随机抽样误差的计算公式为:

$$\mu = \frac{\sigma}{\sqrt{n}}$$

式中 μ——抽样误差;

n——样本数;

σ——总体标准差,是子总体观察值与平均值之间的差异。

由于在实际调查中,总体标准差 σ 往往不知道而无法计算抽样误差 μ。一般情况下常用样本标准差 s 来代替 σ 进行计算。样本标准差 s 的计算可以根据抽样结果来计算,计算公式为:

$$s = \sqrt{\frac{\sum(y_i - \bar{y})^2}{n-1}}$$

式中　y_i——样本观察值；

　　　$\bar{y}$——样本平均值。

二、样本容量的确定

（一）在确定具体的样本容量之前要确定的几个因素

1. 允许误差

允许误差是根据抽样资料估计总体参数所允许的误差范围（误差限），用 d 表示。

2. 置信度

允许误差（误差限）常用一定的概率以保证抽样误差不超过某一允许的范围。这种用于保证抽样误差不超过允许范围的一定概率即为置信度，又称概率保证度，它表明抽样误差落在允许误差范围内的可能性程度，用 $P(\alpha)$ 表示。

3. 概率度

在实际调查过程中，可以根据专门的标准正态分布表，由给定的置信度 $P(\alpha)$ 查出相应的概率度，用 $u_{\alpha/2}$ 表示，用以计算允许误差。

计算允许误差的公式为：

$$d = u_{\alpha/2} \cdot \mu$$

而根据抽样误差的公式 $\mu = \frac{\sigma}{\sqrt{n}}$，可以推导出确定样本容量的公式为：

$$n = \left(\frac{u_{\alpha/2} \cdot \sigma}{d}\right)^2 = \left(\frac{u_{\alpha/2} \cdot s}{d}\right)^2$$

（二）影响样本容量的因素

1. 总体中各单位之间的差异程度

样本标准差 s 是在计算抽样误差 μ 时代替总体标准误差 σ 的，而总体标准差 σ 正是用来说明总体各单位之间的差异程度的。因此，总体各单位之间的差异程度越小，所需样本数目就越少。

2. 概率度的 $u_{\alpha/2}$ 大小

即对抽样误差范围估计可靠程度的大小。可以看出，对可靠程度要求越高，即 $u_{\alpha/2}$ 越大，所需抽取的样本数就越多；反之，对可靠程度要求越低，即 $u_{\alpha/2}$ 越小，则所需样本数就越少。

3. 允许误差 d 的大小

即对抽样误差范围估计精确度的需求。对精确度要求越高,即可允许的抽样误差范围 d 越小,需要抽取的样本数就多;反之,对精确度要求越低,即允许误差 d 越大,则所需样本数就越少。

【例 5-8】 某企业调查职工每月消费支出情况。已知职工平均每人每月消费支出的标准差是 30 元。(1) 如果抽取 160 人进行调查,计算抽样误差;(2) 如果要求把握程度即置信度为 95%(即 $P(\alpha)=95\%$,查正态分布表对应的 $u_{\alpha/2}=2$),允许误差为 2 元,计算调查的样本容量。

根据给定条件计算如下。

(1) 已知:$\sigma=30; n=160$

求:抽样误差 μ。

解:
$$\mu = \frac{\sigma}{\sqrt{n}} = \frac{30}{\sqrt{160}} = 2.37(元)$$

即抽样误差为 2.37 元。

(2) 已知:$u_{\alpha/2}=2; d=2; \sigma=30$

求:样本容量。

解:
$$n = \left(\frac{u_{\alpha/2} \cdot \sigma}{d}\right)^2 = \left(\frac{2 \times 30}{2}\right)^2 = 900(人)$$

即要达到规定要求,要抽取 900 人进行调查。

综上所述,抽样调查样本容量一般应根据市场调查要求总体平均数指标达到的置信度、允许误差,经初步调查了解总体标准差估计值 s,便可按公式 $n=\left(\frac{u_{\alpha/2} \cdot s}{d}\right)^2$ 估算单纯随机抽样的样本容量。其他随机抽样形式样本容量的计算可参阅有关统计学书籍。

第五节 有关抽样设计在市场调查应用中的几个问题

一、抽样方法的确定问题

市场调查中的抽样方法有概率抽样和非概率抽样两大类。从理论上讲,概率抽样是最理想的、最科学的抽样方法。首先，它能保证样本数据对总体参数的代表性，其次，它能够将调查误差中的抽样误差限制在一定的范围之内。但相对于非概率抽样来说，概率抽样不仅成本高，并且经常也难以具备必要的技术条件。非概率抽样不是按照随机原则的方式抽取样本，也就是说在抽样时，总体单元的入样概率事先未知，入样与否与研究人员的经验和主观意志有很大关系。因此，非概率抽样在应用时更需研究人员具备深厚的背景知识与相关经验。

因此，在经费、时间和各项技术条件具备时，应采用概率抽样。在进行非概率抽样时，应将概率抽样的基本思想贯彻在抽样过程中，尽可能加大样本选取的随机性。

二、敏感性问题

敏感性问题就是指所调查的内容涉及私人秘密，受访者不愿或不便于公开表态或陈述的问题。例如，学生的考试作弊问题、干部的灰色收入问题以及不良嗜好或行为的问题等都属这类问题。对于这类问题，被调查者往往不会如实回答或拒绝回答，所以如果直接使用对这类问题的答案构成的调查结果来推断总体，显然其可靠性就值得怀疑。为了避免包含敏感性问题的调查出现严重偏误，一般从两个方面进行改进：一是改进问卷设计，将敏感性问题淡化或转化为不那么敏感的问题；二是通过引入抽样技术改进调查者与被调查者的相互作用机制，全部或部分消除被调查者的防范心理，从而降低被调查者因真实回答问题而必须承受尴尬、羞愧、隐私遭受侵害的风险。此处只对第二个方面的问题进行介绍。

由于历史的原因，这种为敏感性问题调查特别设计的改进调查者与被调查者的相互作用机制的技术称为"随机化回答技术"。随机化回答技术旨在避免被调查者在没有任何保护的情况下直接回答敏感性问题，从而使调查既能保护被调查者的隐私，又能获得所需要的真实资料。对于随机化回答技术的具体操作方式可参考相关书籍。

三、无回答误差处理

无回答误差是调查误差的一个重要来源。尽管无回答误差属于非抽样技术的内容，但毕竟抽样技术是实现调查最终目的——估计总体特征的主要技术手段，而对无回答误差的处理与应对恰恰更多地使用了与抽样技术类似的手法，这可能就是大多数抽样技术的书籍都将无回答误差列为其中内容的原因。所谓无回答误差是指由于种种原因没有能够对抽出的样本单元进行有效计量，从而没有获得有关这些单元的数据。这种情况一般发生在以人为调查客体的时候。无回答误差是一种重要的非抽样误差，对调查数据的质量有着重要的影响，是抽样调查中不可忽视的问题。根据无回答的产生原因，可以对其进行不同的分类。

就内容而言,无回答可以分为单元无回答和项目无回答。单元无回答表现为入选样本的单元没有或拒绝接受调查。项目无回答指调查客体接受了调查但对其中一些调查项目没有或拒绝回答。

从调查客体而言,无回答又可以分为有意识无回答和无意识无回答两种。前者是由于被调查者对调查本身反感,由于安全等原因不接受调查,或因调查内容涉及敏感性问题或个人隐私而拒绝回答。后者则一般与调查内容无关,例如,被调查者不在家或正在生病,无法接受调查,或由于粗心大意漏掉某些问题从而造成无回答。有意识无回答造成的无回答影响比无意识无回答造成的影响要大得多。倾向于回答的单元层与倾向于不回答的单元层的数量特征往往存在较大差异,因此有意识无回答不仅减少了有效样本量,造成估计量方差的增大,更为严重的是造成估计偏差过大。而无意识无回答则可以看成是随机的,一般只会造成由于有效样本减小而引起的方差增加,不会带来估计量的偏差。

(一) 降低无回答率的方法

由于无回答会造成较为严重的误差,因此降低无回答率是十分重要的。无回答率通常都是由人为原因造成的,因此解决的根本途径就是在问题发生以前采取各种措施加以预防,可以采取的预防措施主要有:

一是首先问卷设计应具有吸引力,这样才能引起被调查者参与的兴趣,而且问卷不能太长,这样会容易使人产生厌烦心理,从而影响调查质量。

二是严格选择调查员。要选择那些有高度责任心和较强人际交往能力的人担任调查员,而且调查员的身份最好能与被调查者接近。

三是加强对调查者的培训。培训分为三个方面:其一,调查内容、意义的讲解,保证他们对于问卷的理解不出太大偏差;其二,访谈技巧的提高;其三,责任心的培养。

四是事先通知。在调查员接触到被调查者之前,先进行一定的沟通,如打电话等,以消除被调查者的疑虑,然后再进行正式的访问。

五是奖励措施。调查需要花费被调查者的时间和精力,因此应当给他们适当的奖励。可以采用物质和非物质激励手段,如对邮寄调查采用抽奖的方式,对入户调查采用赠送小礼品的方式,对集体单元进行调查提供最后的调查报告或汇总结果等非物质方式。

六是多次访问。无回答产生的原因包括调查客体当时不在家,或不方便或对调查不感兴趣、有疑惑等。对这些情形如果在第一轮调查完成之后,针对不同的原因,隔些时候再次访问或多次访问常常能够使调查获得成功。如针对被调查者不在家的情况,可以设法了解其何时在家,再次登门调查。针对不方便的情况,可以约定另外的时间,在对方方便的时候进行调查。而对一些不明原因的拒访,可以改变调查方式。但是,多次访问也有局限性,如增加调查费用,使整个调查周期延长等。因此要根据不同的调查情况,采用不同的措施。

七是替换被调查单元。对于放弃的无回答者,需要抽取替换单元,以使接受调查的样本单元数不低于原设计要求。替换样本单元应遵循一些基本原则:替代者与被替代者应属于同一类型,他们具有某些相同的或近似的特征;替换的程序应在调查实施前就确定,不能在发生无回答时由调查员主观愿望或方便而任意选择。而且这种方法不能被滥用,应采取必要的措施确保对无回答继续追踪的努力。

八是对于敏感性问题所造成的无回答问题,前面已作介绍,这里就不作解释。

(二) 对无回答的调整

关于对无回答的调整,主要有三种方法:二重抽样法、加权调整法和插补法。

1. 二重抽样法

这种方法的一般步骤是:先从总体中抽取一个较大的样本,一般采用费用比较低的方法(比如邮寄调查)来获取初步数据,这种方法一般无回答率较高;然后对样本中无回答的单元,再抽出一个子样本,以代表无回答层的信息,采用派员访问/调查的方法,尽可能地取得有关信息;最后把这两部分调查结果结合起来对总体作出估计。

实际上,这种方法相当于一种事后分层抽样,其中总体分成两层即回答层与无回答层。通过第一重抽样(邮寄调查)不仅得到两层层权的估计,而且也得到回答层的观测值;第二重抽样(派员访问调查)仅是对无回答层进行的。

2. 加权调整法

对无回答的单元进行再抽样补访或再访,会增加费用和延长调查时间,而如果不区分不回答的原因继续进行补访或再访则不仅会浪费时间经费,而且可能是徒劳无功的。因此哈特莱(Hartley)为此提出了一种无需补访或再访,而是根据被调查者的在家概率对数据加以修正的解决办法。

这种方法假定无回答与被调查者在家的概率有关。设在调查时间中被调查者在家的概率为 P,则在估计变量的总体均值时,以 P 作为回答概率的估计值,并使用其倒数来加权。这种方法的优点是节省调查时间,所以在仅允许访问一次或强调调查速度的情况下,这种方法是不错的选择。但是这种方法的缺点也是显而易见的:首先,这种方法只是考虑到被调查者由于不在家而产生的无回答,并对此进行了修正,却没有考虑到其他主观原因而产生的无回答;其次,这种方法无法体现拒绝调查的被调查者的实际回答概率为 0 这种情况,同样也无法估计其权数,简单加权只会增加偏差;最后,对权数的复杂分析也将使费用增加,这会在某种程度上抵消其取代多次访问的优势。

3. 插补法

插补法是指当无回答出现时,用适当的方式对每个缺失的无回答数据进行估计或直接用现有的其他数据进行替代。这种方法常用于项目无回答情形,即被调查者接受了调查,但对个别项目则可能有意或无意地没有给予回答。通过对这些被调查者其他资料的分析并结合该项目自己回答的数据,可用现有回答数据平均数或众数,或利用回归估计估算无回答的缺失项目。有时还可以利用与无回答单元其他特征基本类似的单元的数据直接替代。

插补法的效果取决于替补值与缺失值的相似程度。为了提高效率,最好对总体进行细微地分层,分层越细,各层中不同单元之间指标值的差异就越小,估算的效果就越好。另外,利用的辅助信息越多,估计的效果越好,但同时增加了估算的复杂性。

四、样本轮换问题

样本轮换就是在连续调查过程中,每隔一定时间轮换部分或者全部调查户。对固定样本长期进行调查会造成样本老化、被调查者行为变形与合作意向发生变化。因此,定期的样本轮换必不可少。定期对调查样本进行轮换,应遵循以下原则。

(一)代表性原则

所谓代表性,一是指轮换后的新样本必须具有代表性;二是指新选取的样本原则上必须满足与被轮换掉的原样本同类型、有代表性。比如,企业抽样调查中,新的替代样本应与被替代的样本保持同行业、同企业规模、同企业登记注册类型等。

(二)连续性原则

连续性是指样本轮换后进行抽样调查取得的资料应与样本轮换前进行调查所取得的资料连续并可比。

(三)保证必选样本点原则

必选样本点是指进行抽样调查时必须作为样本点的总体单元。保证必选样本点是指必选样本点不参加轮换,仅对非必选样本点进行轮换。

(四)遵循抽样原理原则

这是指在进行样本轮换时,要按照抽样调查的原理来选取被轮换掉的样本点和补入的新样本点。

本章小结

抽样设计是现代市场调查中的一项核心技术,为确保市场调查尤其是较大规模的调查有较高的精度、耗用较少的经费、投入较少的人力,能在较短时间内完成,采用合理的抽样方法就是不可缺少的前提条件。随机抽样技术和非随机抽样技术是抽样设计的基本内容,本章分别介绍了简单随机抽样、分层随机抽样、分群随机抽样、多阶段抽样等概率抽样技术和便利抽样、判断抽样、配额抽样、系统抽样等非概率抽样技术。面对不同的调查需求,市场调查研究者应采取不同的抽样技术。而如何判断抽样的误差和确定样本数量也是一个市场调查工作者必须考虑的问题。同时在市场调查的抽样设计中还要注意一些相关的问题,如抽样方法的确定问题、敏感性问题、无回答问题以及样本轮换问题等。

复习思考题

1. 什么是普查?普查有什么特点?
2. 简述抽样调查的特点。
3. 简述常用的随机抽样方法。
4. 分层随机抽样与分群随机抽样有何区别?
5. 什么是非随机抽样?
6. 简述便利抽样及其特点。
7. 现有30个零件,需从中抽取10个进行检查,问如何采用简单随机抽样得到一个容量为10的样本?
8. 人们打桥牌时,将洗好的扑克牌随机确定一张为起始牌,这时,开始按次序起牌,对任何一家来说,都是从52张总体中抽取13张的样本。问这样的抽样方法是否为简单随机抽样?
9. 某高校有在校生共4 000人,按成绩分优、良、中、差四个层次,其他资料如表5-6所示。当 $n = 400$ 人时,试按分层比例抽样法、分层最佳抽样法、最低成本抽样法分别确定各层抽样数。

表 5-6　　　　　　　　　　分层随机抽样数据资料

层　　次	优	良	中	差	$\sum$
N_i	6 000	14 000	16 000	4 000	40 000
S_i(分)	3	6	8	15	
$\sqrt{C_i}$(元)	4	5	5	6	

10. 某社区拟抽取样本360人。其中按收入水平分高、中、低三层,其比例为1∶2∶1;年龄段分老、中、青三层,其比例为1∶3∶2;职业分公务员、工人、农民、商人四层,其比例为1∶2∶1∶1;性别分男、女两层,其比例为1∶1。试按相互控制的配额抽样进行抽样设计。将配额填入表5-7中。

表5-7 相互控制配额抽样表

收入水平	$n_高=$			$n_中=$			$n_低=$			$\sum=$
年龄段	$n_老=$	$n_中=$	$n_青=$	$n_老=$	$n_中=$	$n_青=$	$n_老=$	$n_中=$	$n_青=$	$\sum=$
公务员										$\sum_公=$
工 人										$\sum_工=$
农 民										$\sum_农=$
商 人										$\sum_商=$
性 别	男 女	男 女	男 女	男 女	男 女	男 女	男 女	男 女	男 女	$\sum=360$

11. 为了了解某大学一年级新生英语学习的情况,拟从503名大学一年级学生中抽取50名作为样本,如何采用系统抽样方法完成这一抽样?

12. 因为样本是总体的一部分,是由某些个体组成的,尽管对总体有一定的代表性,但并不等于总体。为什么不把所有的个体考察一遍,使样本就是总体?

13. 某公司甲、乙、丙、丁四个地区分别有150个、120个、180个、150个销售点。公司为了调查产品销售的情况,需从这600个销售点中抽取一个容量为100个的样本,记这项调查为①;在丙地区中有20个特大型销售点,要从中抽取7个调查其收入和售后服务等情况,记这项调查为②。完成①、②这两项调查宜采用的抽样方法依次是(　　)。

　A. 分层抽样法,系统抽样法　　　　B. 分层抽样法,简单随机抽样法
　C. 系统抽样法,分层抽样法　　　　D. 简单随机抽样法,分层抽样法

14. 有以下两个问题:

(1) 某社区有1 000户家庭,其中高收入家庭250户,中等收入家庭560户,低收入家庭190户,为了了解社会购买力的某项指标,要从中抽取一个容量为200户的样本。

(2) 从20人中选6人参加座谈会。

给出下列抽样方法:

　a. 随机抽样　　　　b. 系统抽样　　　　c. 分层抽样

其问题与抽样方法配对正确的是(　　)。

　A. b,a　　　　B. c,b　　　　C. a,c　　　　D. c,a

一、调查目的

全面了解和掌握本市接待国内游客(包括过夜旅游者和不过夜旅游者)人数和国内游客在本市的花费等有关情况。在此基础上,综合分析本市国内旅游业的发展现状及趋势,为加强国内旅游业的宏观管理和帮助旅游企业拓展国内旅游市场提供决策依据和信息资料,促进本地区国内旅游业持续、快速、健康地发展。

二、调查对象

调查对象为来本地的除境外游客(包括外国人、香港同胞、澳门同胞、台湾同胞)以外的大陆居民。

国内旅游是指不以谋求职业、获取报酬为目的,离开惯常居住环境,到我市从事参观、游览、度假等活动(包括外出探亲、疗养、考察、参加会议和从事商务、科技、文化、教育、宗教活动过程中的旅游活动),出行距离超过十公里,出游时间超过6小时,但不超过6个月的大陆居民。国内游客包括过夜旅游者和不过夜旅游者两部分。

惯常居住环境是指居民日常生活、居住和工作中经常涉及的地方。包括居住地、工作单位附近的公共场所和经常往来的亲朋好友家。

三、调查的主要内容

国内游客的流向;国内游客的构成;国内游客来本地旅游的目的;国内游客在本地的停留时间;国内游客在本地的旅游花费及构成;国内游客对本地旅游业服务质量的评价。

四、调查方式

调查的方式为抽样调查。具体采取以在住宿设施调查过夜旅游者情况为主,以在景点调查一日游游客和在亲友家过夜的旅游者情况为补充的方式进行。

五、报告期的确定

我市国内旅游抽样调查的报告期确定为半年。各单位分别于2008年6月5日前和11月15日前以电子邮件的方式上报各50%的问卷,同时上报《游览点接待量调查表》和《住宿设施情况调查表》,各宾馆饭店按时间上报规定问卷量。

六、调查规模(调查样本量的确定)

根据省旅游局的要求,我市2008年的国内旅游抽样调查的样本总量为6 200张,住宿设施和景点的问卷调查量分别为3 720份和2 480份。

七、抽样方法

(一)在住宿设施开展抽样调查的方法

1. 在住宿设施开展过夜旅游者调查时,应以本辖区住宿设施为调查总体,在准确掌握本地区住宿设施总规模、档次、床位利用率等情况的基础上,按随机抽样的要求科学抽样。

2. 在住宿设施过夜的人数包括三类:

(1) 国内旅游者人数。又分为两部分:① 去景点的国内旅游者人数;② 不去景点的国内旅游者人数。

(2) 国内非旅游者人数。

(3) 境外旅游者人数(常住中国的且满一年以上的外籍人员视同国内居民)。

在调查和推算总体时,应不包括(2)和(3)这两部分人。

3. 采用分类、分层、多阶段和随机等距的抽样方法,调查准备离店的国内旅游者。

具体可参考如下步骤:

(1) 分类。将住宿设施分为涉外住宿设施(涉外饭店)和非涉外住宿设施(旅馆、招待所、内部宾馆等)两类;利用现有的统计体系,获得涉外住宿设施(涉外饭店)的统计资料;通过与公安、统计、工商等部门联系,掌握本地区各类非涉外住宿设施的数量和床位总量等统计资料。

(2) 分层。在涉外住宿设施和非涉外住宿设施选择抽样单位时,都应坚持低档、中档和高档住宿设施兼顾的原则,保证各层次住宿设施占各自相应的比例。例如,将非涉外旅游住宿设施分为四个层次:旅馆、招待所、内部宾馆和其他非涉外旅游住宿设施;将涉外旅游住宿设施分为四个层次:无星级的涉外饭店、一星级饭店、二星级饭店、三四五星级饭店。

(3) 多阶段、随机等距抽选调查点。

通过对非涉外住宿设施规模(客房数或床位数)大小排队,并从1开始顺序编号,计算抽选距离($K1$),$K1$=本地区非涉外住宿设施个数/本地区应调查的非涉外住宿设施个数,第1个抽中的编号为$K1/2$,以后,每隔$K1$个住宿设施抽选一个调查点。

通过对涉外饭店接待国内游客数量大小排队,并从1开始顺序编号,计算抽选距离($K2$),$K2$=本地区涉外饭店个数/本地区应调查涉外饭店个数,第1个抽中饭店的编号为$K2/2$,以后,每隔$K2$个饭店抽选一个调查饭店。

(4) 根据省旅游局的要求,我市按住宿设施调查总量的15%的比例确定在涉外饭店调查国内游客的问卷量。

(5) 对抽中的某个非涉外住宿设施,被调查人数应按其床位数占抽中的全部非涉外住宿设施床位数的比例确定;对抽中的某个涉外饭店,被调查人数应按上年该饭店接待内宾的人数占抽中的全部涉外饭店接待的内宾总人数的比例确定。

(6) 在抽中的住宿设施中开展问卷调查时,由调查员向准备离店的客人了解其在本地的旅游花费等有关情况并一一填写。

(7) 为便于推算总体,提高样本的代表性,要求各市在填报《住宿设施情况调查表》时,采取分类、分层、随机等距的抽样方法抽取样本。

（二）在景点开展抽样调查的方法

1. 各市选择被调查的景点应是一位国内游客在同一天内一般不可能同时都去游览的景点，以避免出现某位国内游客被重复调查的情况。

2. 在选择景点调查单位时，选择两类景点作为调查单位：一类是本地具有代表性的、多数外地人会去的景点；一类是以接待本地人为主的景点。

3. 景点游览人数（门票人数）包括六类：① 在旅游住宿设施过夜的国内旅游者人数；② 外地来本地的一日游人数；③ 本地一日游人数；④ 住亲友家的国内旅游者人数；⑤ 国内非旅游者人数（如：持景点月票者，在惯常环境内活动者，出行距离不超过10公里、出游时间少于6小时的出行者等）；⑥ 境外游客人数。

4. 在抽中的景点（区）同时采取等距抽样调查方法，按时间间隔或人数间隔抽选国内游客进行调查。

八、组织实施

我市国内旅游抽样调查工作，由我局统一部署，并负责具体组织实施。各市（区）应在我局指导下开展本辖区的国内旅游抽样调查工作。

九、总体推算

1. 全市国内旅游接待人数＝市区国内旅游接待人数＋$\sum$各市国内旅游接待人数

2. 全市国内旅游收入＝市区国内旅游收入＋$\sum$各市国内旅游收入

3. 国内旅游接待人数的测算。

国内旅游接待人数＝过夜旅游者人数＋不过夜旅游者人数

（1）过夜旅游者人数＝在住宿设施过夜的国内旅游者人数＋去景点而住亲友家的国内旅游者人数÷平均游览景点数

（2）不过夜旅游者人数＝景点接待外地来本地一日游人数÷平均游览景点数＋景点接待本地一日游人数÷平均游览景点数

4. 国内旅游收入的测算。

国内旅游收入＝接待过夜旅游者收入＋接待不过夜旅游者收入

（1）接待过夜旅游者收入＝在住宿设施过夜的国内旅游者人数×其人均花费＋（去景点而住亲友家的国内旅游者人数÷平均游览景点数）×其人均花费

（2）接待不过夜旅游者收入＝（景点接待外地来本地一日游人数÷平均游览景点数）×其人均花费＋（景点接待本地一日游人数÷平均游览景点数）×其人均花费

十、调查时间

调查的时间定为2005年的4～11月，要求各市按月进行调查。既充分考虑平季、淡季和旺季的因素,又有利于均衡分配样本量,提高样本的代表性。在确定每次调查的调查时间点时,应把调查期间的调查日具体划分为三类:平季调查日、旺季调查日和淡季调查日。

十一、调查质量的控制

1. 调查人员应在调查前统一接受培训,学习《调查员须知》,对国内旅游抽样调查的目的、意义、内容、指标解释和调查程序有明确的认识。

2. 在调查现场,调查人员要认真记录,督导员应在现场指导。

3. 调查员对问卷的栏目要认真填写,保证被调查者对在本市的花费总额及各分项金额的正确、准确,在所有的项目填写完毕并经核对后,交督导员统一复核、编码。各市问卷编码的前两位数字是:市区(02)、A市(14)、B市(15)、C市(160)、D市(170)、E市(180)、F市(19)、G度假区(181)、H度假区(171)、I度假区(172)、J度假区(161)。

4. 加强对问卷录入过程中的检查、审核工作,认真核实调查表中的逻辑关系,避免漏项、缺项等问题发生。

问题

1. 此次抽样调查用到了哪些抽样技术?各自有何优缺点?
2. 谈谈您对该抽样调查方案的认识。

第6章

市场调查的组织实施

学习目的

1. 了解市场调查在现实经济生活中的组织形式和具体实施方式。
2. 认识市场调查人员应该具备的业务素质以及培训方式。
3. 正确把握市场调查质量控制的关键。

引 例

怎样招聘、培训导购员？有些专卖店在门窗上贴上招聘启事。有应聘者来，老板简单问几句，让应试人员自己学习几本手册，不进行相关培训、试用与考核，导购员便可以轻松地上岗进行营业工作了！这样能招到优秀的导购员吗？不能！那么如何招聘、培训导购人员呢？看看连云港的做法会有所启迪。

在面试应聘者时，公司非常重视应聘者的言行举止，首先从这方面推断其能否胜任专卖店的营业工作，要求应聘者填写完整的相关资料，并告诉他应聘材料要经过总公司的审核批准，因为公司实行全国特许加盟连锁经营，所有专卖店要服从公司的统一领导，新员工的试用期为一星期，双方双向选择，决定是否留用。通过这种做法，让应聘者意识到专卖店的任何人是不能混日子的，这样既提高了公司的品牌形象，也有效维护了专卖店的用人机制。

新员工上班的前几天，就要给老员工打"预防针"，要求他们与新员工友好共处，并把相关知识、经验毫无保留地教给新员工。其实在对新员工的培训中,公司也走过不少弯路,原来他们采取的是"填鸭式"培训,把公司的几本培训手册发给他们,让他们记商品名称、货号等,把所有的产品知识一股脑儿地往他们脑子里灌,这容易使他们产生惧怕心理,甚至本应该能胜任的人也打了退堂鼓。后来公司找原因作分析,把培训方式改为"循序渐进式"讲授,如先把易理解接受的教给他们,让他们一次记一类产品,营业过程中遇到正好买此类商品的顾客就鼓励他们接待,给其与顾客交流的机会。当生意做成了,适当表扬,肯定能力;生意没做成,安抚心情,杜绝气馁情绪,然后告诉用什么办法,有哪些技巧,使成功率大大提高,促成销售。这样做的目的是首先培养他们的自信心,有了自信心,才会加倍努力地学习,使品种、货号等相关知识在不知不觉中牢记于心。然后根据公司的培训方式为他们系统地讲解,由于对产品已经有了较好的了解,这时适当加压也就能承受了。通过这种方式培训,一个月左右的时间,就培养出了一个个合格的导购人员。

第一节 市场调查组织与人员培训

市场调查组织是实施市场调查研究活动的机构,亦即市场调查的主体。工商企业市场调查的组织者,可以是企业内部的市场调查部门,也可以是企业外部专业性的市场调查机构。

一、企业内部的市场调查部

在市场经济条件下,由于市场组织的复杂性和市场活动的频繁性、市场变化的不确定性和市场竞争的激烈性,从而决定了企业管理决策的信息需求具有多样性和经常性。因而,企业有必要设立专门的市场调查部门,配备专业人员从事市场调查活动。

企业市场调查部的设置,应根据企业规模和性质而决定,一般来说,规模较大的企业内部自设市场调查部的较多,如美国目前有77%的公司设有市场调查部门,专门负责市场调查工作。从企业性质来看,消费品制造业比采掘业、生产资料制造业设置市场调查部门的要多,尤其是与消费者生活密切相关的食品、服装、家电等行业更为重视市场调查部门的设置。如美国,在消费品制造业中,大部分大中型企业设置市场调查部,而生产资料制造业中,仅有10%的企业设置市场调查部。

企业内部市场调查部门的设置,应做好以下工作。

(一)市场调查部设置的必要性和可行性论证

一般应从企业生产经营的规模、生产经营的性质和范围、市场覆盖面的大小、市场竞争的激烈程度和管理的信息需求等方面论证市场调查部设置的必要性。从市场调查业务量、调查经费安排、人员配置、资源配置等方面论证设置市场调查部的可行性。

(二)市场调查部的规模界定

市场调查部的规模大小不一,大的可拥有员工几十人,小的仅有几个人,应根据市场调查业务量的大小、调查业务范围、企业规模、管理信息需求等要素进行界定。

(三)市场调查部的归口管理

市场调查部属于企业的组织管理系统,可以是独立的市场调查部或市场情报部,也可以是将企业信息中心、统计部门合为一体的独立部门。应根据市场调查工作量的大小和管理的要求而决定机构是否独立,同时应明确市场调查部的归口管理,并实行经理或副总经理负责制。

(四)合理界定市场调查部与其他部门的关系

市场调查部在业务上需要与其他部门保持联系,但调查业务、调查权限应不受其他部门的限制。为此,需要正确界定市场调查部门与其他部门的关系,包括业务关系、资料提供、信息沟通等,应赋予市场调查部独立行使市场调查的权力,排除各种人为的干扰。

(五)合理规定市场调查部的任务和职责

市场调查部的工作范围、任务和职责必须明确规定,以保证市场调查部能有效地开展市场调查工作。特别要制订岗位职责、工作流程、信息传递、情报保密、信息发布等方面的规章制度。

(六)市场调查部的资源配置

为了保证市场调查部能有效地开展工作,应从人员配置、技术装配、信息处理手段、信息传递手段、调查经费、办公场所等方面解决各种所需资源的配置问题。

二、企业外部的市场调查机构

(一)企业外部市场调查组织的类型

1. 市场调查专业公司

这是以市场调查为业务的盈利性市场调查机构,具有较强的市场调研能力,服务意识强,调研策划能力强,有专门的调查队伍或调查网络体系,市场调查的专业化程度高,能够承担企业委托的专题性和综合性的各类市场调研项目,调查项目的质量能得到有效的控制。这类市场调查公司越来越受到企业的欢迎,从而已成为社会的新兴行业。美国从事市场调查的企业多达 8 000 余家,日本的市场调查公司也很多,如中央调查服务公司、日本市场调查研究所在世界上极为有名。近几年来,一批国际知名的调查机构如 A. C. 尼尔森、盖洛普、华南国际等已通过独资、合资的方式进入我国,同时,国内本土市场调查机构也不断涌现,如零点、大正、央视、环亚、北广、新泰、大视野等调查机构已具有一定的知名度。目前,我国以市场调查研究为主业的机构约 1 500 家。2003 年,市场调查的客户主要来自境内的外商独资或中外合资企业,而国有企业和民营企业通过市场调查获取决策信息的意识还不强。

2. 广告公司的市场调查部门

在规模较大的广告公司中基本上都设有市场调查部(内设调查组、资料组、分析组、广告创意组等),服务对象主要是广告主。主要任务是为广告制作提供市场信息、广告创意、广告测试、广告效果调查和一般性的市场调查业务。

3. 管理咨询公司

管理咨询公司一般由资历较深的专家、学者和有丰富实践经验的人员组成,主要为委托人(工商企业、企事业单位)提供管理咨询服务,充当企业顾问和参谋的角色,服务的内容包括企业诊断性调查、专项调查研究、项目的可行性分析和经营策略研究等。

4. 政府设立的调查部门

政府设立的调查部门主要包括各级政府设立的统计部门(统计局、城调队、农调队、企调队)和有关政府职能部门设立的调查机构或信息中心。它具有调查组织体系完备、信息网络较健全、信息资源稳定、收费相对较低、二手资料全面丰富,能够发挥国家相关部门的资源优势等特征,能够承担重大社会、经济问题的调查任务,也能承担企业委托的调查任务。

(二) 市场调查公司选择的基本原则

由于不同的市场调查公司的性质及服务的行业对象有所不同,企业为了提高市场调查的有效性,满足企业管理决策的信息需求,应选择优良的市场调查公司。一般来说,应主要考虑以下几个方面。

1. 调查机构的信誉

调查机构的信誉包括组织的稳定性、社会声誉、客户的评价、职业道德及服务态度等。调查公司一般应遵守如下职业道德:

(1) 保持受委托的关系,永远寻求并保护委托人的最佳利益。

(2) 要将所有调查信息,包括处理过程和结果,看作为委托人独有的财产。

(3) 在发布、出版或使用任何调查信息或数据之前,要获取委托人允诺和批准。

(4) 拒绝与那些寻求某些确定调研结果的委托人发生任何联系,拒绝接受他们的调查项目。

(5) 固定调查研究的科学标准,并且不隐瞒任何事实真相。

(6) 保护被调查者的隐私和匿名权,应事先承诺不暴露他们的身份。

(7) 决不允许委托人去识别调查者的身份以报复那些作反向回答的人。

(8) 除非被调查者知道在参加之前要先与他们接触,否则不要去请求他们说出自己的身份。

(9) 认识到拒绝调查者或他们识别委托人的身份在适当时候是合法的。

(10) 在完成调查项目之后,要将所有的数据、报告或其他委托人交付的资料退还给委托人。

2. 调查机构的业务能力

调查机构的业务能力主要包括专业人员的业务素质、人员结构、调查策划能力、组织能力、信息获取能力、数据分析研究能力、社会资源等,能否按时按质完成调查项目。调查公司的研究人员、技术人员、设计策划人员等应是专职人员;访问员、编码员、行业专家等一般是兼职人员,企业应重点考察调查公司人员结构是否合理。

3. 调查机构的调查经验

主要考察市场调查公司成立的时间长短、发展经历、先后取得的调研成果、成功的典型案例等;考察公司主要从业人员的从业经验、服务年限、有什么样的调查经验、有多少这样的经验、能否与客户很好地进行对话或交流、是否具有灵活性或可变性等。一般来说,资历较长、知名度较高、拥有从业经验较丰富的调查人员的调查公司,是选择调查公司的重要条件。

4. 调查机构的资源配置

主要包括调查公司的人力资源配置是否合理,供市场调查专用的计算机设备、配套的软件包、专用电话设备、录音录像设备、通信工具、交通工具、焦点小组座谈专用房等,以及调查公司拥有的社会资源等。

5. 调查公司的经费报价

调查公司的调查经费报价是选择市场调查机构的焦点,是决定合作与否、合作关系是否破裂的关键变量。为此,企业应了解调查经费的预算项目和定价标准。一般来说,最便宜的报价不一定是最好的,企业在招标时,既要比较报价也要比较质量,才能得到有竞争力的投标。选择和决定市场调查机构,如同企业管理决策问题一样,要以可靠的有关市场调查公司的信息为依据。

(三) 企业借助外部市场调查机构的运作程序

企业借助外部市场调查机构的运作程序如图 6-1 所示。

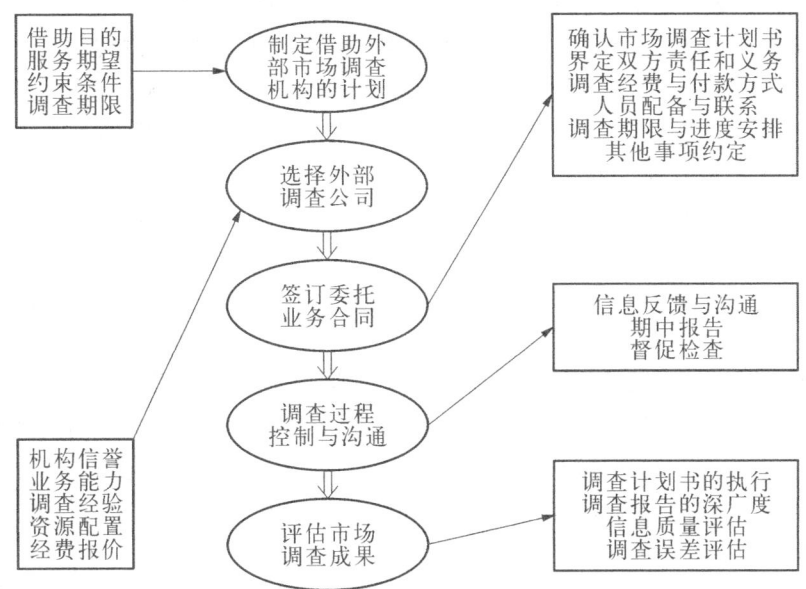

图 6-1　企业借助外部调查机构的运作

1. 制定借助外部市场调查机构的计划

制定借助外部市场调查机构的计划主要包括借助外部机构的目的,期望提供服务的深度和广度,调查公司选择约束条件,调查经费预算和调查周期界定等方面。

2. 选择外部调查机构

根据市场调查机构选择的基本原则,在搜集有关市场调查公司的有关信息的基础上,择优选择合适的市场调查公司,或者通过投标的方式选择调查公司。

3. 签订委托业务合同

当企业确定了具有一定实力的、能够满足调查要求的市场调查机构,就可以签订委托业务合同,以便委托调查机构及时开展工作。由于市场调查机构是营利性组织,因此,这种委托关系也就是商业性的买卖关系,只不过买卖合同的标的不是商品而是服务。为了使双方的利益能得到有效的保障,需要签订委托代理合同,明确双方应承担的责任、义务和付款方式等。一般应包括以下主要项目:

(1) 确认市场调查计划书。市场调查总体方案又称市场调查计划,指在正式调查之前,根据市场调查的目的和要求,对调查的各个方面和各个阶段所作的通盘考虑和安排。市场调查是一项十分具体、细致的工作,需要花费较多的人力、物力、财力和时间,为了在整个调查过程中统一认识、统一内容、统一方法、统一步调,按时按量按质完成调查任务,有必要事先制订一个科学、严密、可行的市场调查总体方案。市场调查总体方案是对调查对象由定性认识到定量认识的连接点,是市场调查资料收集、整理和分析分析研究的前提。市场调查总体方案是否科学、可行关系到市场调查能否顺利地实施。

市场调查计划书是委托人与承担人之间签订的合同或协议的关键部分。由于市场调查计划书将调研课题、调研目的、调研内容、调研范围、调研对象、调研方式与方法、经费预算、调研的组织、抽样方案设计、问卷设计、数据处理等内容进行了明确界定,能使双方取得一致的看法,有利于避免或减小后期出现误解的可能性。

(2) 明确双方责任和义务。一般来说委托方应向代理方提供以下支持：直接提供充分的有关背景材料;解释调查的目的;解释需要什么样的信息或数据;解释调查结果可能要做的决策、选择或行为;估计所获信息的价值;说明项目完成的时间要求;提供经费的一般水平;与代理方保持密切的联系等。

代理方(受托方)应向委托方提供市场调查计划书、抽样方案设计、问卷设计等技术性文本,以求双方认可;探讨调查所要解决的焦点问题及形式;了解委托方的信息需求,说明调查研究起到的作用及其局限性;说明需要委托人所做的合作或参与的事项;征求委托方对调查时间的要求,承诺对委托方所负的道德责任和应遵循的职业道德;与委托方保持密切的工作联系等。

(3) 调查经费与付款方式。通过调查经费预算确定的调查中需花费的人力、物力等消费开支数目,在双方认可的情况下应写入合同之中,同时,应明确付款方式。一般情况下,委托方应先向调查公司支付50％的费用,待调查工作完成后,再将余款付清。如果双方的合作关系一直较好,彼此的信任较高,也可以采取事先一次性付款或事后一次性付款的方式。国际市场调查委托项目,不仅在合同中要写明调查经费和付款方式,还应写明以何种货币支付的问题。

(4) 人员配备与联系。为保证调查的质量,委托方和调查公司均应将调查项目的人员配备名单、职责、联系方式等在合同中作出明确的确定,以便明确责任,便于双方联系和沟通。特别是调查公司应明确规定调查项目总负责人、技术人员、研究人员及拟聘请的调查员的数量及素质要求。

(5) 调查期限与进度安排。调查期限是调查工作从开始到完成所需要的时间。调查工作应在合同规定的期限内完成,以保证调查结果的时效性。超过期限后,应做何处理,费用应如何计算,也应在合同中加以规定。同时,在调查期限内,应明确进度安排,即界定总体方案设计论证、抽样方案设计、问卷设计与测试修订、问卷印制、调查员挑选培训、调查实施、数据汇总、统计分析、调查报告撰写和调查成果鉴定等的具体时间。

(6) 其他事项的约定。主要包括调查公司应提供的期中调查进度报告和最终成果报告的形式及要求,调查实施过程中有关问题的协商解决,合同中未尽事宜的协商解决等内容。

4. 调查过程控制与沟通

委托业务合同签订之后,调查公司即可按照委托方的规定认真组织实施各个阶段的调查工作,并主动向委托方反馈调查进度和调查工作的有关信息,以争取委托方的理解和支持。委托方虽不直接参与调查的过程,但也应与调查公司保持必要的联系,间接地督促或检查各阶段的工作,确保调查工作按时按质完成。

5. 评估市场调查成果

市场调查完成之后,委托方应对市场机构提交的成果进行评估,包括评估市场调查计划书的执行情况;调查报告的深度和广度,是否完全能解释所定义的问题;市场信息收集的系统的时效性;调查误差的大小及其对调查结果的影响是否在允许的范围内等。

三、市场调查人员的选择与培训

无论企业内部设置市场调查组织,还是专门的市场调查部门,都必须选择和培训市场调查人员,组建合格的调查队伍,为完成调查任务提供基本保障。

(一) 调查人员的选拔

按照市场调查的客观要求,作为一名调查人员应具有如下基本素质。

1. 具有较高的职业道德修养

市场调查工作涉及范围较广,在调查中经常会涉及一些敏感的问题,涉及不少单位和个人的切身利益,也会遇到影响调查工作正常进行的各种干预和阻挠。为此要求调查人员应具有较高的职业道德修养,具有强烈的责任感和事业心,能做到实事求是、客观公正,不虚报、瞒报、假报调查结果。

2. 掌握多学科的知识

市场调查是一门学科,也是一门艺术,它涉及各方面知识的综合运用。如市场营销学、社会学、统计学、心理学等方面的知识,以及产品方面的技术知识等。因此,市场调查人员(特别是市场调查策划人员、技术人员、分析研究人员)应掌握多科的知识。研究国际市场情况的调查人员还应具备国际贸易、各国法律和风俗习惯等知识及一定的外语水平。总之,高层次的市场调查人员应该是复合型人才。

3. 具有调查资料搜集的能力

市场调查的过程是资料搜集的过程。包括文案调查得到的第二手资料和实地调查取得的第一手资料。因此市场调查人员必须具有较强的调查资料搜集能力,掌握调查资料搜集的要求、渠道、方法和技巧,能及时、准确、全面、系统地搜集一切与调查项目有关的数据和情况。

4. 具有较强的分析研究能力

作为一名优秀的调查人员应善于从众多的复杂的资料中经过去伪存真、由表及里的定性定量分析,得出调查结论,提出解决问题的对策建议。因此,市场调查人员应具有一定的分析研究能力。特别是市场调查研究人员,更应掌握现代统计分析、数据挖掘、预测决策等分析方法和技术。

5. 具有良好的身体素质和心理素质

市场调查人员应具有吃苦耐劳的精神,应具有承受各种压力和挫折的良好心理,有健康的体魄和旺盛的精力。

总之,市场调查人员应勤奋好学,有思想、有知识、有见解、善于倾听和善于思考,善于提出问题、分析问题和解决问题。对于高层次的市场调查专业人员的选拔,应坚持德才兼备,力求复合型人才。对于一般调查员的选择,应重点考察应具有的必备知识、调查能力、观察能力、身体素质和心理素质等基本条件。

(二) 调查人员培训

调查人员除了具备上述条件外,最好还应具备丰富的实践经验。但是这样的调查人员比较少,为此,应对所选择的调查人员进行必要的培训。

1. 培训的基本内容

培训内容通常根据市场调查的目的和受训人员的基本情况而有所不同。一般包括以下几个方面内容:

(1) 思想道德教育。即组织调查人员学习市场经济的一般理论,充分认识市场调查的意义;学习调查人员应具备的职业道德标准和工作规范,增强其事业和责任感,端正其工作态度和工作作风,激发他们对调查工作的积极性。

(2) 性格修养教育。即在言谈举止、平易近人、热情坦率、谦虚礼貌、诚信务实、心理健康等方面对调查人员进行教育和训练。

(3) 市场调查知识培训。即对调查人员特别是高层次的市场调查专业人员讲授市场经济学、市场营销学、统计学、市场调查与预测学、信息资源管理等方面的知识;讲授市场调查方案设计、问卷设计、数据处理、数据分析技术、调查报告写作技巧等技术知识,使调查人员具备必需的市场调查知识。

(4) 调查业务培训。即针对某个具体的调查项目进行专门的培训,包括说明此项调查的目的,解释调查项目的涵义,说明调查方案和问卷设计,说明调查的工作程序和要求,训练入门艺术、接近艺术、访谈艺术、记录技术和质量控制等。

(5) 规章制度教育。即对调查人员必须遵守的各种规章、规定、制度和职业操守等进行必要的教育。

2. 培训的方法

(1) 举办短期培训班。主要采用集中讲授的方法进行培训,例如,请市场调查专家讲授市场调查的基本理论与方法;请市场调查策划人员讲授市场调查方案、调查项目、问卷设计等方面的业务知识;请经验丰富的调查员面授调查技巧和经验等。这样的培训应注意突出重点,具有针对性,讲求实效。

(2) 模拟训练法。主要采用情景模拟、问卷试填、案例分析等对调查人员进行培训。情景模拟是由受训人员和有经验的调查人员对调查问卷进行小范围的试验性调查,以便掌握问卷调查与填写的技巧和要求;案例分析是结合某个具体的市场调查实例进行分析,以训练调查人员处理各种问题的能力。

(3) 分层培训法。即对市场调查人员的不同层次和不同需求进行不同程度和不同内容的培训。市场调查策划人员、组织人员、监督人员是较高层次的调查人员,他们要进行市场调查的策划和组织实施,要召集和训练访问员,检查和指导访问员的工作,控制调查进度,他们必须熟悉调查的每一个环节。因此,对他们必须进行严格的全面训练。访问员是搜集资料,获取信息的调查人员,对他们应进行必要的调查业务训练和访谈技术训练。

第二节 市场调查现场质量控制

市场调查质量是指市场调查结果满足调查目的的程度。一项好的市场调查,一般都能较好地满足调查者的需要。如果一项市场调查结果不能满足调查者或委托人的需要,那么,该项调查一定存在质量问题,也就是说,调查存在较大的误差。因此,控制市场调查质量,尤其是现场调查质量,实际上就是市场调查误差控制问题。

一、市场调查误差的类别

一些缺乏经验的市场调查者有一个特点,他们往往只注意通过扩大样本来控制误差,当然增加样本量可以减小抽样误差,但大样本可能会增加调查员操作难度同时也就增加了非抽样误差,非抽样误差比抽样误差问题更大,而随机抽样误差相对来说问题较小,抽样误差是可以计算的,而许多形式的非抽样误差根本无法估计,一些研究表明,在总误差中非抽样误差占了主要的部分。

从理论上讲,市场调查误差是指样本指标与总体指标之间的差异。市场调查误差的大小受许多因素的影响,按照性质不同可分为代表性误差和非抽样误差两大类。代表性误差可进一步分为抽样系统性误差和随机抽机误差;非抽样误差可进一步分为回答误差和不回答误差,其中回答误差又可分为调研者误差、调查员误差和被调查者误差。

(一) 抽样系统性误差

抽样系统性误差是指抽样设计没有遵守随机原则而有意选择变量值较大或较小的单位组成样本,从而导致有严重倾向性的估计误差,即样本不能代表总体,致使抽样推断的结果严重偏大或严重偏小。这种误差是不容许的,应力求避免。

(二) 随机抽样误差

随机抽样误差是指调查者即使遵守随机原则抽取样本进行调查,样本指标与总体指标之间仍会产生不可避免的误差。这种误差是随机的,没有方向性,它随样本量的增大而减少。当采用全面调查时,代表性误差就不存在了。因此,在采用抽样调查、典型调查等非全面调查时,应注意防止系统性误差,尽量降低随机抽样误差。

(三) 调研者误差

调研者误差是指由调研者的工作差错造成的非抽样误差,主要包括以下几个方面。

1. 代用信息误差

即调研问题所需要的信息与调研者实际搜集的信息之间不一致而导致的误差。例如,本来需要的是关于消费者选择某种新品牌的信息,但调研者得到的都是关于消费者偏好方面的信息,因为选择的过程不易观察到,故用偏好信息代用。

2. 测量误差

即调研者期望搜集的信息与调研者采用的测量量表不一致而形成的信息之间的误差。例如,在测量消费者偏好时,调研者没有使用测量偏好的量表,而是使用了测量概念的量表。

3. 总体定义误差

即调研者所定义的总体与研究问题需要的真正总体不一致而产生的误差。例如,要了解某医院在患者心目中的形象,真正的总体应当是某地区的患者,但调研者定义的总体成了某地区的全体居民。

4. 抽样框误差

即调研者定义的总体与所使用的抽样框隐含的选择不一致,即抽样框中的总体单位有重复或者遗漏而导致的调查误差。例如,以电话等作为抽样框并不能代表潜在消费者的总体,因为有些电话号码没有登入电话簿,有些号码联系不上(不在家或其他原因),有些号码已经不能使用(如搬迁等)。

5. 数据处理误差

即调研者在由问卷中的原始数据转换为调查结果的过程中产生的各种误差。例如,数据分类不当,统计方法不当导致了不正确的解释和结果。

(四)调查员误差

调查员误差是指由调查员的工作差错造成的误差,主要包括以下几个方面。

1. 计数误差

即调查员在现场观察中发生的计点、计量、计算等差错。例如,在商场顾客流量观察中,少数顾客可能被调查员漏点或重点而发生的计数差错。

2. 记录误差

即调查员在听、理解和记录被调查者的回答时,由于疏忽、粗心等原因而产生的差错。例如,被调查者给出的是中性回答(如"还未作出决定"),但调查员错误的理解成了肯定的回答(如"要买这种新品牌")。

3. 询问误差

即在调查被调查者的过程中,由于询问不当或询问不完全、不彻底而产生的误差。例如,在调查过程中调查员没有完全按照问卷中的措辞来提问,或者在需要更多的信息时没有进一步询问而产生的误差。

4. 欺骗误差

即调查员伪造部分或全部答案而造成的误差。例如,问卷中要求询问被调查者关于购买洗衣机品牌的有关问题,但调查员没有询问,事后调查员又根据自己的个人判断将答案填在问句中。

(五)被调查者误差

被调查者误差是指由被调查者在回答调查问题时由于不能正确回答或不愿正确回答等原因而导致的误差,主要包括以下几个方面。

1. 不能正确回答误差

不能正确回答误差是指由于被调查者不能提供准确答案而造成的误差。被调查者不能正确提供答案的原因可能有:不熟悉、不配合、劳累、厌烦、想不起来、问题的格式不好、问题的内容不清楚,以及其他一些因素。例如,一个被调查者想不起来一个月前看过的电视剧的名称或年初时的手头储存现金有多少。

2. 不愿正确回答误差

不愿正确回答误差是指由于被调查者不愿提供准确的信息而造成的误差。被调查者有意错答的原因可能有:想给出一个社会上能接受的答案;为了避免出麻烦;为了取悦调查员。例如,为了给调查员一个深刻的印象,某被调查者故意称已在报纸上看过某厂家的产品广告。

3. 填表误差

填表误差是指当问卷发给或寄给被调查者自填时,被调查者可能由于理解不清,或疏忽大意而导致的错误,及漏填和虚假填写等引起的误差。

(六) 不回答误差

不回答误差是指被调查者不在家或不合作而产生的无回答偏差。不回答的主要原因可能有：具体调查时被调查者不在家，未能接触到；被调查者认为调查与己无关；工作忙、怕耽误时间；被调查者怕调查涉及自己的利益等而拒绝接受调查。在市场调查中，由于样本或样本单位是按设计方案抽选出来的，不回答误差可能是随机原因引起的，但不回答会引起样本量的减少，使抽样误差增大。因此，市场调查应尽可能提高被调查者的回答率。

二、市场调查误差的控制

市场调查误差的大小，直接影响到调查的质量和成败。如果调查误差太大，出现严重的系统性误差，就会导致调查的失败，因此，市场调查重视质量控制就是重视调查误差的控制。由于市场调查误差的来源是多方面的，从而决定了调查误差的控制必须是全方位和全程性的。市场调查误差控制的目的在于防止出现抽样的系统性误码差，降低各种非抽样性误差，使调查总误差尽可能降低到最小的限度。一些研究表明，非抽样误差比随机抽样误差更严重，在调查总误差中非抽样误差占了主要部分，随机抽样误差相对来说是较小的。

随机抽样误差是可以计算的，而许多形式的非抽样误差根本无法估计。因此，市场调查误差控制，既要重视随机抽样误差的控制，更要重视非抽样误差的控制；既要重视事前控制，又要重视事中控制和事后控制。主要控制途径有：

(一) 提高样本的代表性

抽样系统性误差的产生主要是样本不能有效地代表总体，因此，要消除抽样系统性误差，必须注意提高样本的代表性。为此，应根据总体的分布特征和总体单位的变异情况，选择最优的抽样组织方式，力求样本分布与总体分布趋于一致。

(二) 注重样本量的控制

抽样随机误差的大小主要受样本量大小的影响，增加样本量可以减少随机抽样误差，但可能增加调查工作量而增加非抽样误差。因此，样本量的大小应注意控制在必要的抽样数目水平上，并考虑对回答率的高低作适当的调整。

(三) 提高抽样设计的效率

调研者误差的产生大都是由于抽样设计不科学、不严谨、不周密产生的。因此，调研者在抽样设计时，应有事前控制的理念，对总体定义、抽样框设计、测量工具的选择和测量表(问卷)的设计、样本单位的抽取、调查数据的处理方案等方面进行认真的思考、研究和设计,力求少出差错。

(四) 重视调查方案的评审

调查方案的评审是市场调查误差事前控制的重要举措,可以防止抽样系统性误差,降低随机抽样误差,减少调研者设计误差。为此,调查方案特别是抽样技术性方案设计完成之后,应组织各方面的专家进行评审,或作试点性调查,以求发现问题,修改、充实和完善调查方案。

(五) 努力降低调查员误差

调查实施前,要严格挑选合适的调查员,重视对调查员的业务技能培训和职业道德教育;调查实施中,要对调查员的调查工作进行必要的监督和指导,建立调查问卷的审计制度和奖惩制度,严防欺骗性误差,降低计数、记录、询问等工作疏忽性误差。

(六) 努力降低被调查者误差

要努力提高调查员的访谈艺术、入门艺术和询问艺术,以消除被调查者的顾虑,争取被调查者的理解、支持和合作,力求被调查者能提供准确的信息,对于被调查者无回答的情况,应区别不在家和不合作等情况,采取多次调查法或更换调查员进行调查,以提高回答率。

(七) 注意调查误差的事后控制

即在调查资料整理和分析阶段,建立必要的质量控制办法,防止分类误差、汇总误差、计算误差、分析误差的产生,要努力提高调查结果的解释质量和调查报告的编写质量。

本章小结

市场调研活动质量是由调研内容与调研目的吻合程度高低和调研误差大小来衡量的。为高质量完成调研任务,任何市场调研活动,首先必须由具有相应职能和实力的企业内部调研部门或者外部专业性调研机构进行科学、周密的策划;其次必须对可能产生调研误差的每一个环节有清醒的认识与把握,对参与调研活动的相关人员进行严格培训,对资料收集和分析过程进行严格监控。

1. 企业内部市场调查部的设置应做好哪些工作？
2. 选择市场调查公司应遵循哪些基本原则？
3. 市场调查人员应具备哪些素质？如何进行培训？
4. 市场抽样技术方案设计包括哪些项目？如何评审？
5. 市场调查误差有哪些类型？如何控制？

一、问题的提出

轿车经销商A在C市从事轿车代理经销多年，有一定的经营实力，商誉较好，知名度较高。但近两年来，C市又新成立了几家轿车经销商，对经销商A的经营造成了一定的冲击，轿车销售量有所下降。为了应对市场竞争，经销商A急需了解C市居民私家车的市场普及率和市场需求潜力，了解居民对轿车的购买欲望、动机和行为，了解现有私家车用户有关轿车使用方面的各种信息，以便调整公司的市场营销策略。为此，经销商A要求市场调查部门组织一次关于C市居民轿车需求与用户反馈为主题的市场调查。

二、调查目的与任务

调查目的在于获取居民轿车需求与现有用户使用等方面的各种信息，为公司调整、完善市场营销策略提供信息支持。调查的任务在于准确、系统地搜索C市私家车市场普及率、市场需求潜力、购买动机与行为、用户使用状况等方面的信息，以及本公司经销店的商圈情况与竞争对手的经营情况，并进行分析研究，从中发掘出一些对调整经营结构和市场营销策略有价值的启示。

三、调查对象和调查单位

调查对象为C市的全部居民家庭（包括本市东、西、南、北四区的居民家庭），不包括市辖县的居民家庭。其中市区内的每户居民家庭为调查单位。据市统计局提供的资料，市区内共有居民家庭20万户，拟采用抽样调查的组织方式，样本量为1000户。

四、调查内容与项目

调查的内容与项目主要包括以下几个方面：

1. 被调查家庭的基本情况。主要项目包括户主的年龄、性别、文化程度、职业；家庭人口、就业人口、人均年收入、住房面积、停车泊位等。

2. 居民家庭是否拥有私车。如果有,则私车的类型、品牌、价位、购入时间等情况怎样。

3. 用户车号与使用测评。主要包括节油性能、加速性能、制动性能、座位及舒适度、外观造型、平稳性、车速、故障率、零配件供应、空调、内部装饰、售后服务等项目的满意度测评。

4. 私车市场需求情况调查。主要包括第一次购车或重新购车的购买愿望,何时购买,购买何种类型、品牌、价位的轿车;购买目的、选择因素、轿车信息获取等方面的测评。

5. 经销店商圈研究。主要包括本经销店顾客的地理分布、职业分布、收入阶层分布、文化程度分布、行业分布及商圈构成要素等项目。

6. 竞争对手调查。主要包括竞争对手的数量、经营情况和经营策略等。

五、调查表和问卷设计

1. 居民私车需求与用户调查问卷。(略)

2. 经销商商圈研究调查表。(略)

3. 竞争对手调查提纲。(略)

六、调查时间和调查期限

1. 调查时间:私车拥有量的调查标准时点为本月末,私车需求量的调查时距为近三年之内(本年、明年、后年)。

2. 调查期限:要求本次调查从本月1日到下月30日共计60天完成,包括调查策划、调查实施和调查结果处理等调查工作,并提交调研报告。

七、调查方式和方法

调查方式:居民私车需求与用户调查采用抽样调查方式,样本量为1 000户。本经销店商圈研究采用本经销店建立的用户信息库作全面的调研分析。

调查方法:居民私车需求与用户调查采用调查员上门访问(问卷测试);走访统计局、交警大队了解本市居民私车的社会拥有量和普及率;购买本市的统计年鉴用以研究本市居民的消费收支情况及社会经济发展状况;利用本经销店的用户信息库进行分类统计和信息开发;召开一次用户焦点座谈会;竞争对手调查主要采用现场暗访调查及用户测评等获取相关信息。

八、资料整理方案

1. 用户数据的系列开发。用户特征分布数列、私车类型品种、价位、购入时间等分布数列,私车使用满意度测评数列等的编制。

2. 需求数据的系列开发。需求者特征、购买欲望、购买动机、购买行为、购买时间、购买选择、信息获取等分布数列的编制。

3. 本经销店商圈层次划分数列,客户的分类统计数列的编制。

4. 定性资料的分类归类。要求条理化。

5. 居民私车市场普及率统计、市场需求潜量测定和市场占有测定。

九、资料分析方案

1. 用户分布与满意度分析。重点提示用户的特征,为调整营销目标提供信息支持;用户满意与不满意的要素分析,为改进营销工作提供依据,并作为选择供货商的依据。

2. 需求潜力、需求特征、需求分布、需求决定因素研究,为市场营销策略的制定、调整和完善提供信息支持。应重点揭示向谁营销、营销什么、怎样营销。

3. 本经销店竞争优势与劣势研究,怎样提高市场竞争力的策略研究。

4. 编写市场调查报告,重点揭示调研所得的启示,并提出相应的对策建议。

十、市场调查经费预算(略)

十一、调查组织计划(略)

附录:居民轿车需求与用户调查问卷。(略)

问题

上述案例对你有何启发?

第7章 调查资料的整理

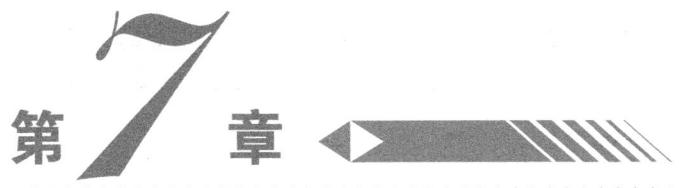

学习目的

1. 了解调查资料整理的过程。
2. 了解调查资料的接收工作。
3. 熟悉调查资料的审查工作。
4. 熟悉并会使用调查资料统计预处理的方法。
5. 掌握如何编制编码手册。

引例

TCL集团通过对国内市场的深入研究,并参照国外市场的发展状况,确认无绳电话产品将会是未来电话的主流产品。为了在市场上获得优势,企业必须加强对无绳电话机的推广。鉴于无绳电话机市场已经启动,且有不少竞争者加入,TCL进行了深入的市场调研,通过对消费者和竞争对手的细致分析,为TCL无绳电话机确立合适的广告定位及相应的广告策略、广告宣传重点等问题的解决提供了依据。

通过对大量资料的分析,首先,从用户方面发现,人们已普遍知道了无绳电话机产品,但对它的认识并不深入。比如,用户往往只是被无绳电话机"无绳"的方便性能所吸引,却对如何选择这种产品认识不多;用户普遍关注"无绳"电话机产品的质量,对产品其他性能要求不高或尚无更高要求;几乎都倾向于购买知名品牌,以求品质保证,但真正熟知的无绳电话机品牌很少。其次,从竞争市场方面发现,市场颇为热闹,但真正强势的品牌只有步步高。然而,步步高虽然第一个以"无绳"的概念吸引了普通电话机的购买者,却忽视了"清晰"的定位及相应的广告宣传。

综合研究的结果,TCL首先明确,步步高已在用户心目中抢先占据了"无绳电话"的品类定位,自己应该避免与其争夺同一位置,转而攻其弱点。经调研已经说明用户对无绳电话产品已广泛知晓,但认识不够深入。用户普遍关注通话质量问题,而市场上尚无此种产品的定位和宣传,于是,TCL推出"清晰型"无绳电话产品的定位理所当然,TCL美之声也顺势而出。

再经过对用户认识心理及行为的充分研究,美之声广告拟定了三波推广计划。

第一波,告知"清晰型无绳电话"面世,着重业界、媒体传播新品牌的"身份",同时引发用户的注意。

第二波,以"清晰型"的身份去唤起和迎合用户对无绳电话"声音清晰"的需求,推广品牌。

第三波,如若"清晰型"产品出现跟进者,美之声将加强清晰技术方面的诉求,维护领先地位。

美之声先通过深入市场的调查与分析,制定了有目的、有计划的广告策划活动及推广活动,直指用户明确的要求,使美之声无绳电话深入人心,使其品牌从众多对手中脱颖而出,并形成了自己的鲜明特色和独特价值。

第一节 调查资料的接收与审查

文献调查和实地调查工作全部结束之后,无疑会搜集到大量的资料。这些资料如果未经加工整理和分析,是不能用以说明任何问题的,因此,有必要对全部资料进行系统的加工整理,以便为下一步的资料分析工作做好准备。

一、调查资料的接收工作

调查资料的接收工作是整个数据处理过程的第一步,做好资料的接收工作成为数据真实准确与否的关键。调查资料的接收工作通常是从项目的实地执行开始,由调查公司(部门)专门的督导负责。

根据实际工作的情况,要做好调查资料的接收工作,必须做到以下几点。

(一)事前的准备工作

事前的准备工作是防范问题出现的最经济的方法,通常包括如下内容:

一是在访问以前必须由督导对访问员进行1~3个小时的培训工作,对于一些难以理解或者操作起来比较困难的问题要重点强调。

二是制定问卷合格接收的相关规则,比如,背景资料齐全或问卷完整回答等,并由专门的督导或其他工作人员在现场负责问卷的接收工作。

三是对问卷进行编号,并在每份问卷上详细记载受访对象的基本资料、访问员姓名、审查员姓名以及接收督导情况,以便为未来的检查提供方便。

(二)实际的处理情况

在做好事前的准备工作以后,我们将进入实际的接收工作,主要包括以下几点。

1. 对问卷的处理

实际工作中,督导在项目的执行过程中经常可以发现现场访问员上交的问卷存在诸多问题。对于比较明显的问题,比如,问卷回答遗漏、问卷严重涂改、问卷回答不规范等,通常要求访问员当场进行补访或重新访问,而对于不太明显的问题,则暂时接收,等候日后的检查。

2. 信息的反馈

由于通常进行访问时都会有严格的配额限制,但为了保证项目的进度,很多调查活动选择几个地点同时行动,在现场直接控制配额。这就要求督导之间要进行经常的沟通,以免出现某种类型的问卷接收过多,从而影响项目进展的进度。

3. 现场的沟通

必须让访问员或其他人员充分重视信息工作的重要性,并让他们明白现场资料收集的质量直接关系到后期的所有项目运行,同时要注意适当的激励和奖惩。

二、资料的整理与审查

通常情况下,在调查资料接收之后,接下来就进行资料的整理与审查工作,这个工作有两个职能:一是可剔除废卷,为后来的统计工作做准备;二是可以及时纠错。这时的问卷是半成品,有的不符合抽样原则,要剔除,有的有漏填、误填、系统错误需及时纠正和回访。资料审查是以问卷为单位进行"去粗取精、去伪存真"和"查漏补缺"的一道工序。

(一)资料审查的程序与方法

1. 制定审查的原则

比如,问卷的完整到什么程度才可以算合格,问卷要经过几次复核才能通过等问题都要详细列举出来。

2. 审查人员的安排

对资料的审查是一项烦琐的工作,既需要相当的细心,同时也是对毅力的巨大考验。比如,可以安排初审,专门审查问卷是否符合抽样方案等;细审则专门审查问卷的完整性、逻辑性错误等。

3. 对细节的关注

"细节决定成败",这点在资料的审查环节中尤为关键。比如,可以对资料进行分级处理,有些是明显要作废的,有些是有疑问要做补救的,将出现这些不同问题的问卷分开放置,以便于分开处理。

(二) 资料审查的具体工作

1. 分类汇总上交

由各组组长将组内各成员所做问卷收齐,交给检验员或督导员。检验员或督导员应以组为单位将问卷汇总,按时间先后顺序,把各组成员问卷按人排在一起,不要打乱。每一组放在一起,其中每个人的又单独放在一起。

2. 初步审查

对照抽样方案的明细表和各组任务,逐组对照,剔除其中不符合抽样方案的问卷,并且登记在案,集中保管。调查显示,访问员说谎的现象相当普遍,而用以提出建议的调查结果必须真实地反映目标受众的意愿。因此,通过初步审查来确认调查问卷是否有效是资料整理过程中必不可少的步骤。

对于某种特定类型的访谈(如入户调查),无法在调研现场观察或监视,但大多数调查问卷中都要求记录被调查者的姓名、地址及电话号码等,这些内容对数据的分析毫无用处,但为"初步审查"调查提供了依据。

另外,一般情况下,在调查结束之后,调研机构要对每位调查人员所做的调查做适当比例的复查,无论是入户访问、拦截访问还是电话访谈。通常复查的比例为10%～20%。如果一位调查人员对50个人做了调查,以10%的比例做复查确认的话,那么这位访问员所调查的人中有5位将通过电话进行复查。复查具体包括以下五方面内容:

(1) 此人是否真正接受了调查。

(2) 被调查者是否符合条件。如一项调查可能要求对家庭年收入为20 000元以上的人进行,那么在复查中被调查者将被再次问到他的年收入是否在20 000元以上。

(3) 调查是否按要求的方式进行。如一项购物中心的调查应在指定的购物中心进行,那么就应确认被调查者是否在该购物中心接受的调查。研究人员应确保所有的数据都是在规定的条件下取得的。

(4) 调查是否完整。有时访问员知道被调查者很忙,没有时间完成所有的测试,或是某项具体调查的被调查者很难找到,所以访问员很可能一开始问一些问题,然后其余的问题自己填写。由于存在这种情况,在确认过程中应询问被访问者是否被提问了调查中的所有问题。

(5) 调查过程中还应检查的其他问题。如访问员是否彬彬有礼,访问员是否明确介绍了委托人的身份或调查的目的,被调查者对访问员或调查过程有什么意见等。

3. 细审

按个人逐页检查,并将发现的问题按人记录。在此之前应建立以人和工作日为横纵标识的勘误列联表。主要看以下几项:一是空缺率。如果空缺率太高,应该填的没填,这样的问卷理论上应该视为废卷,但在此之前应找来调查员询问原因,确定是否回访。二是逻辑检验。一般应建立集中逻辑检验方案。有条件的,可以将每天的问卷编码输入电脑,利用实现编号的逻辑检验程序进行检验,减少手工检验的工作量。三是更详细的内容检验,一般有以下几点:

(1) 答案的完整性。经过调查员调查符合的问卷,应该是一份完整的问卷,问卷完整才是有意义的,才有可能去考虑其真实性和可信性。问卷的完整主要包括以下几个方面:

第一,不存在漏答错答现象。由于调查是一个大脑高度紧张的活动,因此,调查员有可能漏掉其中某个问题,尤其是将问卷设计得较为复杂时,更容易发生漏答现象,调查员应该逐题检查,对于跳答正确与否要特别注意。跳答的问题虽不容易漏答,但是很容易错答,即对不该回答的部分作了回答。有时被调查者不符合需要回答的情况,但在调查员执着的要求下,勉强回答了,结果有时甚至不合乎情理。

第二,篇幅完整。调查员的问卷不完整还有一种情况是篇幅不完整,尤其是封面不完整的情况经常出现。根据抽样方案,被调查者、户名、编号都是严格一一对应的,但有的调查员在做调查时,为了尽快完成问卷,总是把这些与问卷内容"无关"的内容留到做完调查回到驻地后统一填写。这样很容易造成篇幅的不完整,因为做了一天或几天的调查后,调查员往往会发现,他们的这些信息都忘掉了,结果就造成了一批"无头"问卷。有的调查员为了保证篇幅完整,张冠李戴,在回访时才发现走错了户。篇幅完整是复核时首先要看的。

第三,记录充分。这包括两方面:一方面是开放性问题,要有具体明细的答语,而且要求是现场记录下的。有这种情况出现:有的调查员做了几十份问卷,开放性问题都是"无"或"无意见",这是不符合常理的。一般情况下,调查对象配合调查员做了问卷,当做到最后时(开放性问题一般设置在最后),通常要发表些意见、看法,这时要求调查员应予记录。在开放性问题中,不要自以为"与调查内容无关"而填"无"。像这位调查员,开放性问题都是"无",其实他的这几十份问卷都是不完整的。复核时,看开放性问题的填答情况,一般就可以发现调查员是不是很认真。另一方面是要有其他记录和备注内容。这部分一般在问卷上不作要求,问卷上的答案填完了即可算一份完整问卷。但问卷是记录调查信息的载体,对其不能涵盖的内容,是需要手工填答的。复核时,应汇总每一位调查员所做的问卷,看每一位调查员的记录的特点。如果调查员从不记录,那么我们应该认为他(她)的问卷是不完整的,因为在多次调查中,肯定会有需要记录的内容。即便他(她)的问卷上的封闭和开放性问题可能无一遗漏,但只能说他答案记录比较完整,问卷不一定完整。问卷完整与否,也只是测量调查完整与否、完备与否的指标之一。

(2)资料的真实性。只有当所获资料是真实的时候,调查才变得有意义。对真实性的检验表现在以下几个方面:

第一,被调查者在回答时是否存在前后矛盾的现象,有些矛盾是在访问当时就可以发现的,而有的可能是因为当时紧张、忙碌而忽略,只有从卷面上寻找是否存在矛盾点。如被调查者在问卷前半部分回答家庭年收入为一个数目,在后半部分各项年开支加起来的数目与家庭年总收入相差很大,这里面有很多种可能,因为调查员不是当事人,他(她)无权决定以哪个为准,这里面是否还有其他原因,调查员所能做的就是重访被调查者家,进行回访。回访时便是有针对性的,不会占用太多时间,只是调查员要辛苦一些。因此,调查员应将资料的整理与复核工作分出一部分在已经结束访问但尚未离开被调查者家中时进行。

第二,有明显的不合情理之处。有时候,调查员在整理问卷时,会发现被调查者的某些回答按常理无法解释,但是,这并不代表被调查者的回答是虚假的。有时候,也会有些原因夹在其中,只不过是被调查者在当时没有说清楚罢了。因此,当调查员整理问卷发现不合情理之处时,不能草率下结论,必须再次去向被调查者请教,并将被调查者解释的原因在问卷空白处记录。

三、对不合格问卷的处理

在实际进行的调研项目中,通常情况下都会存在一定比例的不合格问卷,对不合格问卷的处理,通常包括如下方法。

(一)回访

在这种情况下,要求调查人员直接再与调查对象进行联系,重新填写那些不合格的部分,这种方法比较适合于企业或行业的市场营销调查,因为样本容量通常比较小,调查对象比较容易确认。但是,第二次调查获得的数据可能与第一次不同,这些差异可能是由于时间或调查方式不同而造成的。比如,电话访问与人员访问所调查的数据就有很大差异。

(二)处理缺失值

如果出现少量信息没有填写,而且与调查对象的联系又不是很方便的情况下,可以考虑进行缺失值处理,即在以后的统计分析中将未填写的问题作为缺失项。值得注意的是,如果样本量太少,或者缺失变量是关键变量时,要尽量少用这种方法。

一般遇到如下情况,可使用此方法:有缺失值的问卷数目较少;每份有缺失值的问卷中的缺失值所占的比例较小;有缺失值的变量不是关键变量。

(三) 将问卷作废

这种情况是最彻底的一种处理方法,但这是在前面两种方法都失效的情况下进行的。通常适用于如下条件:不合格问卷比例不超过10%;抽样数量很大;不合格问卷与合格问卷没有表现出明显的差别;每份不合格问卷中的不合格答案所占较大比重;关键变量值缺失。

但值得注意的是,不合格问卷可能在整体上存在着与合格问卷的差异,对问卷是否合格的判断也存在一定的主观性,这些都可能导致分析结果存有偏见。如果调查人员决定将问卷作废,就必须报告确定不合格问卷的程序和不合格问卷的数量。

四、问卷回访

资料的整理与复核工作要求有及时性,应该以天为单位,目的就是能够发现问题,及时地让调查员去回访。回访是调查工作的最后一环。它可以大大提高问卷的完整率,大大降低问卷的错误率,提高问卷的有效回收率和整体质量,甚至使问卷"起死回生"。这是一项必不可少的工作。

(一) 什么样的问卷需要回访

一般说来,除了不符合抽样方案外,属于抽样名单范围内的问卷,只要有条件可以回访的,在问卷出现了必须与被调查者当面咨询才能填补上或澄清的问题,都应该回访。当然,这还要视具体情况而定。比如,没有抽样名单的调查,如偶遇式的,就不存在回访的问题。再比如,调查的时候很紧,或转移了调查地点才出现的错误,就不容易回访了。这时可以做这样的处理:如果问卷残卷率、错误率特别高(具体标准也不能一样),或者有重大逻辑错误,就应把此问卷视为废卷。如果残缺率、错误率不高,或没有重大逻辑错误,则可把这些残缺的或者错误的选项定义为缺省,以免到后来影响分析,造成错误的分析结果。但是,有条件的一定要回访。

(二) 回访由谁来做

回访一般由该问卷的原操作者进行,即由谁做的问卷就由谁去回访这份问卷。理由如下:

第一,调查员对自己的调查已经有了印象,有经验,预先知道了被调查者的很多情况,第二次就比较容易和被调查者建立工作关系，不然的话要有一番解释，这都要降低调查的效率，增加被调查者的疑虑，影响调查的质量。

第二，调查员对自己的错误容易把握，而对别人的错误就需要重新记忆或特殊标记。即便如此，以往做回访的经验表明，回访其他调查员的调查，往往会遗漏一些东西。

第三，调查员对自己做过的调查驾轻就熟，可以很快地找到被调查者的住址，如果由另外的人来做，可能就要重复前一位调查员的寻找过程。

第四，由调查员本人回访自己做过的调查，可以强化其对自己的错误的认识。即他所犯的错误，他自己又在实际环境中进行了纠正，可以加深印象，避免再错。另外，自己做错自己回访，又是一种责任制，可以敦促调查员提高第一次调查的质量，避免重复劳动。

当然也有的时候回访是由其他人进行的，如其他调查员、督导员等。这往往是在调查和回访有分工的情况下，既有人专门负责回访。也有这样的情况，即复核员或督导员认为调查员所犯错误背景不清，情况复杂，调查员不能独立解决，或者对调查员的诚信度产生了质疑，想亲自去看一看，查一查有没有弄虚作假的情况出现。

（三）回访时应注意的问题

首先，应该做好回访的准备工作，应该把所遗漏的部分和所犯的错误记录在卡片上，并重读问卷，把问题标记出来，以便在回访时能够快速的找到问题，提高工作效率；其次，弄清自己出现的问题的症结，到底错在什么地方，没弄清楚之前不应该去回访，因为如果问题得不到很好的解决，很可能要引起再回访。调查员应该有意识地反思并努力提高自己的调查技术，因为有很多空缺和错误都是由于调查员与调查对象没有很好地建立工作关系，没有很好地运用访谈或询问的技巧或语言导致的。出现了错误之后，调查员应该首先想到的是这种错误是不是由于对问题的理解有误而出现的系统错误，其次应该反思是否自己运用的调查技术和语言不当，误导了调查对象，或不能够让调查对象说出自己的真实想法所致，这样，就要求调查员能够在第二次介入时应该有所反思，并尝试运用新的调查技术，纠正自己以往调查中的错误做法，以期提高自己的调查技术。对调查员来说，回访不是什么"丢人现眼"的事情，任何一个好的调查员都会遇到回访的情况，百密尚存一疏，优秀的调查员能够以回访为契机，提高自己的调查技术和对课题的理解程度，这样才能在接下来的调查中越做越好，回访率越来越低。

另外，回访一般都有两种情况：一种情况是错误率和空缺率主要是由调查员的错误导致的，这种情况下，只要调查员认识到了错误原因，就可以很容易把回访成功地进行下去。因为调查对象在第一次做调查时能够配合得很好，那么第二次登门就更不会拒绝了，而且既然是查缺补漏，必然不会占用调查对象特别多时间，因而容易进行，甚至可以利用电话回访。另外一种情况，如问卷不完整或错误百出，主要是由调查对象故意隐瞒或不愿意合作导致的。这种情况下，回访的难度比较大，很可能遇到更加敷衍的态度或生硬的拒绝。这时，回访能不能成功地解决问题，能不能出现工作关系的转机，就要看调查员的技巧了。这时调查员一定要更加谦虚、和善、耐心，如首先告诉调查对象，这次只是几个问题没弄明白，再来向您请教，不会占用太多时间，几句话就完事，等等，再坐下来慢慢问，直到把问题解决了为止。

第二节　调查资料的编码与录入

在进行数据的分析工作以前，我们通常需要对数据资料进行检查、编码、编辑、录入、整理、转换、形成文档等工作。在本节中我们将详细讨论数据资料的编码和录入这两个步骤，根据市场调查的一般实际情况，这里的讨论是基于这样的假设，即所收集的数据是以问卷的形式，用纸和笔记录下来的。

一、调查资料的编码

通常状态下，所收集到的数据是以纸和笔记录下来的。但值得注意的是，文字记录对于定量分析来说不是特别合适。原因主要有两个方面：其一，调查分析一般由计算机来完成，将调查的长篇记录直接输入电脑很不方便，而且会花费大量的时间；其二，电脑无法对输入的文字记录进行有效的定量分析。比如，对于同一问题，100个被访者就会有100种回答，但是，这100种回答中很可能存在相似的地方，所以需要对这100种回答先归类然后再进行统计分析。而对这个工作，编码可以很好地承担。

编码是对问卷调查资料整理的重要程序，即将问卷中的信息数字化，转换成计算机统计软件和统计程序能够识别的数字，此项工作实际上是一种信息代换的过程。编码属于资料整理程序，这一程序的成功与否，对市场调查分析工作将有重大影响。编码工作的最终结果是将资料转化为数字，这些数字代表了变量的不同特性，这些变量又在数字文件中占有一定的位置。比如，我们询问消费者购物时采用的交通方式，消费者可能有很多不同的回答，但我们可以规定以"1"表示步行，"2"表示骑自行车，"3"表示搭出租车，"4"表示乘公共汽车，"5"表示自己开车，"6"表示其他方式。这样我们在输入电脑时，就可以直接输入以上1~6的数据。

编码工作的主要任务是编写编码手册，编码手册是对变量位置及数字意义上的描述。编码手册有两项基本作用：一是作为具体编码过程的指南；二是使研究者在分析过程中便于查找变量的名称及各个数字所代表的意义，编码手册相当于打电话的密码手册。调查者要根据它将问卷调查资料转换成能够计算、统计的数字输入计算机,然后再根据它将计算机运算出来的结果转换成我们能够理解的文字。

(一) 相关概念的介绍

尽管在前面各章节中,已经了解了市场调查中的若干概念,但在进行调查资料编码工作之前,还是很有必要对其中的相关概念进行简单的介绍。

1. 变量

变量是概念的一种类型,是通过对概念的定义和解说而将之具体化,它反映了概念在具体形态上的变动性。变量虽然和概念使用同一名词,但变量有具体的量值和差别,它表现处在程度、等级、数量和类别上的变动状态。如态度作为市场调查与分析中的变量,可按照程度区分为非常同意、比较同意、一般、比较不同意、非常不同意这五个具体的量值,相对于态度概念的模糊和含义不清,态度作为一个变量则是清晰、明确的。

2. 变量值

变量值,顾名思义,便是变量的取值,即变量在对概念具体化过程中明确的含义,如性别取变量值分别为"男"和"女";文化程度取变量值为"小学"、"初中"、"高中"、"大专及本科"、"硕士及硕士以上"。

变量值具有三个主要的性质:

(1) 变量值一般应当是穷尽的,针对某一变量,每一个被观察到的现象都应属于某一个变量值。如在上面举的文化程度的例子中,不能仅有"小学"、"初中"、"高中"、"大专及本科",而遗漏"小学以下"和"硕士及硕士以上"的变量值,否则此变量值存在缺陷,从而有的现象无法被变量值反映(这是就通常情况而言,但在市场研究中有时为了特定的目的,解决特殊困难而采用的一些特殊调查方法,如前面曾提到的强迫选择法可以暂时违背这一性质,即变量值并非完全穷尽的)。

(2) 变量值所代表的现象必须是互相排斥的,每个观察现象都应属于一个变量值而且只属于一个变量值。

(3) 变量值必须是按照同一分类维度取值的,即同属于一个变量测量层次。

(二) 编码的类别

编码可分为两种:一种是当时编码;另一种是事后编码。

1. 当时编码

所谓当时编码,是指调查人员根据被调查者当时的回答,在问卷上立刻加以编码。如问卷上的答案都是选择性的,且回答限于"是"、"否",或"赞成"、"不赞成",或评价量表中的几个等级,对于这种已经是已有明确数字代码指示而无需转换的问题,调查员可在调查中立即据以编码。有时,经过适当的培训,即使比较复杂的答案分类,也能够由调查员以当时编码的方式加以记录。

对于这种当时编码,往往在问卷设计时便有所考虑,即在问卷中比较醒目位置留出编码框,以供调查员填写。

当时编码的最大优点是节省时间和劳动力,这对于那些时间限制要求高的市场研究尤为有利。但当时编码只适用于篇幅较短、内容也相对简单的问卷,对那种复杂的资料,当时编码是无法胜任的。特别是开放性问题,研究者常常无法预测会得到什么类型的问题或有多少种不同的回答类型,从而不能分析数据也就不能建立代码。

与事后编码相比较具有如下优势:

(1) 当时编码只需要调查人员在相应的框中填写数字即可,无须进行文字记录。一方面方便了调查人员的记录,节省了时间,同时减少了被调查者的回答时间,从而在一定程度上降低了拒访率。

(2) 当时编码的方式在一定程度上提高了信息的实用价值。一方面,选择的答案通常比较标准化,有利于后期研究工作的进行,同时,被调查者通常对这类题目比较配合,因此给出答案的准确度较高。根据以往的经验,如果大量地采用事后编码的方式,被调查者通常会空出答案,或者只给出很少的信息,这样信息收集的实用价值就会大打折扣。

2. 事后编码

所谓事后编码,是指在问卷调查完成后,集中对问卷资料进行的编码。这一般由专门的编码员进行。

事后编码的主要优点是,它允许编码人员在开始编码之前确定哪一个答案是由被调查者实际给出的,这样便于简化编码。如一个问题可能有 10 多项可选答案,而所有被调查者实际只选答了其中的 5 项,因此,只需要 5 种代码。

事后编码还允许研究者对于单一变量的多种回答进行编码,方法是对于每种给出回答的组合分配一个不同的编码数。例如,如果指定被调查者从 5 项答案中任选两个回答,从理论上讲,将有 20 种不同的排列,则应标出 20 个不同的代码数字。这种办法特别适合于那些本来应该选择一项,但由于问题分析和问卷设计欠周到,或调查中出现差错,而较大规模导致回答多项的情况,在无法决定到底选择哪一项作为分析的资料时,后编码可以在不歪曲调查资料的基础上对数据资料进行分析。

相对于封闭式问题的当时编码而言,事后编码难度较大。如何对开放式问题进行编码这个问题值得注意。通常情况下对开放式问题的回答进行编码需要采用以下四个步骤:

(1) 列出答案。编辑人员列出一份载有每个开放式问题答案的清单。在只有几百名被调查者的调研中,所有的答案都应列出。在大型抽样调查中,只需列出某些样本的回答。这项工作可以作为编辑过程的一部分或单独的一个步骤来完成。

（2）合并答案。对开放式问题的回答，有些形式上不同的回答，在本质上是一致的，因此，它们可以适当地合并为一类。完成合并过程后，就得到了一张合并表。要获得这样的表，还必须作出一些主观的判断。这些判断通常由资深的研究人员作出，常常也听取客户的意见。

（3）设置编码。这一步骤在获得合并表之后进行，对每个合并后的类别都分配一个数字编码。

（4）选定编码。选定代码的主要内容包括：读取每个开放式问题的回答；找出与该回答相符的合并类别；确定该类别的数字编码；在调查表的适当地方，注明每个回答的数字编码。

（三）编码的原则

在根据上述方法选择了编码的具体方法以后，下一步应该注意的就是了解并遵循编码的原则，主要包括以下几个方面。

1. 编码必须具有唯一性

数据组的每一条记录必须是有一个特定的编码，不能出现一条记录对应两个及以上的编码。这一编码的目的就是用于识别在数据组中的这一特定的记录，便于数据的后期整理与电脑的分析工作。比如，当问到被调查者的年龄时，我们以唯一的编码"01"来表示其年龄为"18 岁以下"。

2. 编码必须具有排他性

每条记录的编码不应该有相互交叉的部分，而应相互独立。比如，以"1"表示英语成绩为"71～80 分"，以"2"表示"80～90 分"，如果成绩为"80 分"则会出现选择的问题。

3. 编码必须具有完备性

编码必须足够完备，能够完全反映数据记录的要求。比如，在反映被调查者的文化程度时，通常用"1～6"表示小学文化、中学文化、大专文化、大学本科文化、硕士研究生和博士研究生，如果缺少选项"6"，则就不能反映"博士研究生"文化程度的被调查者的情况。

（四）编码过程

编制编码手册是编码的首要工作，其目的在于知道编码过程及规定数字代码的意义，说明变量在数据文件中的位置。当时编码一般不需要独立的编码手册，因为它实际已被问卷本身包含了，一本当时编码的调查问卷的空白副本便是一本编码手册。但是，对于事后编码和包括许多无法完全预测答案的开放性问题时，在调查问卷上便无法标出所有的代码，就需要编制一本独立的编码手册了。

下面结合例子来说明编码过程及其中编码手册的编制。

例：X病患者调查问卷

问卷编号_____

1. 请问您的性别_____。

2. 请问您的年龄_____。

3. 请问您的职业_____。

 A. 工人或普通职员

 B. 教师或科研工作者

 C. 企业事业机关干部

 D. 军人

 E. 个体或私营业主

 F. 其他

4. 请问您平均每月收入是_____元。(包括工资、奖金、各种补贴及其他收入)

5. 您的X病有_____年了。

6. 请问您认为目前该病对您身体的影响_____。

 A. 非常小 B. 比较小 C. 一般 D. 比较大

 E. 非常大

7. 请问您主要使用_____治疗。

 A. 进口药 B. 国产药

8. 请问您每月用于购买治疗该病的药物的花费是_____元。

9. 如果以下甲、乙这两种药，您都使用过，请您分别给它们评分，分数共有5个等级，1分为最低，5分为最高(如果这两种药中有一种未使用过，则都填"0")。

 甲_____ 乙_____

为了叙述方便，该问卷是极其简略的，下面将基本以该例介绍编码手册的编制工作。需要指出的是，案例中的这些数据并非真实地反映了市场的特征，它只是一套虚拟的数据，其目的是让读者知道如何去处理它。

1. 编制编码手册

上面列出的九个数据可以分为两种类型：一是开放性问题(1、2、4、5、8、9题)；二是封闭式问题(3、6、7题)。

开放性问题必须进行后编码，其步骤是先将答案通阅一遍，进行概括、归纳，要注意穷尽性和互斥性原则，然后确定变量取值和编码值。比如，职业这个问题，在本问卷中，为了分析的方便，我们将它设计成一个封闭式问题，但在很多情况下，职业是一个非常复杂的问题，需要以开放式提问以获得较为完备的信息。在这种情况下，如果对完成的全部问卷进行通阅后，归纳出20多个类别，那么就需要用两位数码来代表职业，如规定工人是01，教师是02，军人是03，国家机关公务员是04，等等。

封闭性问题的代码分派是在调查前设计问卷时就指定好的,所以只是指派数字的问题。表7-1是该问卷的编码手册。

表7-1　　　　　　　　　　编码手册示例

栏位	问题	变量	内容说明
1~3	0	被调查者编号	研究人员确定每份问卷的编号
4	1	性别	0 男性　1 女性
5~6	2	年龄	被调查者的回答
7	3	职业	1 工人或普通职员 2 教师或科研工作者 3 企业事业机关干部 4 军人 5 个体或私营业主 6 其他
8~11	4	平均月收入	被调查者回答
12~13	5	病龄	被调查者的回答
14	6	对病的态度	1 非常小 2 比较小 3 一般 4 比较大 5 非常大
15	7	主要使用药物	1 进口药 2 国产药
16~19	8	月平均药物支出	被调查者的回答
20	9.1	对甲药的评价	被调查者的回答
21	9.2	对乙药的评价	被调查者的回答

从表7-1中可以看出编码手册包括四个主要栏目:

(1) 资料卡片上的,也是未来数据文件的数据栏位。如1~3位意味着资料卡片上每一个个案的1~3位的数字是被调查者编号的编码,这次调查了454人,因此留3栏位是刚好够了。各项目具体留多少栏位要考虑每一变量共有多少变量值,不超过9个留一位;

大于或等于10个,小于或等于99个留两位;依此类推,而月收入由于在0到9 999元之间,故留了4位。如果回答者的答案不满这么多位,则在前面补"0",即补齐总位数。

(2) 问题号码。编码手册上的问题号码和问卷或调查表上的题号是完全一致的。有了这个号码,可以清楚地知道编码手册上的某几类资料是关于调查表上哪一个问题的,出现错误时,便于迅速查找。

(3) 变量。指问卷中所要调查的问题或项目是什么。

(4) 编码的内容说明。这是指该问题或变量中各个数字的具体含义,即变量值实际意义的说明。如编码手册中的第6个问题:它规定了第6个问题调查被调查者目前患病对自己身体的影响的看法,在资料卡片上它占第14列,变量值"1"代表"非常小",变量值"2"代表"比较小",变量值"3"代表"一般",变量值"4"代表"比较大",变量值"5"代表"非常大"。如果在资料卡片第一行读到这样的数字103045206501242018032,这时可以根据编码手册转译过来,即第103号被调查者,男性,年龄为45岁,职业是教师或科研工作者,每月平均收入是650元,其患某病已有12年,认为目前病对自己的身体影响比较大,该被调查者主要使用国产药,他每月用于购买治疗该病的药物支出为180元,他给甲药的评价是3分,对乙药的评价是2分。而实际编码过程,便正是与之相反的过程,即将每一问卷资料换成一行数字代码。

2. 编制中需注意的方面

在编码过程中还需要考虑到给问卷中没有回答和无需回答的情况一个数字代码。

(1) 对问卷要求回答而未回答的情况。对问卷要求回答而未回答的情况,通常编码为9或99、999,分别针对所应占有的一个、两个或者多个栏位。本例中如一个被调查者未填写月收入,则相应编码为9999。

对问卷设计上允许的不予填答且不应填答的情况,即问卷中有时出现的跳答情况,一般习惯编为0、00、000等,例如:

① 您目前是否正在使用降脂类药物:_____。

A. 是   B. 否

② 答"是"的请回答:您目前主要使用的是:_____(限选一项)。

A. 美降之   B. 立平脂   C. 月贝苹油
D. 脉通   E. 绞股蓝总甙   F. 其他

③ 答"否"的请回答:_____(限选一项)。

A. 经济负担重,无钱购买   B. 适当体育锻炼,替代用药
C. 目前降脂类药物疗效差   D. 其他原因

对于该题的回答:① 如果选择了A,即目前正在使用降脂药物,则只需回答②问,而不能回答③问,即③问题在问卷上应是空白。假定某个被调查者在①问回答了A,在②问回答了E,则该大题的全部编码为"150"。而如果被调查者在①问回答了A,但在②问和

③问都未填答时,则编码应为"190"。②问和③虽然在问卷上都是空白,但含义是不同的,②问是被调查者处于自身原因不愿回答或忘了回答,它体现调查资料的缺失,而③问则是根据问卷逻辑不应回答的,不是资料的缺失。在具体编码过程中一定要注意这两者的区别,因为它们在统计分析中将具有不同的意义。

以上编码方法对大多数问题都是可行的,因为问卷中指派数字往往以1开始,而一般又不超过9,所有将"无需回答"编为8,"应回答而未回答"编为9,很方便。但对少数问题,8和9两者都是可能被"无需回答"和"应回答而未回答"的编码应该是在经验上绝对不会出现的数字(例如97,因为一个家庭拥有的自行车数目不会这么多)。

习惯上,用8、98、998、9998等表示"无需回答"的空白,而用9、99、999表示"应回答而未回答"的空白,而如果编码位置已经定好,但是实际的数字正好与"无需回答"和"应回答而未回答"的编码数字一样,需要用到数字7为结尾的号,比如,年龄,正好有人年龄是98,或者99,那么这个编码需要写97,代表97岁及以上,这是编制编码手册时需加以注意的。

(2) 对问卷中多选项的情况。在问卷中有时还会出现一些多选项,如下例:

例:在您使用降脂药过程中,您有过哪些不良反应_____(任选)。
　　A. 腹泻　　B. 呕吐　　C. 便秘　　D. 皮疹　　E. 恶心
　　F. 乏力　　G. 上腹不适　　H. 视力减退　　I. 其他

对于此类多选形式的问题,一般为分析方便,多采用"01"编码,即有多少个备选答案就准备多少个编码栏位,没选的答案编为"0",选了的编为"1"。如此题中,如果被调查者选择了A、B、E、H,则该题的全部编码为"1100100100",其中的"1"分别代表第一、第二、第五个答案及第八个答案。

(3) 对问卷中有小数的情况。有小数的数字编码,也需特别注意。对小数进行编码时,需要指定小数点的位置,即在所给的几个编码栏位中,小数部分占一位还是二位,如果所得资料不是规定位数则在后面补上"0"。如对某商品价格的编码,在问卷调查资料中通过开放性问题收集到如下一些数据,如15.5元、9.65元、11.25元、7.3元,对于该资料的编码,首先确定该数据应占栏位数,通过对全部资料通读后发现全部资料在5~20元之间,因此,两位数完全可表示全部资料中整数部分,再由于小数精确到了2位,这样4个栏位足够反映全部资料。因此,再编码手册中确定第3、第4位是小数,即小数点位于4个代码之间,而前后缺位的用0补齐,因而以上这几个资料分别编码为1550、0965、1125、0730等。

二、数据录入

编码手册编制好之后就可以按照编码手册将问卷资料依固定栏位、固定代码依次转译成数字即可,每一问卷转译成一个数字记录,即数据的录入。数据录入是指将信息从计算机不可识别的形式转换成计算机能够识别的形式的过程。一般情况下,对录入人员的要求是有一定的文化水平,能发现编码过程中一些明显的错误,能修改的加以修改,不能改动的报告研究人员。另外,更主要的是要求其细致耐心。而对录入人员的培训主要是让其掌握编码手册,因为他们的工作基本上是将资料与数字一一对应,对号入座,任务并不复杂,关键在于不出差错。在大型的市场调研项目中,由于数据的录入工作量很大,而且相当烦琐,所以在要求录入人员具有良好的基本素质和敬业精神以外,通常还需要借助于专业的数据录入软件进行数据的辅助录入工作。

(一) 数据的录入

大多数数据录入通过智能录入系统进行。智能数据录入是指经过编程的数据录入装置或与之相关的计算机对输入的信息进行逻辑检查。数据录入系统能通过编程避免在数据录入时出现某种类型的错误,比如,录入无效的或太广的编码等。

如调查表中的某一问题,它的 5 个有效答案对应的数字编码为 1~5,数据录入程序只允许输入人员在为这个问题所留的位置上输入编码 1~5 之内的错误(例如,本应输入"3"却错输入"2"),程序就无法识别了。

在选择具体数据录入方式时,可以采用一些特定的输入软件,也可以采用通用的数据库软件或专业的统计软件,如 EXCEL、SPSS、SAS 等。

(二) 数据清理

数据清理主要是尽可能处理错误的或不合理的数据,以及对数据进行一致性检查。虽然在调查资料的接收阶段已经对数据进行了初步检查,仍不能保证录入后的数据是"干净"无误的,为保证用于最后分析的数据质量,必须在数据录入后,运用相关统计软件对数据进行彻底清理净化。

数据清理对象主要是超出合理范围、存在逻辑性错误的数值以及一些极端值。超出合理范围的数值,即溢出值,必须给予校正。如对文化程度的选择范围是从 1~6 的 6 个数字,如果数据中出现任何小于 1 或者大于 6 的数据,则要么是编码的错误,要么是数据输入时的错误。数据中出现逻辑性错误的形式很多,如调查对象说他用电话卡打长途电话,但同时又说他没有电话卡;或者调查对象可能频繁地使用一个产品,同时认为自己对它不熟悉。发现不一致的数据时,还要同时明确必要的信息(如调查对象代码、变量代码、变量名、记录数、栏数)以便定位和进行更正。极端值并非都是错误的,但值得注意的是,有时过于明显的极端值可能反映数据本身所存在的问题。如对某项服务的满意度的极端低值可能是由于某个调查对象在每个问题上都选择 1(在一个从 1~7 的 7 级量表上)。对于此类问题的处理方法,通常可以采用以平均值来取代异常值,或者可以将该条数据进行缺失值处理。

通常用于数据清理的统计软件包括 SAS、SPSS、BMDP 等,这些软件具备的相关功能可以简单方便地寻找出错误的或不合理的数据。

(三) 缺失值的处理

在实际的数据库中通常会遇见缺失值,也就是对某个变量的取值不明。缺失值是统计人员和数据采集人员最不愿意见到的,但也是无法避免的。在大型的随机访问中,即使有着非常严格的质量控制,含有缺项、漏项的记录也可以非常容易地达到 10%。而在进行敏感问题调查时,缺失值问题就会更加突出。如问卷中涉及家庭收入、婚外伴侣等问题时,很多受访者都会以漏填来避免尴尬。

通常处理缺失值采取以下几种方法。

1. 用中性值代替缺失值

通常用某个变量取值的均值来代替缺失值。这样做不会改变其他变量,同时诸如相关分析等统计结果也不会受到太大影响。但是这种方法也存在一定的问题,比如,中性值不一定能够代表调查对象对这个问题的答案,实际答案很可能高于或低于中性值。

2. 用估计值代替缺失值

这种方法是指用调查对象对其他问题的回答估计出或计算出一个值来代替缺失值。研究人员可根据调查对象在其他问题上的答案,推测出其对缺失值问题的可能答案。这可以通过采用统计方法来确定问题中的变量与数据已知的变量之间的关系来推测。例如,产品使用量可能与家庭规模有关,可以根据调查对象的家庭规模推算出其产品使用量。然而,这种方法实行起来比较困难,而且可能受到调查人员主观偏见的影响。

3. 用整例删除法

整例删除就是将有缺失值的样本或问卷排除在分析之外,也就是将该问卷作废。由于很多问卷都可能存在缺失值,因此这种做法可能导致小样本。另外,丢弃大量数据也是不明智的,因为收集这些数据花费了巨大的时间和金钱,而且有缺失值的问卷很可能与完整的问卷存在总体上的差异,整例删除将严重影响分析结果。

4. 用结对删除法

在结对删除时,研究人员不是丢弃有缺失值的问卷,而是分别在每一步计算中采用有完整答案的问卷,因此,不同分析步骤采用的样本规模也会有所不同。这种方法适用于样本规模很大、缺失值很少,以及变量之间没有高度相关的情况。但是,这种方法可能产生不便使用的分析结果。

采用不同的处理缺失值的方法可能导致不同的分析结果,尤其是当缺失值并非随机出现,而且变量之间存在相关性时。因此,在调查中应尽量避免出现缺失值,研究人员在选择处理缺失值的方法之前也要谨慎考虑各种方法的利弊。

本章小结

调查资料的整理是产生与市场调查项目有关信息或得出结论的关键环节。调查资料的整理一般包括调查资料的接收、审查、编码、数据录入和统计预处理等五个步骤。调查资料的接收、审查、编码和数据录入是数据分析的前提,主要是要保证原始数据的真实性。

1. 做好调查资料的接收工作必须做到哪几点?
2. 对开放式问题进行编码,需要采用哪些步骤?
3. 对不合格问卷的处理通常有哪些方法?
4. 常用的数据录入方式有哪些?

为什么你喜欢喝 A 品牌的啤酒?回答答案统计表见表 7-2 及啤酒调查开放式问题回答的合并分类和编码见表 7-3。

表 7-2　　　　　　　　回答答案统计表

1	因为它口味较好	10	我已经喝了 20 多年了
2	它具有最好的味道	11	它是大多数同事喝的品牌
3	我喜欢它的口味	12	我的所有朋友都喝它
4	我不喜欢其他啤酒太重的口味	13	这是我妻子在食品店里常买的品牌
5	它最便宜	14	这是我妻子/丈夫最喜欢的品牌
6	我买任何打折的啤酒,它大部分时间都在打折	15	我没有想过
7	它不像其他牌子的啤酒那样使我的胃不舒服	16	不知道
8	其他牌子使我头痛,但这种不会	17	没有特殊的原因
9	我总是选择这个品牌		

表7-3　　　对表7-2中啤酒调查开放式问题回答的合并分类和编码

回答类别描述	表1中的回答	分配的数字编码
口味好/喜欢味道/比其他味道好	1,2,3,4	1
低/较低的价格	5,6	2
不会引起头疼、胃不适	7,8	3
长时间喝,习惯	9,10	4
朋友喝/受朋友影响	11,12	5
妻子/丈夫喜欢喝/买	13,14	6
不知道	15,16,17	7

问题

从本例中你有何启迪？你认为还需补充哪些事项,方能做好调查资料的整理工作？

第 8 章

调查数据的基本统计分析

 学习目的

1. 了解调查数据基本统计分析内容。
2. 掌握调查数据统计分组处理要领与方法。
3. 掌握对数据进行集中趋势、离中趋势的描述的基本指标。
4. 掌握数据分析中常用图表的运用技巧。

随着人们对信息的需求日益强烈,信息获取手段也不断多样化,如电视、报纸、杂志、网络、传单等,你每天都能接触到这些。然而,是不是所有的人对某种媒体都很感兴趣呢?新秦研究咨询进行了一项针对大众媒体接触习惯的调查。本部分仅从年龄方面分析了不同年龄段的人群在对电视和报纸这两种媒体的接触上存在的差异。

一、电视媒体接触频度和类型

大众平均看电视的时间为 2.23 小时,而在周末等休假日,大众平均每天看电视的时间为 3.15 小时。从年龄的差异上看,随着年龄的增长,被调查者平均每天看电视的时间在逐渐缩短。在平时,20~24 岁的年轻人平均每天看电视的时间约为 2.34 小时,而 45~49 岁的中年人,平均每天看电视的时间约为 2 小时。在周末,20~24 岁的人平均为 3.54 小时,而 45~49 岁的中年人平均为 3 小时。

新闻时事、综艺类节目、电视剧是被调查者看得最多的三种电视节目。在对不同类型电视节目的偏好上,不同年龄的人对此有较大差异。随着年龄的增加,被调查者对新闻时事类节目越来越感兴趣,而对综艺类节目的兴趣在减退。在20~24岁的年龄段,被调查者看得最多的是综艺类节目,而25~34岁的人群对新闻时事、综艺类节目、电视剧这三种类型的节目都比较感兴趣,年龄在35岁以上的人最感兴趣的是新闻时事。

二、你还看报纸吗

从调查的结果看,44.3%的人表示自己每天都会接触报纸,有29.7%的人每周接触报纸的频率至少在3次以上。这说明报纸每天都在影响着很多人。

从年龄上看,受网络影响最大的20~24岁的人群中,每天都接触报纸的人仅为30.3%。而45~49岁的人群中的这一比例为58.9%。可见报纸对45~49岁人群的影响比较大。

通过以上分析,我们可以了解:对于电视,年轻人比年龄大的人看的多。尽管被称为"第四媒体"的网络对电视、报纸等传统媒体的冲击比较大,但是报纸媒体有着网络媒体所无法拥有的优势,尤其对于喜欢阅读的人而言,读报纸已经成了每天的习惯。了解了消费者在日常媒体上的接触习惯,对企业进行广告的投放决策有很大帮助。

第一节 调查数据基本统计分析概述

市场调查所搜集到的资料是零碎的、分散的、不系统的,是反映个体特征的,还不能反映总体的综合数量特征和事物的规律性。只有通过统计分析去伪存真、去粗存精,将分散零碎的个体资料进行归纳和概括,才能得到系统的、反映总体数量特征和规律性的统计资料,才能反映和认识总体,并进一步发现某些变量之间的联系。

一、基本统计分析的内容

基本统计分析主要是从统计方法上说的,统计方法已被应用到自然科学和社会科学的众多领域,统计学也发展成为由若干分支学科组成的学科体系。从统计方法的构成来看,统计学可以分为描述统计学和推断统计学。

描述统计学研究如何取得反映客观现象的数据,并通过图表形式对所收集的数据进行加工处理和显示,进而通过综合概括与分析得出反映客观现象的规律性数量特征。其内容包括统计数据的收集方法、数据的加工处理方法、数据的显示方法、数据分布特征的概括与分析方法等。

推断统计学则是研究如何根据样本数据去推断总体数量特征的方法,它是在对样本数据进行描述的基础上,对统计总体的未知数量特征做出以概率形式表述的推断。

基本统计分析以描述性分析方法为主,主要包括:根据需要对数据进行分组,用频数展示数据、描述和测度数据的分布特征(集中趋势、离散程度、偏度和峰度)以及用图表对数据进行显示等。

二、基本统计分析的作用

基本统计分析在探索客观现象数量规律性中占有重要地位。统计分析过程的起点是调研数据,终点是探索出客观现象内在的数量规律性。在这一过程中,如果搜集到的是总体数据(普查数据),则经过描述统计之后就可以达到认识总体数量规律性的目的了;如果所获得的只是研究总体的一部分数据(样本数据),要找到总体的数量规律性,则必须应用概率论的理论并根据样本信息对总体进行科学的推断。

由于在对现实问题的研究中,所获得的数据主要是样本数据,因此,推断统计在现代统计学中地位和作用越来越重要,已成为统计学的核心内容。当然,这并不等于说基本统计分析不重要,前期基本统计分析的统计数据能提供有效的样本信息,让我们对样本信息有总体的把握和认识,并且认识到其中一些关键变量之间的关系规律。例如,[引例]的案例中,我们可以了解到人们平均看电视的时间以及看报纸的人的比重等问题。同时,基本统计分析是进一步做复杂统计分析的基础。

三、标志和指标

统计标志和统计指标是统计里面两个基本的概念,它在统计分析中经常提到。

(一)统计标志

统计标志简称标志,是指统计总体各单位所具有的共同特征的名称。从不同角度考察,每个总体单位可以有许多特征。如每个职工可以有性别、年龄、民族、工种等特征,这些都是职工的标志。

标志表现是标志特征在各单位的具体体现。职工的性别是"女",年龄为32岁,民族为汉族等,这里"女"、"32岁"、"汉族"就是性别、年龄、民族的具体体现,即标志表现。

标志按其性质可以分为品质标志和数量标志。品质标志表示事物的质的特性,是不能用数值表示的,如职工的性别、民族、工种等。数量标志表示事物的量的特性,是可以用数值表示的,如职工年龄、工资、工龄等。品质标志主要用于分组,将性质不相同的总体单位划分开来,便于计算各组的总体单位数,计算结构和比例指标。数量标志既可用于分组,也可用于计算标志总量。

(二) 统计指标

对统计指标的含义,一般有两种理解和两种使用方法：其一,统计指标是指反映总体现象数量特征的概念。例如,人口数、商品销售额、劳动生产率等。其二,统计指标是反映总体现象数量特征的概念和具体数值。例如,2001年我国国内生产总值为95 533亿元。这个概念含义中包括了指标数值。按照这种理解,统计指标除了包括上述三个构成要素外,还包括时间限制、空间限制、指标数值。这是统计实际工作中经常使用的统计指标的含义。因此,统计指标包括六个具体的构成因素。

一般认为,对统计指标的这两种理解都是成立的。在做一般性统计设计时,只能设计统计指标的名称、内容、口径、计量单位和方法,这是不包括数值的统计指标。然后经过搜集资料、汇总整理、加工计算可以得到统计指标的具体数值,用来说明总体现象的实际数量状况及其发展变化的情况。从不包括数值的统计指标到包括数值的统计指标,在一定意义上反映了统计工作的过程。

(三) 标志与指标的区别和联系

1. 两者的区别

(1) 标志是说明总体单位特征的；指标是说明总体特征的。例如,一个工人的工资是数量标志,全体工人的工资总额是统计指标。

(2) 标志有用文字表示的品质标志和用数值表示的数量标志；指标则都是用数值表示的,没有不能用数值表示的指标。

2. 两者的联系

(1) 统计指标的数值多是由总体单位的数量标志值综合汇总而来的。例如,工资总额是各个职工的工资之和；工业总产值是各个工业企业的工业总产值之和。由于指标与标志的这种综合汇总关系,有些统计指标的名称与标志是一样的,如上例中的工业总产值。

(2) 标志与指标之间存在着变换关系。如果由于统计研究目的的变化,原来的统计总体变成总体单位了,则相对应的统计指标也就变成了数量标志；反过来,如果原来的总体单位变成总体了,则相对应的数量标志也就变成了统计指标。

▶ 四、统计分组

统计分组既是统计认识问题的一种基本方法,又是统计分析前期的准备工作,因此它在整个统计分析过程中具有十分重要的意义和作用。

（一）统计分组概述

统计分组就是根据统计研究问题的目的和问题本身的特点，按照一个或几个标志把统计总体区分为性质不同的若干个组成部分的一种统计方法。对于调研总体，有些单位具有这种特点，而另一些单位则具有那种特点，这些特点有的表现为量的差异，有的表现为质的差异。统计分组就是要把那些表现为质的差异的单位区分开，把具有同一性质的单位合并在一起，体现出组内单位的同质性和组间单位的差异性，以便反映出现象的本质特征，并为进一步运用各种统计分析方法，研究总体的数量表现和数量关系打下基础。

因此，统计分组同时具有以下特点：对总体而言，它是"分"的过程，即将总体区分为性质不同的若干个组成部分；对总体单位而言，它是"合"的过程，即把性质相同的单位组合在一起形成各个组；对分组标志而言，按分组标志将不同的标志表现分为若干组，它突出了总体在各组的差异；对其他标志而言，同组内各单位的其他标志表现可能并不相同，分组把这些单位结合在一起又掩盖了总体在这些标志下的差异。

进行统计分组，关键的问题就是正确选择分组标志。分组标志一经选出，统计分组必将突出总体各单位在该标志下的差异，而忽略各单位在其他方面的差异，这时，在同一组内的总体单位具有相同的性质，不同组间的总体单位则具有相异的性质。

（二）统计分组主要作用

1. 区分研究总体的性质和不同类型

将研究总体区分为性质不同的若干类型，这是统计分组的根本作用。统计分组是使认识深化的必要前提。例如，研究消费者网上购物偏好，不同年龄可能对网上购物的偏好不同，这是我们可以根据年龄把研究总体分为：青年、中年、老年等。

2. 研究总体的内部结构

统计分组是研究总体内部结构的前提条件。总体内部结构是指总体内各部分占总体的比重。在研究结构问题时，必先研究分组问题，分组和结构是一个问题的两个方面，没有分组也就无所谓结构。因此，统计分组对研究结构问题十分重要。

（三）统计分组的种类

统计分组是通过选择分组标志进行的，标志有两种，即品质标志和数量标志，因此，统计分组也分为两种情况：品质标志分组和数量标志分组。

按品质标志分组就是选择反映社会经济现象属性差异的品质标志作为分组标志，并在品质标志的变异范围内划定各组之间的界限，从而将总体划分为性质不同的若干个组成部分。

按数量标志分组就是选择反映社会经济现象数量差异的数量标志作为分组标志,并在数量标志的变异范围内划定各组之间的数量界限,从而将总体划分为性质不同的若干个组成部分。

根据分组时所选择分组标志的多少不同,统计分组又可分为简单分组和复合分组。

简单分组是指对统计总体仅按一个标志进行的统计分组。若同时按两个或两个以上的标志对同一总体分别进行简单分组就可得到多个简单分组,形成了平行分组体系。表8-1是对某班学生按性别和市场调研课考分两个标志分别进行的简单分组和所形成的平行分组体系。

表 8-1　　　　　　　　　某班学生分组表

按性别分	人数(人)	按考试成绩分组(分)	人数(人)
男	60	60 分以下	5
女	40	60~70	30
		70~80	35
		80~90	20
		90 分及以上	10

复合分组是指对同一总体采用两个或两个以上的分组标志重叠起来进行的统计分组。复合分组会自动形成一种体系,即复合分组体系,如表8-2所示。

表 8-2　　　　　　某班学生按性别和考试成绩的复合分组表

按性别、考分分组	人数(人)	按性别、考分分组	人数(人)
男生	60	女生	40
60 分以下	4	60 分以下	1
60~70	20	60~70	10
70~80	18	70~80	17
80~90	12	80~90	8
90 分及以上	6	90 分及以上	4

在进行复合分组时,分组标志重叠的层次一般不能太多,否则就会喧宾夺主,显得杂乱无章,失去分组的意义。并且复合分组是要考虑,哪个是第一分组变量,哪个是第二分组变量,如本例中,性别是第一分组变量,首先按性别分组,然后再按成绩分组,成绩就是第二分组变量。

(四) 分组标志的选择

分组标志是对总体进行分组的依据,分组标志一经选定,必将突出总体单位在此标志下的差异,而将总体单位在其他标志下的差异掩盖起来。因此,如何正确选择分组标志,就成为统计分组时的一个重要的问题。

分组标志的选择,一般应遵循以下原则。

1. 应根据研究问题的目的和任务选择分组标志

每一总体都可以按照许多个标志来进行分组,具体按什么标志分组,主要取决于统计研究的目的和任务。如研究不同年龄消费者的消费偏好时,就应该按"年龄"分组;研究不同性别的大学生就业情况时,就应该按照性别进行分组等。

2. 在若干个同类标志中,应选择能反映问题本质的标志进行分组

有时可能有几个标志似乎都可以达到同一研究目的,在这种情况下,应该进行深入的分析,选择主要的、能反映问题本质的标志进行分组。

3. 结合所研究现象所处的具体历史条件,采用具体问题具体分析的方法来选择分组标志

如有的标志在当时能反映问题的本质,但后来由于社会经济的发展变化,可能已经时过境迁,此时,进行统计分组就要选择新的分组标志来进行分组。

(五) 统计分组的方法

统计分组的关键问题,是要解决如何选择分组标志和怎样划分各组之间的界限问题。选择分组标志,就是要确定将统计总体区分为若干个性质不同的组的标准或依据。统计总体往往有多个方面的标志,标志选择不当,分组结果就不可能正确反映总体的性质和特征。对同一个统计资料若用不同的标志分组,往往会得出不同的甚至相反的结果。划分各组界限,就是要在分组标志的变异范围内,划定各相邻组之间的性质界限和数量界限。因此,在进行统计分组时,选择分组标志和划分各组界限都必须认真研究,并应注意以下问题:

分组标志有品质标志和数量标志两种。品质标志下包含着各种不同的变异,其性质的差异比较明确,区分也较容易,因而根据变异的性质不同来划分各组界限并不困难,一般情况下,分组标志一旦确定,组的名称和组数也随之确定。

数量标志所反映的是事物特定内容的数量特征,不是抽象的数量特征。数量标志下的变异表现为许多数量不等的变量值,它们能准确地反映现象数量上的差异,却不一定能明确地反映现象性质上的区别。因而根据变量值的大小来划分性质不同的各组间数量界限就不十分容易了。事物性质的区分也可以通过事物数量的差异来表现,关键是必须知道何处是决定事物性质的数量界限。找到了这些数量界限,也就不难在数量标志下将总体划分为性质不同的各个组。因此,应当根据统计分组的原则,先研究确定总

体在已选定的数量标志下有多少种性质不同的组成部分,然后再确定各组成部分之间的数量界限。

在进行统计整理时,根据统计研究的目的不同,有时采用品质标志分组,有时采用数量标志分组。其中品质标志分组一般比较简单,所以下面重点介绍数量标志分组的方法。

数量标志分组可分为单项变量分组和组距变量分组。单项变量分组,指变量分组中每个组只用一个变量值表示。一般在分组的数量标志是离散变量且变量值的变动范围不是太大的情况下使用。下面重点介绍组距变量分组。

(六) 组距变量分组方法

组距变量分组是指变量分组中每个组是用一段变量值区间来表示的分组。组距变量分组使用于按连续变量分组或变量值的变动范围较大的离散变量分组的情况。组距数列又可细分为等距分组和异距分组两种,下面将主要介绍等距分组的方法和步骤。

【例 8-1】 某 MP3 公司有 50 名销售人员,月销售额(单位:个)如表 8-3 所示。

表 8-3 某 MP3 公司销售人员月销售额表

117	122	124	129	139	107	117	130	122	125
108	131	125	117	122	133	126	122	118	108
110	118	123	126	133	134	127	123	118	112
112	134	127	123	119	113	120	123	127	135
137	114	120	128	124	115	139	128	124	121

先采用单变量值对数据进行分组。为便于分组,可先对上面的数据进行排序,结果如表 8-4 所示。

表 8-4 某 MP3 公司销售人员排序后月销售额表

107	108	108	110	112	112	113	114	115	117
117	117	118	118	118	119	120	120	121	122
122	122	122	123	123	123	123	124	124	124
125	125	126	126	127	127	127	128	128	129
130	131	133	133	134	134	135	137	139	139

采用单变量值分组形成的频数分布表如表 8-5 所示。

表8-5　　　　　　　　　　某MP3公司销售人员月销售额频数表

销售数(个)	频数(人)	销售数(个)	频数(人)	销售数(个)	频数(人)
107	1	119	1	128	2
108	2	120	2	129	1
110	1	121	1	130	1
112	2	122	4	131	1
113	1	123	4	133	2
114	1	124	3	134	2
115	1	125	2	135	1
117	3	126	2	137	1
118	3	127	3	139	2

从表8-5可以看出,在数据较多的情况下,单变量值分组由于组数较多,不便于观察数据分布的特征和规律,而且对于连续变量无法采用这种分组方法。

在连续变量或变量值较多的情况下,可采用组距变量分组,它是将全部变量值依次划分为若干个区间,并将这一区间的变量值作为一组。在组距变量分组中,一个组的最小值称为下限,最大值称为上限。采用组距变量分组需要经过以下几个步骤:

第一步,确定组数。

一组数据分多少个组合适呢?这一般与数据本身的特点及数据的多少有关。由于分组目的之一是为了观察数据分布的特征,因此组数的多少应适中。若组数太少,数据的分布就会过于集中;而组数太多,数据的分布就会过于分散,这都不便于观察数据分布的特征和规律。组数的确定应以能够显示数据的分布特征和规律为目的。在实际分组时,可以按Sturges提出的经验公式来确定组数K:

$$K = 1 + \frac{\lg n}{\lg 2}$$

式中　n——数据的个数,对结果用四舍五入的办法取整数即为组数。

例如,对[例8-1]中的数据有:$K=1+\lg 50 \div \lg 2 \approx 7$,即应分为7个组。当然,这只是一个经验公式,实际应用时,可根据数据的多少和特点及分析的要求,参考这一标准灵活确定组数。

第二步,确定各组的组距。

组距是一个组的上限与下限之差,可根据全部数据的最大值和最小值及所分的组数来确定,即组距=(最大值-最小值)÷组数。例如,对于[例8-1]的数据,最大值为139,最小值为107,则组距=(139-107)÷7=4.6。为便于计算,组距宜取5或10的倍数,而且第一组的下限应低于最小变量值,最后一组的上限应高于最大变量值,因此组距可取5。

第三步,根据分组整理成频数分布表。

比如,对上面的数据进行分组,可得到下面的频数分布表如表8-6所示。

表8-6　　　　　　　某MP3公司销售人员月销售额分组表

按销售数分组(个)	频数(人)	频率(%)
105~110	3	6
110~115	5	10
115~120	8	16
120~125	14	28
125~130	10	20
130~135	6	12
135~140	4	8
合　计	50	100

采用组距变量分组时,一定要遵循"不重不漏"的原则。"不重"是指一项数据只能分在其中的某一组,不能在其他组中重复出现;"不漏"是指在所分的全部组别中每项数据都能分在其中的某一组,不能遗漏。

为解决"不重"的问题,统计分组时习惯上规定"上组限不在内",即当相邻两组的上下限重叠时,恰好等于某一组上限的变量值不算在本组内,而算在下一组内。例如,在表8-6的分组中,120这一数值不计算在"115~120"这一组内,而计算在"120~125"组中,其余类推。当然,对于离散变量可以采用相邻两组组限间断的办法解决"不重"的问题。例如,可对[例8-1]的数据做如下的分组,见表8-7。

表8-7　　　　　　　某MP3公司销售人员月销售额分组表

按销售数分组(个)	频数(人)	频率(%)
105~109	3	6
110~114	5	10
115~119	8	16
120~124	14	28
125~129	10	20
130~134	6	12
135~139	4	8
合　计	50	100

对于连续变量,可以采取相邻两组组限重叠的方法,根据"上组限不在内"的规定解决"不重"的问题,也可以对一个组的上限值采用小数点的形式,小数点的位数根据所要求的精度具体确定。例如,对零件尺寸可以分组为 10~11.99、12~12.99、14~15.99,等等。

在组距变量分组中,如果全部数据中的最大值和最小值与其他数据相差悬殊,为避免出现空白组(即没有变量值的组)或个别极端值被漏掉,第一组和最后一组可以采用"××以下"及"××以上"这样的开口组,以解决"不漏"问题。例如,在[例 8-1]的 50 个数据中,假定将最小值改为 94,最大值改为 160,采用上面的分组就会出现"空白组",这时可采用开口组如表 8-8 所示。

表 8-8　　　　　某 MP3 公司 50 名销售人员月销售额分组表

按销售数分组(个)	频数(人)	频率(%)
110 以下	3	6
110~115	5	10
115~120	8	16
120~125	14	28
125~130	10	20
130~135	6	12
135 以上	4	8
合　　计	50	100

在组距变量分组时,如果各组的组距相等则称为等距分组,如上面的几种分组就是等距分组。有时,对于某些特殊现象或为了特定研究的需要,各组的组距也可以是不相等的,称为不等距分组。比如,对人口年龄的分组,可根据人口成长的生理特点分成 0~6 岁(婴幼儿组)、7~17 岁(少年儿童组)、18~59 岁(中青年组)、60 岁以上(老年组)等。

第二节　调查数据的描述性分析

经过数据的分组后,根据调研目标还要对调查数据的分布形态和特征来进行描述,这主要是通过计算各种指标来实现的。通过计算将反映个体特征的标志转换为指标,来显示总体内部结构和各种综合数量特征。统计指标种类繁多,算法各异,这里主要介绍在调研中常用的几种统计指标的计算方法。

一、频数和频率

在统计分组的基础上,将总体的所有单位按组归类整理,计算各组的单位数,就形成了说明总体单位总数在各组分配情况的频数分布。其中,落在某一特定类别(或组)中的数据个数叫次数或频数;各组次数与总次数之比叫频率。

频数表示了各组标志值的多少,频数越大,说明该组标志值对于总体标志水平所起作用越大;反之,频数越小,说明该组标志值对于总体所起的作用越小。

把各个类别及落在其中的相应的频数全部列出来,并用表格形式表示出来叫做频数分布。频数分布是统计描述和统计分析的一种重要方法。它可以表明总体的分布特征、结构情况等,并可据此研究总体某一标志的平均水平及其变动的规律性等。根据分组标志的特征不同,分布数列可以分为品质分布数列和变量分布数列两种类型。

对某总体按品质标志分组所形成的分布数列称为品质数列。如某公司调查顾客的满意度,被调查者按性别分组,可编制如下的品质分布数列,见表8-9。

对某总体按数量标志分组所形成的分布数列称为变量数列。如某公司产品种类比较多,为了分析每种产品的销售情况,按销售额分组,可编成如下的变量数列,见表8-10。

表8-9　某公司顾客满意度调查中性别分组表

性别	人数(人)	比重(%)
男	240	40
女	360	60
合计	600	100

表8-10　某公司产品销量分组表

销售额(万元)	人数(人)
120以下	5
120～130	6
130～140	10
140～150	8
150及以上	6
合计	35

由上述例子可以看出无论是品质数列还是变量数列,都由两个要素构成:组的名称(即组别)和各组的单位数(即频数)。

二、集中趋势测量——平均指标

通过统计调查我们占有了大量的原始数据,如果不进行任何处理,就不能达到对总体的了解和认识。而经过分组,虽然能够反映总体的空间分布或时间分布状况,但仍然过于具体,难以准确地说明总体的一般特征,同时,也不便于不同总体之间的比较。为此,需要运用一定的方法,对总体各单位某一数量方面存在的差异加以概括和抽象,这种方法就是平均数法。

(一)平均指标的概念

以原始数据或统计数列为基础数据,从中抽象出一个指标数值,作为整个数据或统计数列的代表,这个指标数值就是平均指标。

从概念上讲,平均指标是在同质总体内,运用一定的方法将总体各单位在某一标志下的数量差异抽象化,以反映总体在一定时间、地点和条件下所达到的一般水平的统计指标,也称统计均值或平均数。例如,一个国家或地区总人口的平均年龄、职工的平均工资、粮食的平均亩产量等指标,分别代表了各自所反映的总体现象的一般水平。

平均指标能够代表总体各单位在某一数量标志下的一般水平,而总体中的个别数值、总量指标或相对指标都达不到这个目的。这是因为,个别数值在量上存在个体差异,而总量指标的大小受总体单位数多少的影响。例如,不能用企业某个职工的工资水平代表该企业全体职工的工资水平,也不能用该企业职工的工资总额代表全体职工的工资水平。当然,平均指标的存在离不开总体中各单位的变量值,平均指标正是通过对总体中所有个别数值的抽象、概括而得到的,没有个体的数值,就不会有平均数。

(二)平均指标的作用

平均指标在统计研究和其他实际工作中有着广泛的用途。

1. 平均指标可以反映数据分布一般水平

对于大多数统计总体来说,其总体单位某一标志的数值分布是以其平均数为中心的,靠近平均数的标志值出现的次数较多,所占比重较大,远离平均数的标志值出现的次数较少,所占比重较小。因此,平均数是反映统计总体各单位标志值集中趋势的统计特征值,它反映了总体各单位标志值的一般水平。如某班大学生每周上网情况调查如表 8-11 所示。

表 8-11　　　　　　某班大学生每周上网次数调查表

上网次数(次)	被调查者(人)	上网次数(次)	被调查者(人)
不上网	2	5	5
1	4	6	4
2	6	7	8
3	12		
4	3	合　计	44

从表 8-11 可以看出该班学生上网人数中,上 3 次的人比较多,有 12 人。反映了该班上网人数的集中趋势,是该班同学上网次数分布的一个统计特征值。

2. 平均指标可以用来对比不同总体的一般水平

利用集中趋势指标可以对同类现象在不同空间、不同时间上进行比较,以反映其水平的高低、效益的好坏、质量的优劣等。如 2002 年和 2003 年我国职工平均工资资料如表 8-12 所示。

表 8-12　　　　我国 2002 年和 2003 年分行业的职工平均工资表　　　　单位:元

行　　　　业	2002 年	2003 年
1. 农、林、牧、渔业	5 744	6 398
2. 采掘业	9 586	11 017
3. 制造业	9 774	11 001
4. 电力、燃气及水的生产和供应业	14 590	16 440
5. 建筑业	9 484	10 279
6. 地质勘察业和水利管理业	10 957	12 303
7. 交通运输、仓储和邮电通讯业	14 167	16 044
8. 批发、零售和餐饮业	8 192	9 389
9. 金融和保险业	16 277	19 135
10. 房地产业	14 096	15 501
11. 社会服务业	11 869	13 499
12. 卫生体育和社会福利业	12 933	14 975
13. 教育文化艺术和广播电影电视业	11 452	13 290
14. 科学研究和综合技术服务业	16 437	19 113
15. 国家机关、政党机关和社会团体	12 142	13 975
16. 其他	12 590	14 215

资料来源:《2004 年中国统计年鉴》。

通过表中的数字,我们能够观察到按国民经济行业分组的我国职工在不同年份的工资水平及其差异。

3. 利用平均指标可以分析现象之间的依存关系

在统计分组的基础上,结合集中趋势指标可以观察现象之间相互依存、相互制约的关系。如企业生产规模的大小与劳动生产率高低之间的依存关系、农作物的施肥量与收获率之间的依存关系、职工平均工资与生活费支出之间的依存关系等,都可以利用集中趋势指标来研究。如 2005 年一季度某市工业企业职工平均工资与劳动生产率资料如表 8-13 所示。

表 8-13　　　　2005 年一季度某市工业企业职工工资与劳动生产率关系表

按劳动生产率分组(元)	平均工资(元)	按劳动生产率分组(元)	平均工资(元)
3 000 元以下	2 662	10 000～15 000	6 032
3 000～5 000	3 753	15 000～20 000	6 885
5 000～7 000	4 620	20 000 元及以上	7 110
7 000～10 000	5 281		

通过观察可以发现该市工业企业职工的平均工资与劳动生产率之间存在较为密切的依存关系，即劳动生产率水平的高低影响职工工资水平的高低。

(三) 平均指标的种类

平均指标从其计算方法上看，可分为数值平均数和位置平均数。数值平均数是根据统计分布数列中所有单位的变量值计算出来的，包括算术平均数、调和平均数、几何平均数等；位置平均数则是根据变量值在统计分布数列中所处的特殊位置确定的，包括中位数和众数等。

虽然各种平均数均反映事物在一定时间、地点和条件下所达到的一般水平，但其计算方法、指标的含义、代表性大小和应用的场合却不尽相同，因此，了解并掌握各种平均数的性质特点以及它们之间的关系是十分必要的。

(四) 平均指标的计算和分析

根据统计数据类型的不同，需要采用不同的集中趋势指标。低层次的测量数据的集中趋势指标使用于高层次的测量数据；反过来，高层次测量数据的集中趋势指标并不使用于低层次测量数据。因此，在实际中选用哪一个集中趋势指标，要根据所掌握的数据类型和特点来确定。我们将按统计数据的不同类型，从低级到高级依次介绍所用到的指标。

1. 众数

众数是指变量数列中出现次数最多的变量值，由于它出现次数最多，所以是最普遍的，从而可以作为各变量值的代表，说明现象的一般水平。

众数是通过变量值发生次数的多少来确定的，它主要适用于测度分类数据的集中趋势，当然也适用于顺序数据和数值型数据的集中趋势的测度。一般情况下，数据太少时，不宜用众数。例如，某大学今年共录取 3 290 名学生，其年龄分布资料如

表 8-14 所示。

表 8-14　　　　　　　　　　　新生按年龄汇总表

按年龄分组（岁）	人数（人）	按年龄分组（岁）	人数（人）
16	84	21	165
17	735	22	118
18	1 195	23	65
19	553		
20	375	合　计	3 290

由表 8-14 可知，18 岁年龄组的学生人数最多，达 1 195 人，因此众数为 18，据此，也可以说该大学今年录取学生的普遍年龄为 18 岁。

众数是一个位置代表值，它不受数据中极端值的影响。从分布角度看，众数是具有明显集中趋势的点的数值，一组数据分布的最高点对应的数值即为众数。当然，如果数据的分布没有明显的高峰点，众数可能不存在；如果有两个或多个最高峰点，也可以有两个或多个众数。众数也有缺点，就是缺乏敏感性，这是由于众数的计算只利用了众数组的数据信息，不像数值平均数那样利用了全部数据信息。

2. 中位数

将总体各单位的变量值按大小顺序进行排列，处于中间位置的变量值就是中位数。因为位置居中，所以中位数把总体中的全部变量值分成相等的两部分，一半变量值小于它，一半变量值大于它。由于中位数的数值不大也不小，所以，在许多场合它能够作为总体或变量数列的代表，反映现象的一般水平。中位数主要应用于测度顺序数据的集中趋势，当然也适用于作为数值型数据的集中趋势指标，但不适用于分类数据。

在数列中出现了极端变量值的情况下，用中位数作为代表值要比用算术平均数更好，因为中位数不受极端变量值的影响；如果研究目的就是为了反映中间水平，当然也应该用中位数。在统计数据的处理和分析时，可结合使用中位数。

3. 平均数

从总体各单位变量值中抽象出具有一般水平的量，这个量不是各个单位的具体变量值，但又要反映总体各单位的一般水平，这种数称为平均数。平均数一般应用于数值型数据，不适用于分类数据、顺序数据。例如，某制鞋厂要了解消费者最需要哪种型号的男皮鞋，调查了某百货商场某季度男皮鞋的销售情况，得到资料如表 8-15 所示。

表 8-15　　　　　　　　　　某商场某季度男皮鞋销售情况

男皮鞋号码/厘米	销售量/双	男皮鞋号码/厘米	销售量/双
24.0	12	26.0	320
24.5	84	26.5	104
25.0	118	27.0	52
25.5	541	合　　计	1 200

从表 8-15 可以看到，25.5 厘米的鞋号销售量最多，如果我们计算算术平均数，则平均号码为 25.65 厘米，而这个号码显然是没有实际意义的，而直接用 25.5 厘米作为顾客对男皮鞋所需尺寸的集中趋势既便捷又符合实际。

平均数有算术平均数、调和平均数、几何平均数等形式。

4. 算术平均数和众数、中位数的关系

从次数分布的角度看，中位数是变量数列中处于中间位置的变量值；众数是数列中出现次数最多的变量值，是数据实际的集中点；算术平均数是对数列中的所有变量值加总后进而计算得到的。

众数、中位数和算术平均数各自具有不同的特点，掌握它们之间的关系和各自的特点，有助于我们在实际应用中选择合理的测度值来描述数据的集中趋势。

众数是一种位置代表值，易理解，不受极端值的影响。任何类型的数据资料都可以计算，但主要适合于作为定类数据的集中趋势测度值。众数不适于进一步代数运算；有的资料众数根本不存在；当资料中包括多个众数时，很难对它进行比较和说明，应用不如算术平均数广泛。

中位数也是一种位置代表值，不受极端值的影响；除了数值型数据，定序数据也可以计算，而且主要适合于作为定序数据的集中趋势测度值。中位数不适于进一步代数运算，应用不如算术平均数广泛。

算术平均数的含义通俗易懂，直观清晰；全部数据都要参加运算，因此它是一个可靠的具有代表性的量；任何一组数据都有一个平均数，而且只有一个平均数；用统计方法推断几个样本是否取自同一总体时，必须使用算术平均数；具有优良的数学性质，适合于代数方法的演算。算术平均数是实际中应用最广泛的集中趋势测度值，主要适合于作为定距和定比数据的集中趋势测度值；最容易受极端值的影响；对于偏态分布的数据，算术平均数的代表性较差。

所以，在实际应用时需要根据不同的数据测量水平和研究目的来选择使用哪一种测量指标。

三、离散程度的测量——标志变异指标

集中趋势只是数据分布的一个特征,它所反映的是个变量值向中心值聚集的程度。而各变量值之间的差异状况如何呢？这就需要考察数据的分散程度。数据分布的离散程度是数据分布的另外一个重要的特征,它所反映的是个变量值远离中心值的程度,因此也称离中趋势。集中趋势是对各测量值的概括性度量,它对一组数据的代表程度,取决于该组数据的离散水平。数据的离散程度越大,集中趋势的测度值对该组数据的代表性就越差;离散程度越小,其代表性就越好。而离中趋势的各测度值就是对数据离散程度所作的描述。

(一) 标志变异指标的概念

标志变异指标是反映总体各单位变量值分布特征的另一个重要的综合指标,它反映着总体各单位变量值的差异程度,亦即反映分配数列中以平均数为中心的各变量值变动的范围或离差程度,所以又称其为标志变动度。

(二) 标志变异指标的作用

1. 标志变异指标作为总体分布的特征值之一,它具体反映了变量的离中趋势

在对一个总体的分布特征进行描述时,主要是从集中趋势、离散程度和分布形态三个方面进行的。集中趋势反映的是总体各变量值向其中心值聚集的情形,而标志变异指标则反映了总体各变量值远离其中心值的程度。平均指标和变异指标结合才能对总体分布特征作出全面和正确的描述。

2. 标志变异指标,可以衡量平均数的代表性高低

平均数的代表性取决于总体各单位变量值分布的差异程度,而标志变异指标正是测定这种差异程度的。因此,通过标志变异指标可以说明平均数的代表性。一般地,标志变异指标的数值越大,平均数的代表性越低;反之,标志变异指标的数值越小,平均数的代表性越高。

如三组人的实有年龄资料如下:

第一组: 40, 40, 40, 40, 40。
第二组: 30, 35, 40, 45, 50。
第三组: 0, 20, 40, 60, 80。

不难看出,这三组人的平均年龄都是 40 岁,虽然平均数相等,但各组年龄的变异程度是不同的。第一组各变量值之间没有差异,用平均数代表整个数列不会出现偏差;第二组各变量值之间有差异但比较接近,用平均数代表整个数列偏差较小;第三组各变量值之间相差悬殊,用平均数代表整个数列效果很差。

3. 标志变异指标可以反映研究现象变动的稳定性和均衡性

在人们对社会经济现象变动过程进行观察时,可以通过计算平均指标了解现象发展、变

动的一般水平,同时还可以通过计算标志变异指标以了解现象发展、变动过程的稳定性和均衡性。如果标志变异指标数值比较小,说明现象发展、变动过程比较稳定均衡,节奏性比较好;如果标志变异指标数值比较大,说明现象发展、变动过程不太均衡、不太稳定,节奏性比较差。

(三) 标志变异指标的计算

描述数据离散程度采用的测量指标,根据数据类型不同主要有异众比率、四分位差、方差和标准差以及标志变异系数等。我们在此主要介绍方差、标准差以及标志变异系数。

1. 标准差和方差

标准差又称均方根差,它是总体中各单位变量值与其算术平均数离差平方的平均数的平方根,通常用 σ 表示。

标准差是各项离差的平均数,但在数学处理上,标准差是采用平方的方法来避免正负离差相互抵消的。

标准差的平方称为方差,通常用 σ^2 表示。

根据所掌握的资料不同,标准差和方差的计算公式也有简单式和加权式两种形式。

(1) 简单平均式。如果所掌握的资料未经过分组,需要采用简单平均公式计算标准差和方差。其计算公式为:

$$\sigma = \sqrt{\frac{\sum(X-\overline{X})^2}{N}}$$

$$\sigma^2 = \frac{\sum(X-\overline{X})^2}{N}$$

【例 8-2】 两个小组的考试分数分别为:第一组:50、70、80、90、95 分,第二组:70、72、75、83、85 分。计算两个小组平均考试成绩的标准差和方差。

表 8-16　　　　　　　　　　标准差和方差计算表

第 一 组			第 二 组		
分 数	离 差	离差平方	分 数	离 差	离差平方
X	$X-\overline{X}$	$(X-\overline{X})^2$	X	$X-\overline{X}$	$(X-\overline{X})^2$
50	−27	729	70	−7	49
70	−7	49	72	−5	25
80	3	9	75	−2	4
90	13	169	83	6	36
95	18	324	85	8	64
合 计	0	1 280	合 计	0	178

第一组的标准差和方差：

$$\sigma = \sqrt{\frac{\sum(X-\overline{X})^2}{N}} = \sqrt{\frac{1\,280}{5}} = 16(\text{分})$$

$$\sigma^2 = \frac{\sum(X-\overline{X})^2}{N} = \frac{1\,280}{5} = 256(\text{分})$$

第二组的标准差和方差：

$$\sigma = \sqrt{\frac{\sum(X-\overline{X})^2}{N}} = \sqrt{\frac{178}{5}} = 6(\text{分})$$

$$\sigma^2 = \frac{\sum(X-\overline{X})^2}{N} = \frac{178}{5} = 35.6(\text{分})$$

计算结果说明，虽然两组学生平均考试成绩相等，均为77分，但第二组的标准差(6分)和方差(35.6分)分别小于第一组的标准差(16分)和方差(256分)，所以第一组平均数的代表性小于第二组。

（2）加权平均式。如果掌握的资料是经过分组的，应采用加权平均公式计算标准差和方差。其计算公式为：

$$\sigma = \sqrt{\frac{\sum(X-\overline{X})^2 f}{\sum f}}$$

$$\sigma^2 = \frac{\sum(X-\overline{X})^2 f}{\sum f}$$

【例8-3】 某班上学期市场调研考试成绩如表8-17中所示，试计算平均考试成绩的标准差和方差。

表8-17　　　　　　　　　　标准差和方差计算表

成绩(分)	组中值 X	人数 f	离差 $X-\overline{X}$	离差平方 $(X-\overline{X})^2$	$(X-\overline{X})^2 f$
60以下	55	2	-27	729	1 458
60～70	65	4	-17	289	1 156
70～80	75	8	-7	49	392

(续　表)

成绩(分)	组中值 X	人数 f	离差 $X-\overline{X}$	离差平方 $(X-\overline{X})^2$	$(X-\overline{X})^2 f$
80～90	85	16	3	9	144
90分及以上	95	10	13	169	1 690
合　　计	—	40	—	—	4 840

$$\sigma = \sqrt{\frac{\sum(X-\overline{X})^2 f}{\sum f}} = \sqrt{\frac{4\ 840}{40}} = 11(分)$$

$$\sigma^2 = \frac{\sum(X-\overline{X})^2 f}{\sum f} = \frac{4\ 840}{40} = 121(分)$$

2. 标志变异系数

前面介绍了标准差和方差等标志变异指标，这些指标虽然可以反映一个数列各变量值的离散程度，但它们均是有计量单位的有名数，并且，其值的大小与数列中各变量值的水平高低有关。因此，如果需将不同性质总体的标志变异指标进行对比时，就应把以绝对数或平均数形式表现的标志变异指标与其算术平均数联系起来观察，计算相对变异指标，即标志变异系数，又称之为离散系数或变异系数。标志变异系数大，说明变量数列的离散程度也大；标志变异系数小，说明变量数列的离散程度也小。

标志变异系数的基本形式为：

$$标志变异系数 = \frac{绝对数或平均数形式的变异指标值}{算术平均数}$$

在统计分析中常用的标志变异系数有标准差系数。

标准差系数是标准差与其算术平均数之比的相对数。其计算公式为：

$$V_\sigma = \frac{\sigma}{\overline{X}} \times 100\%$$

【例8-4】 根据[例8-3]中资料，计算考试成绩的标准差系数。

$$V_\sigma = \frac{\sigma}{\overline{X}} \times 100\% = \frac{11}{82} \times 100\% = 13.41\%$$

虽然各类标志变异指标都能在一定程度上反映总体的离散情况，但在不少情况下，平均差与平均差系数之间、标准差与标准差系数之间并不同步变动，这时用标志变异系数才能准确说明总体各单位变量值的离散程度和平均数的代表性大小。

【例 8-5】 某餐饮集团所属 67 家加盟店 2005 年上半年平均营业额为 562.7 万元,营业额标准差为 59.4 万元;同期营业利润平均为 85.3 万元,营业利润的标准差为 15.4 万元。比较营业额与营业利润的离散程度。

营业额标准差系数为:

$$V_\sigma = \frac{\sigma}{\bar{x}} \times 100\% = \frac{59.4}{562.7} \times 100\% = 10.6\%$$

利润额标准差系数为:

$$V_\sigma = \frac{\sigma}{\bar{x}} \times 100\% = \frac{15.4}{85.3} \times 100\% = 18.1\%$$

根据计算结果可以看出,该集团所属 67 家加盟店的营业额标准差要比营业利润标准差高出 44 万元。但由于这 67 家加盟店的平均营业额和平均利润额不等,因此,不能简单地得出平均营业额的代表性高于平均利润额的结论,还必须结合其各自的算术平均数进一步计算标准差系数。事实上,虽然营业额的标准差较大,但它的平均营业额也大,其标准差系数反而低于利润额标准差系数,即营业额的离散程度小于利润额的离散程度,或者说平均营业额的代表性高于平均利润额的代表性。

四、偏度和峰度

平均指标和标志变异指标是反映总体次数分布的两个重要特征指标,通过它们可以了解统计分布的集中趋势和离散程度。但如果要对调研数据做出更为全面和准确的描述,还涉及另外两个特征指标,这就是偏度和峰度。

(一)偏度

偏度是测定一个次数分布的非对称程度的统计指标。相对于对称分布,偏度有两种:一种是左向偏度,简称左偏;另一种是右向偏度,简称右偏。具体如图 8-1 所示。

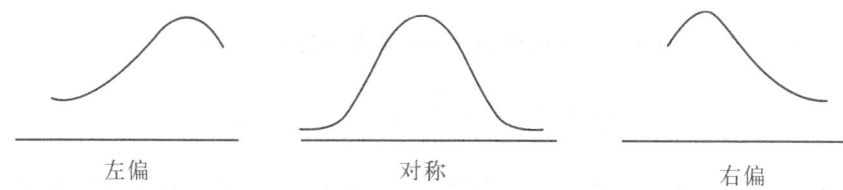

左偏 　　　对称 　　　右偏

图 8-1　三种形式的统计分布示意图

右偏和左偏的程度都可以用一定的方法测定出来。当实际分布为右偏时，测定出的偏度值为正值，因而右偏又称为正偏；当实际分布为左偏时，测定出的偏度值为负值，所以左偏也被称为负偏。

测定统计分布偏度的方法较多，这里主要介绍其中的一种常用的方法，即根据算术平均数与位置平均数的关系测定。

在次数分布完全对称的情况下，算术平均数与中位数、众数三者合而为一，即 $\overline{X}=M_e=M_0$；而在次数分布非对称情况下，算术平均数与中位数和众数发生分离，其中中位数位居中间，算术平均数和众数分居两边。因此，算术平均数与众数之间的距离，可以说明实际分布的绝对偏斜程度，即：

$$偏度=算术平均数-众数$$

算术平均数与众数之间的距离越远，实际分布的绝对偏度越大，表明次数分布的非对称程度越大；算术平均数与众数之间的距离越短，实际分布的绝对偏度越小，表明次数分布的非对称程度越小。

由于绝对偏度受数列中原有变量值水平高低和计量单位不同的影响，在不同数列之间不具有可比性，因此，通常还计算相对偏度。相对偏度是绝对偏度与数列原有变量值的标准差之比，称为偏度系数（记为 SK）。其计算公式为：

$$SK=\frac{\overline{X}-M_0}{\sigma}$$

由公式可知：当算术平均数等于众数时，偏度系数为零，表明次数分布属于对称分布；当算术平均数大于众数时，偏度系数为正值，表明次数分布属于正偏（右偏）分布；当算术平均数小于众数时，偏度系数为负值，表明次数分布属于负偏（左偏）分布。所以，偏度系数不仅可以说明偏度的程度，还可以说明偏度的方向。

（二）峰度

峰度是反映某个分布与标准正态分布相比尖峭程度的统计指标。峰度有三种形态：正态峰度、尖顶峰度和平顶峰度。

当分布数列的次数比较集中于众数位置，次数分布曲线的峰顶较正态分布曲线的峰顶更为隆起时，属于尖顶分布；当分布数列的次数对众数来说比较分散（即没有明显的集中趋势），次数分布曲线的峰顶较正态分布曲线的峰顶更为平坦时，属于平顶分布。如图 8-2 所示。

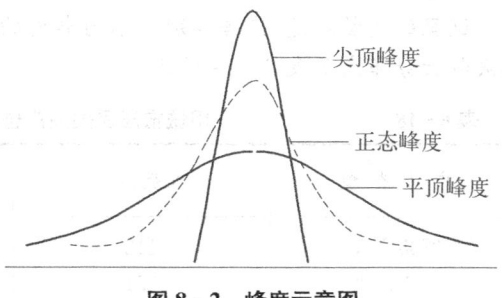

图 8-2　峰度示意图

峰度通常是与正态分布相比较而言,如果分布与正态分布曲线形状相同,峰度为 0;如果比正态分布高,峰度为正的;如果比正态分布低,峰度为负的。

第三节　常用统计图表

数据分析时,为了增加数据表现效果,经常会用图和表来显示数据。

一、统计图

统计图,是利用统计资料绘制成的几何图形或具体形象图形以表现统计资料的形式,它可以从数量方面形象、直观、生动地显示出研究对象的规模、水平、结构、发展趋势和比例关系等内容,是表现统计资料的一种重要形式。

在用图对数据进行显示时,首先要弄清数据的类型,因为对于不同类型的数据所采取的处理方式和所适用的处理方法是不同的。对品质型数据主要是做分类整理,对数值型数据则主要是做分组整理。

(一) 定类数据图示

定类数据本身就是对事物的一种分类,因此,在整理时除了要列出所分的类别外,还要计算出每一类别的频数、频率或比例、比率,同时选择适当的图形进行显示,以便对数据及其特征有一个初步的了解。

【例 8 - 6】 为研究广告市场的状况,一家广告公司在甲城市随机抽取 200 人就广告问题做了邮寄问卷调查,其中的一个问题是:"您比较关心下列哪一类广告?"

a. 商品广告　　　b. 服务广告　　　c. 金融广告　　　d. 房地产广告
e. 招生招聘广告　f. 其他广告

这里的变量就是"广告类别",不同类型的广告就是变量值。调查数据经分类整理后形成频数分布表如表 8 - 18 所示。

表 8 - 18　　　　　甲城市居民关注广告类型的频数分布表

广告类型	人数(人)	比例	频率(%)
商品广告	112	0.560	56.0
服务广告	51	0.255	25.5

(续表)

广告类型	人数(人)	比 例	频率(%)
金融广告	9	0.045	4.5
房地产广告	16	0.080	8.0
招生招聘广告	10	0.050	5.0
其他广告	2	0.010	1.0
合 计	200	1	100

很显然,如果不做分类整理,观察200个人对不同广告的关注情况,既不便于理解,也不便于分析。经分类整理后,可以大大简化数据,很容易看出关注"商品广告"的人数最多,而关注"其他广告"的人数最少。

上面我们是用频数分布表反映分类数据的频数分布。如果用图形来显示频数分布,就会更加形象和直观。一张好的统计图表,往往胜过冗长的文字表述。统计图的类型有很多,多数统计图除了可以绘制二维平面图外,还可以绘制三维立体图。图形的制作均可由计算机来完成。这里首先介绍反映定类数据的图示方法,其中包括条形图和圆形图。

1. 条形图

条形图是用宽度相同的条形的高度或长短来表示数据变动的图形。条形图可以横置或纵置,纵置时也称为柱形图。其长度可以是绝对数,也可以是相对数;图中项目的排列可以按照问题中的顺序,也可按照大小的顺序。

条形图包括简单式、复合式等形式。

(1)简单条形图。简单条形图说明一段时间内的一个变量,例如,根据表8-18数据绘制的条形图如图8-3、图8-4所示。其中图8-3是以竖轴为分类轴,横轴为数值轴;图8-4是以横轴为分类轴,竖轴为数值轴。

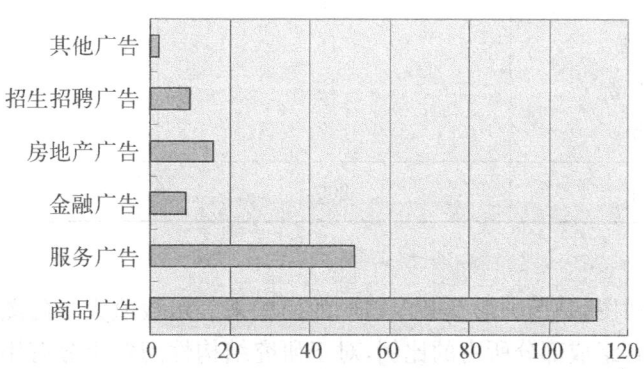

图8-3 甲城市居民关注不同类型广告的人数分布

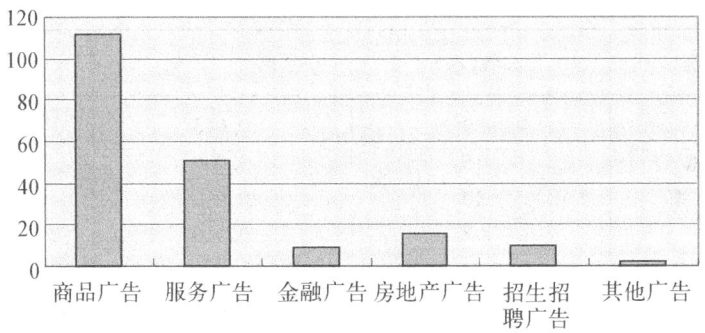

图 8-4　甲城市居民关注不同类型广告的人数分布

(2) 复合条形图。复合条形图用来说明两个和两个以上的对比关系。

【例 8-7】　为研究甲、乙两城市的广告市场状况,一家广告公司在两城市分别随机抽取 200 人就广告问题做了邮寄问卷调查,其中的一个问题和[例 8-6]相同,是:"您比较关心下列哪一类广告?"

　　a. 商品广告　　　　　　b. 服务广告　　　　　　c. 金融广告
　　d. 房地产广告　　　　　e. 招生招聘广告　　　　f. 其他广告

这里的变量就是"广告类别",不同类型的广告就是变量值。调查数据经分类整理后形成频数分布表(见表 8-19)。用复合条形图来表示(见图 8-5)。

表 8-19　　　　　　　　某城市居民关注广告类型的频数分布表

广告类型	甲城市人数(人)	乙城市人数(人)
商品广告	112	100
服务广告	51	62
金融广告	9	10
房地产广告	16	3
招生招聘广告	10	20
其他广告	2	5
合　　计	200	200

2. 圆形图

圆形图也称饼图,是用圆形及圆内扇形的面积来表示数值大小的图形。圆形图主要用于表示总体中各组成部分所占的比例,对于研究结构性问题十分有用。在绘制圆形图时,总体中各部分所占的百分比用圆内的各个扇形面积表示,这些扇形的中心角度是按各

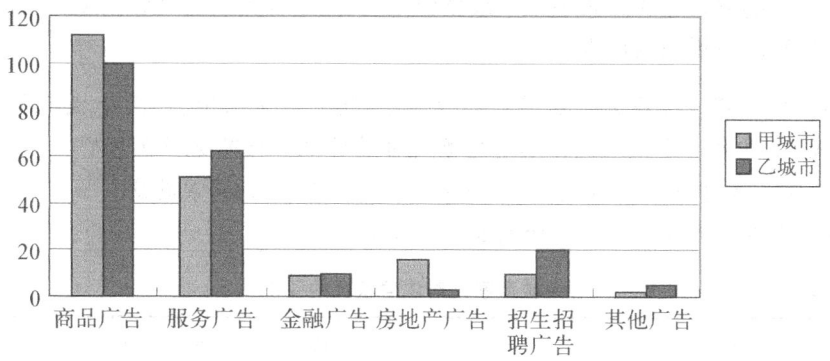

图8-5 甲、乙城市居民关注不同类型广告的人数分布

部分百分比占360°的相应比例确定的圆形图一般只能用于单变量的表示,通常情况下,不能分成太多的份数,一般不超过7份。图8-6用两种不同的效果展示了1998年的我国产业结构。

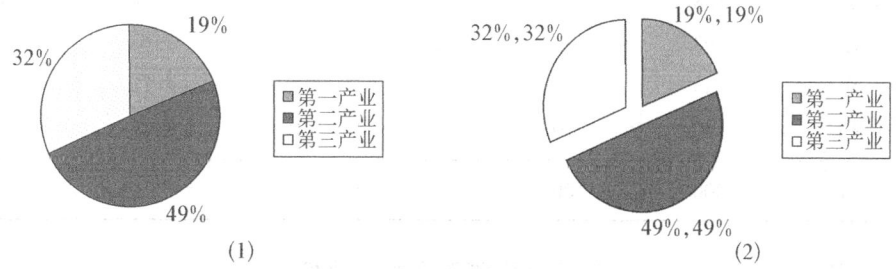

图8-6 1998年我国产业结构图

(二) 定序数据的图示

前面介绍的定类数据的整理与显示方法,如频数、比例、百分比、比率、条形图和圆形图等,也都适用于对定序数据的整理与显示。但有些方法适用于对定序数据的整理与显示,却不适用于定类数据。对于定序数据,除了可使用上面的整理与显示技术外,还可以计算累积频数和累积频率(百分比)。

1. 累积频数分布图

累积频数就是将各类别的频数逐级累加起来。其方法有两种:一是从类别顺序的开始一方向类别顺序的最后一方累加频数(定距数据和定比数据则是从变量值小的一方向变量值大的一方累加频数),称为向上累积;二是从类别顺序的最后一方向类别顺序的开始一方累加频数(定距数据和定比数据则是从变量值大的一方向变量值小的一方累加频数),称为向下累积。通过累积频数,可以很容易看出某一类别(或数值)以下及某一类别

(或数值)以上的频数之和。累积频率或百分比,就是将各类别的百分比逐级累加起来,也有向上累积和向下累积两种方法。

【例8-8】 在一项有关住房问题的研究中,研究人员在甲、乙两个城市各抽样调查300户家庭,其中的一个问题是:"您对您家庭目前的住房状况是否满意?"

A. 非常不满意 B. 不满意 C. 一般 D. 满意 E. 非常满意

调查结果经整理如表8-20和表8-21所示。

表8-20   甲城市家庭对住房状况的评价

回答类别	甲 城 市					
	户数(户)	百分比(%)	向 上 累 积		向 下 累 积	
			户数(户)	百分比(%)	户数(户)	百分比(%)
非常不满意	24	8	24	8	300	100
不满意	108	36	132	44	276	92
一般	93	31	225	75	168	56
满意	45	15	270	90	75	25
非常满意	30	10	300	100	30	10
合计	300	100	—	—	—	—

表8-21   乙城市家庭对住房状况的评价

回答类别	乙 城 市					
	户数(户)	百分比(%)	向 上 累 积		向 下 累 积	
			户数(户)	百分比(%)	户数(户)	百分比(%)
非常不满意	21	7.0	21	7.0	300	100.0
不满意	99	33.0	120	40.0	279	93.0
一般	78	26.0	198	66.0	180	60.0
满意	64	21.3	262	87.3	102	34.0
非常满意	38	12.7	300	100.0	38	12.7
合计	300	100.0	—	—	—	—

根据累积频数或累积频率,可以绘制累积频数或频率分布图。例如,根据表8-20数

据绘制的累积频数分布图如图8-7所示。

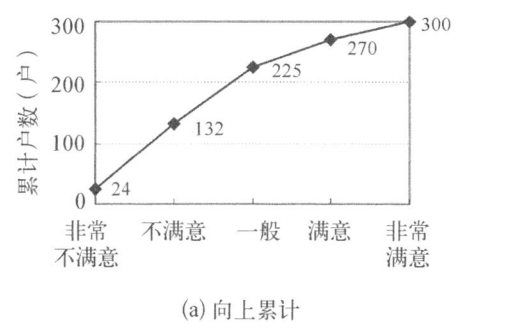
(a) 向上累计

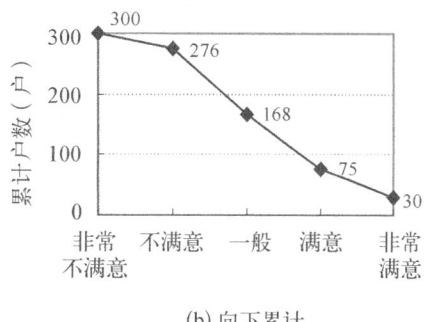
(b) 向下累计

图8-7 甲城市对住房状况评价的累积分布图

2. 环形图

环形图与圆形图类似,但又有区别。环形图中间有一个"空洞",总体中的每一部分数据用环中的一段表示。圆形图只能显示一个总体各部分所占的比例,而环形图则可以同时绘制多个总体的数据系列,每一个总体的数据系列为一个环。因此环形图可以显示多个总体各部分所占的相应比例,从而有利于进行比较研究。例如,根据表8-20和表8-21数据绘制两个城市家庭对住房状况评价的环形图如图8-8所示。

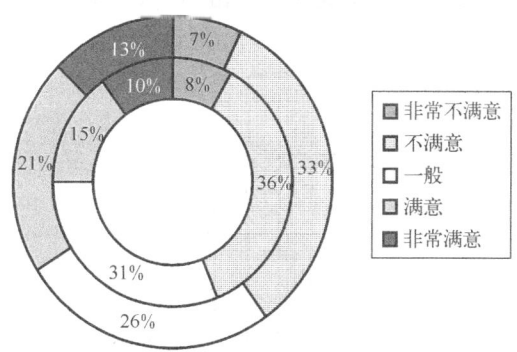

图8-8 甲、乙两城市家庭对住房状况的评价

在图8-8中,外边的一个环表示的是乙城市家庭对住房状况评价各等级所占的百分比,里边的一个环则为甲城市家庭对住房状况评价各等级所占的百分比。

(三) 数值型数据的图示

上面介绍的条形图、圆形图、环形图及累积分布图等都适用于显示定距数据和定比数据。此外,对定距数据和定比数据还有以下一些图示方法,这些方法并不适用于定类数据和定序数据。

1. 分组数据——直方图和折线图

通过数据分组后形成的频数分布表,可以初步看出数据分布的一些特征和规律。

【例 8-9】 某商店的十一黄金周期间的 97 个营业柜台的销售额(单位:万元)的资料如下所示:

80.1 82.5 84.4 87.2 89.3 89.1 91.3 90.5 92.4 92.6 94.7 94.8 97.1 99.5
96.2 100.1 102.6 104.8 83.5 84.2 86.5 89.7 88.9 90.0 90.0 92.8 92.3
95.8 94.3 97.5 97.0 99.1 101.3 103.2 82.3 85.0 87.4 88.1 88.0 90.8 90.3
93.7 94.2 93.3 95.1 96.7 96.6 98.7 101.6 84.5 87.6 89.8 88.2 90.7 90.1
92.8 93.1 95.1 94.6 96.2 97.9 99.3 101.5 84.7 87.9 89.3 88.7 91.1 91.7
93.2 93.6 95.1 94.9 96.4 99.5 100.7 85.2 87.1 88.4 89.4 90.2 93.0 93.8
94.4 94.8 97.0 99.4 100.9 85.7 90.4 86.2 89.2 89.0 91.8 91.9 92.1 92.9

用图形来表示这一分布的结果,来使数据变得形象和直观。显示分组数据频数分布特征的图形有直方图、折线图。

(1) 直方图。直方图是用矩形的宽度和高度来表示频数分布的图形。在平面直角坐标中,横轴表示数据分组,纵轴表示频数或频率,这样,各组与相应的频数就形成了一个矩形,即直方图。比如,根据上述数据绘成的直方图如图 8-9 所示。

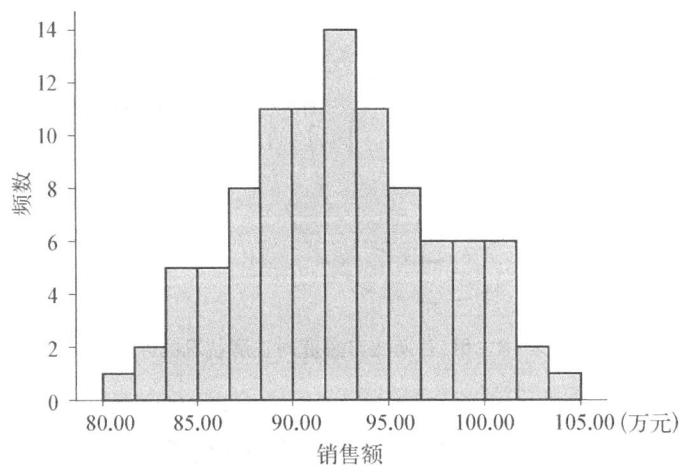

图 8-9 某商店黄金周期间营业柜台的销售额直方图

依据直方图可以直观地看出营业柜台的销售额及其分布状况。

对于等距分组的数据,可以用矩形的高度直接表示频数的分布。如果是不等距分组数据,用矩形的高度来表示各组频数的分布就不再适用。这时,可以用矩形的面积来表示各组的频数分布,或根据频数密度来绘制直方图,从而准确地表示各组数据分布的特征。实际上,无论是等距分组数据还是不等距分组数据,用矩形的面积或频数密度来表示各组的频数分布都更为合适,因为这样可使直方图下的总面积等于1。比如,在等距分组中,矩形的高度与各组的频数成比例,如果取矩形的宽度(各组组距)为一个单位,高度表示比例(即频率),则直方图下的总面积等于1。在直方图中,实际上是用矩形的面积来表示各组的频数分布。

直方图与条形图不同,条形图是用条形的长度(横置时)表示各类别频数的多少,其宽度(表示类别)是固定的;直方图是用面积表示各组频数的多少,矩形的高度表示每一组的频数或百分比,宽度则表示各组的组距,因此其高度与宽度均有意义。此外,由于分组数据具有连续性,直方图的各矩形通常是连续排列,而条形图则是分开排列。

(2)折线图。折线图也称频数多边形图。在直方图的基础上,把直方图顶部的中点(即组中值)用直线连续起来,再把原来的直方图抹掉就是折线图。需要注意,折线图的两个终点要与横轴相交,具体的做法是将第一个矩形顶部中点通过竖边中点(即该组频数一半的位置)连接到横轴,最后一个矩形顶部中点与其竖边中点连接到横轴。这样才会使折线图下所围成的面积与直方图的面积相等,从而使两者所表示的频数分布一致。例如,在图8-9的基础上绘制的折线图如图8-10所示。

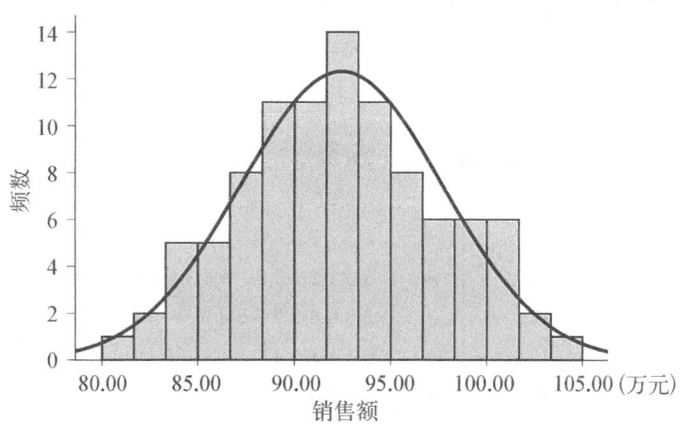

图8-10　某商店黄金周期间营业柜台的销售额直方折线图

从图中可以看到曲线两边基本上是对称的,说明销售额基本上是比较平稳的,销售非常好和不好的都不是很多。

当对数据所分的组数很多时,组距会越来越小,这时所绘制的折线图就会越来越光滑,逐渐形成一条平滑的曲线,这就是频数分布曲线。分布曲线在统计学中有着十分广泛的应用,是描述各种统计量和分布规律的有效方法。

2. 未分组数据——茎叶图

通过直方图可以大体上看出一组数据的分布状况,但直方图没有给出具体的数值。下面介绍的茎叶图,既能给出数据的分布状况,又能给出每一个原始数值。茎叶图由"茎"和"叶"两部分构成,其图形是由数字组成的。通过茎叶图,可以看出数据的分布形状及数据的离散状况。比如,分布是否对称,数据是否集中,是否极端值等。

绘制茎叶图的关键是设计好树茎,通常是以该组数据的高位数值作为树茎。树茎一经确定,树叶就自然地长在相应的树茎上了。下面以[例8-1]某 MP3 公司有 50 名销售人员月销售额(单位:个)的数据做茎叶图如图 8-11 所示。

树茎	树叶	
10	7 8 8	3
11	0 2 2 3 4 5 7 7 7 8 8 9	13
12	0 0 1 2 2 2 2 3 3 3 3 4 4 4 5 5 6 6 7 7 7 8 8 9	24
13	0 1 3 3 4 4 5 7 9 9	10

图 8-11 某 MP3 公司销售人员月销售额茎叶图

上面的茎叶图显得过于拥挤,我们可以把它扩展。比如,可以将图扩展一倍,即每一个树茎重复两次,一次有记号"*",表示该行叶子上的数为 0~4,另一次有记号"·",表示该行叶子上的数为 5~9,于是可得到图 8-12。

树茎		树叶
10	*	
10	·	7 8 8
11	*	0 2 2 3 4
11	·	5 7 7 7 8 8 9
12	*	0 0 1 2 2 2 2 3 3 3 3 4 4 4
12	·	5 5 6 6 7 7 7 8 8 9
13	*	0 1 3 4 4
13	·	5 7 9 9

图 8-12 某 MP3 公司销售人员月销售额茎叶图

茎叶图所表现的数据分布特征与直方图十分类似。

3. 时间序列数据——线图

如果定距数据和定比数据是在不同时间上取得的,即时间序列数据,还可以绘制线图。线图是在平面坐标上用折线表现数量变化特征和规律的统计图。线图主要用于显示时间序列数据,以反映事物发展变化的规律和趋势。

【例 8-10】 2002 年我国彩电出口的数量和销售额如表 8-22 所示,试绘制线图。

表 8-22　　　　　　　　　2002 年我国彩电出口的数量　　　　　　　　单位:台

月　份	销售量	月　份	销售量	月　份	销售量
1	1 016 490	5	1 437 635	9	1 861 612
2	935 281	6	1 555 010	10	1 819 093
3	1 270 376	7	1 705 866	11	2 537 813
4	1 336 770	8	1 689 584	12	2 011 416

根据上表数据绘制的线图如图 8-13 所示。

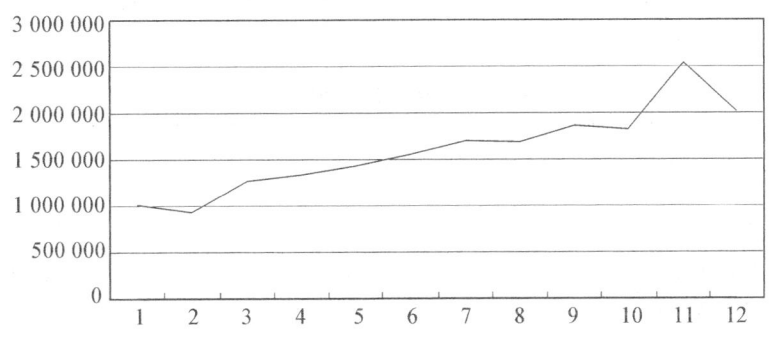

图 8-13　2002 年我国彩电出口的数量线图

从图 8-13 可以清楚地看出,2002 年我国彩电出口的数量基本上逐月提高。

绘制线图时应注意以下几点:

(1) 时间一般绘在横轴,指标数据绘在纵轴。

(2) 图形的长宽比例要适当,一般应绘成横轴略大于纵轴的长方形,其长宽比例大致为 10∶7。图形过扁或过于瘦高,不仅不美观,而且会给人造成视觉上的错觉,不便于对数据变化的理解。

(3) 一般情况下,纵轴数据下端应从 0 开始,以便于比较。数据与 0 之间的间距过大,可以采取折断的符号将纵轴折断。

二、统计表

(一) 统计表的作用

统计表是统计用数字说话的一种最常用的形式。把搜集到的数字资料,经过汇总整理后,得出一些系统化的统计资料,将其按一定顺序填列在一定的表格内,这个表格就是统计表。统计表有以下几方面作用:能使大量的统计资料系统化、条理化,因而能更清晰地表述统计资料的内容;利用统计表便于比较各项目(指标)之间的关系,而且也便于计算;采用统计表表述统计资料显得紧凑、简明、醒目,使人一目了然;利用统计表易于检查数字的完整性和正确性。

统计表既是调查整理的工具,又是分析研究的工具,广义的统计表包括统计工作各个阶段中所用的一切表格,如调查表、整理表、计算表等,它们都是用来提供统计资料的重要工具。

(二)统计表的构成

从统计表的表式结构看,统计表包括总标题、横行标题、纵栏标题和指标数值四个部分,必要时可以在统计表的下方加上表外附加(见表8-23)。

表8-23   某市2004年各类工业企业增加值汇总表

按经济类型分组	工业企业数(个)	增加值(万元)
国有企业	150	60 000
集体企业	70	14 000
中外合资企业	10	500
私营、个体企业	15	450
其他企业	7	140
合　　计	252	75 090

总标题是统计表的名称,应能简明扼要地反映全表所列统计资料的内容,一般位于表的顶端中部。如表8-23的"某市2004年各类工业企业增加值汇总表"。

横行标题是横行的名称,用来表明各组的名称,代表统计表所要说明的对象,一般列在表的左方。如上表中的"国有企业"、"集体企业"、"中外合资企业"、"私营、个体企业"、"其他企业"等。

纵栏标题即纵栏的名称,一般用来表明统计指标的名称,列于表的上方。如表的"工业企业数"、"增加值"。

指标数值即统计指标的具体数值表现,一般列于横行标题和纵栏标题的交叉处。

表外附加通常放在统计表的下方,主要包括资料来源、指标的注释和必要的说明等内容。

统计表从内容上看,由主词和宾词两部分组成。统计表的主词是指统计表所要说明的总体及其各组成部分,一般列在表的左方,即横行标题所在的列。统计表的宾词是用来说明总体数量特征的各项统计指标,通常列在表的右方,即纵栏标题和指标数值所在的列。

(三) 统计表的分类

1. 按其在统计工作中的作用不同,可分为调查表、整理表(或汇总表)和分析表(或计算表)

调查表是在统计调查阶段使用的、把调查项目以表格的形式表示出来所形成的统计表。整理表是在统计整理阶段使用的,用来显示统计资料整理、汇总结果的一种表格。分析表是在统计分析阶段使用的一种统计表。有时候,分析表与整理表是不易严格区分的。

2. 按其对总体是否分组或分组的不同情况,可分为简单表、简单分组表和复合分组表

(1) 简单表是对总体未经任何分组,在主栏中只是对总体单位或时间的直接排列所形成的统计表。通常是对调查来的原始资料初步整理所采用的形式,如表 8-24,即为按总体各单位名称排列的简单表。

表 8-24　　　　　1999 年国际旅游收入居世界前十名的国家

国家	位次	旅游收入(亿美元)	占世界比重(%)
美国	1	730.0	16.0
西班牙	2	315.0	6.9
意大利	3	310.0	6.8
法国	4	307.0	6.7
英国	5	209.7	4.6
德国	6	165.0	3.6
中国	7	141.0	3.1
奥地利	8	112.0	2.5
加拿大	9	102.8	2.3
墨西哥	10	78.5	1.7

资料来源:《中国旅游统计年鉴(2000)》。

(2) 简单分组表是对总体只按一个标志分组而形成的统计表。利用分组表可以提示不同类型现象的特征,说明现象内部的结构,分析现象之间的相互关系等,如表 8-25 所示。

表 8-25　　　　　　1998 年某公司所属两企业自行车合格品数量表

厂别	合格品数量（辆）
甲 厂	5 000
乙 厂	7 000
合 计	12 000

（3）复合分组表。表的主词按照两个或两个以上标志进行复合分组的统计表称为复合表，如表 8-26 所示。复合表能更深刻、更详细地反映客观现象，但使用复合表恰如其分，并不是分组越细越好。因为复合表中多进行一次分组，组数将成倍增加，分组太细反而不利于研究现象的特征。

表 8-26　　　　　　　　1999 年我国人口数及构成

		人口数（万人）	比例（%）
按性别分	男	64 189	50.98
	女	61 720	49.02
按城乡分	市镇	38 892	30.89
	乡村	87 017	69.11

资料来源：《中国统计年鉴(2000)》，第 95 页。

（四）设计统计表应注意的一些具体问题

由于使用者的目的以及统计数据的特点不同，统计表的设计在形式和结构上会有较大差异，但设计上的基本要求则是一致的。总体上看，设计统计表要遵循"科学、实用、简练、美观"的总体指导原则。同时还应注意以下若干具体要求：

第一，要合理安排统计表的结构，比如，行标题、列标题、数字资料的位置应安排合理。当然，由于强调的问题不同，行标题和列标题可以互换，但应使统计表的横竖长度比例适当，避免出现过高或过长的表格形式。

第二，表头一般应包括表号、总标题和表中数据的单位等内容。总标题应简明确切地概括出统计表的内容，一般需要表明统计数据的时间（When）、地点（Where），以及何种数据（What），即标题内容应满足 3W 要求。

第三，如果表中的全部数据都是同一计量单位，可放在表的右上角标明，若各指标的计量单位不同，则应放在每个指标后或单列出一列标明。

第四,表中的上下两条线一般用粗线,中间的其他线要用细线,这样使人看起来清楚、醒目。习惯上统计表左右两端不画线,采用开口式。当然,随着计算机的普及和电子文档的流行,统计表的格式也迅速丰富多彩起来,开口式这一传统要求也在弱化。不过,从国内外的实际情况来看,在较正式的场合下,开口式仍显得庄重、经典和简洁。

第五,统计表内的数字要对应整齐,应用同等的精度。数据一般是右对齐,有小数点时应以小数点对齐,而且小数点的位数应统一。

第六,统计表中不应有空白格,当表中不应有内容或可免填时,用"—"表示;当某些数字不足本表最小单位时,用"……"表示。

第七,在使用统计表时,必要时可在表的下方加上注释,特别要注意注明资料来源,以表示对他人劳动成果的尊重,方便读者查阅使用。

本章小结

通过本章的学习,掌握如何对收集的数据进行初步的基本统计分析,为后面的进一步分析做好准备(如有必要的)。本章中首先掌握统计上的几个基本概念和对数据进行分组的方法,这是进行数据描述和分析的一个基本工作,特别是对等距分组的方法要掌握。

对数据进行描述分析也是本章重点内容,主要介绍了如何利用频数、平均指标、变异指标、偏度和峰度来对数据进行描述。频数主要用来描述变量出现的次数;平均指标用来描述数据的一般水平;标志变异指标用来描述数据的离散程度;偏度和峰度总体上描述数据的分布状态。

最后本章介绍了基础统计分析常用的图表。重点要掌握条形图、圆形图、环形图、累计频率图、直方图、茎叶图等的作用;表格在统计中的作用和表格的规范使用。

复习思考题

1. 统计分组有什么作用?
2. 定类数据的图示方法有哪些?
3. 定距数据和定比数据的分组方法有哪些?简述组距分组的步骤。
4. 直方图与条形图有何区别?
5. 统计表由哪几个主要部分组成?
6. 制作统计表应注意哪几个问题?
7. 某百货公司连续40天的商品销售额如表8-27所示。(单位:万元)

市场调查与分析

表 8-27　　　　　　　　　某百货公司商品销售额

41	25	29	47	38	34	30	38	43	40
46	36	45	37	37	36	45	43	33	44
35	28	46	34	30	37	44	26	38	44
42	36	37	37	49	39	42	32	36	35

要求：根据上面的数据进行适当分组，编制频数分布表，并绘制直方图。

8. 集中趋势的测量方法有哪些？

9. 离散趋势的测量方法有哪些？

案例分析

艾兰得公司对东北市场维生素 C 的需求特征及消费行为作了一次详细的调查。此次调查的年龄段为 18～65 岁，有效样本数为 1 200 个。调查结果如下：

一、超过半数的消费者是为自己购买维生素 C 制品

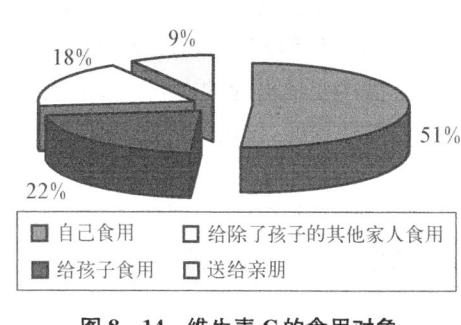

图 8-14　维生素 C 的食用对象

在所有被调查者中，回答购买过维生素 C 制品的占 77.8%，回答从未购买过维生素 C 制品的占 22.2%。在已购买维生素 C 的群体中女性多于男性，其男女比例为 0.84∶1。大多数消费者购买维生素 C 是为了自己食用（占 51%），为孩子购买的占 22%，给除了孩子之外的其他家人食用的占 18%，送给亲朋的占 9%（见图 8-14）。

二、医生的建议对人们购买维生素 C 制品的影响力最大

通常消费者购买维生素 C 制品时都比较看重医生的建议（64%），其次是根据自己的看法来购买（占 22%）。另外，通过媒体的介绍而购买维生素 C 制品的占 8%，采纳自己孩子意见的占 6%。可见，医生的建议对人们购买维生素 C 制品的影响远高于来自其他方面的影响。

三、人们在购买维生素 C 制品时主要看重的是 VC 含量

在对维生素 C 产品自身属性的调查过程中我们发现，人们通常对 VC 含量的重视程度非常高（占 72.5%），相比较而言，对包装及价格的重视程度则不是很高（见图 8-15）。

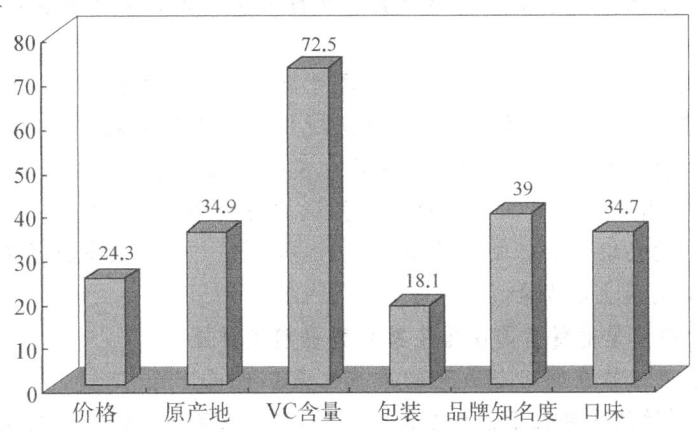

图 8-15 人们对维生素 C 各因素的重视程度

四、约有半数的服用者是偶尔补充维生素 C 制品

调查结果显示,在所有服用维生素 C 的消费者当中有 51% 的人是偶尔补充的,有 28% 的人是有相关的疾病时才服用,有 21% 的人是定期服用。定期服用维生素 C 的男女比例为 1:0.87,偶尔补充维生素 C 制品的男女比例为 1:0.96。另外,服用时机与年龄也有一定的关系,从图 8-16 可以看出,18~30 岁及 40~50 岁之间的消费者定期服用维生素 C 制品的情况多于其他年龄段的消费者,50~65 岁之间的消费者则多是有相关疾病时才服用(见图 8-16)。

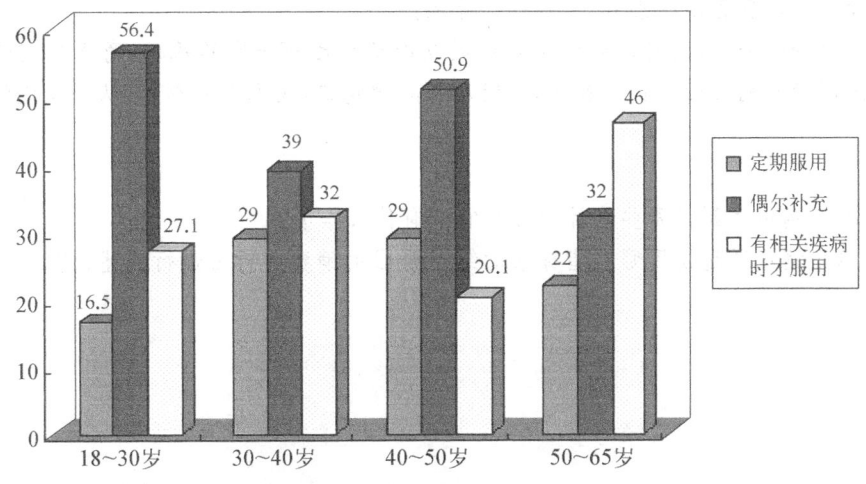

图 8-16 何时服用维生素 C 制品与年龄的关系

五、电视广告、朋友推荐分别是消费者获得有关信息和购买维生素C制品的最主要因素

统计结果表明,许多消费者是通过电视广告获得保健品信息的(占39%),其次是通过亲戚朋友介绍(占28%),排在第三位的是通过报纸广告获得该信息(占21%),排在第四位的是通过电台广告(占9%),通过店头广告获得该信息的比例仅占3%。对其影响最大的是朋友推荐(占51%),其次是受电视及报纸广告的影响(38%),营业员推荐及卖场促销促使消费者购买维生素C制品的情况占6%和5%。可见,朋友推荐是促使消费者购买维生素C制品的最主要因素。

六、药店及医院是消费者购买维生素C制品的主要场所

大多数消费者选择在药店或医院购买维生素C制品。45.2%的消费者表示愿意在药店购买,39.4%的消费者表示愿意在医院购买,愿意在商场的药品专柜及超市购买的分别占21.1%和9.9%。

另外,调查中还发现,许多消费者在选购维生素C时是在两三种品牌中轮换购买(45%),这表明VC生产厂家对品牌的宣传不够重视;其次是固定选用一个牌子从不更换的情况(占40%),从这一现象可以看出市场中供消费者选择的VC品牌数量偏少;购买维生素C制品时不认牌子的最少(占15%)。69.5%的消费者认为经常服用维生素C制品可以增强机体免疫力;47%的消费者认为经常服用可以促进伤口愈合;20.7%的消费者认为经常服用可以解毒;8.9%的消费者表示对维生素C的具体作用不太清楚。55.7%的消费者认为日常食物中维生素C含量满足不了身体所需,需要额外补充;40.4%的消费者认为食物中维生素含量很多,但人体从中吸收的较少,仍需另外补充;12.9%的消费者认为食物中已包含维生素C,无需另外补充。

从以上分析来看,消费者对维生素C的功能认识已有一定的基础,商家应因势利导,充分利用消费者购买因素扩大宣传,同时增强品牌意识,树立自身形象,从而促进销售。

问题

1. 本案例中用到了哪些统计图形?它们有什么作用?
2. 本案例中通过使用哪些指标来对维生素C的消费者行为进行描述的?

第 9 章

实用多元统计分析

  学习目的

1. 了解并领会多元分析方法在市场调研数据分析中的应用，掌握多元统计分析方法的基本原理，能够针对不同的研究目的和数据类型选择合适的分析方法，对市场环境进行深入分析。
2. 掌握多元线性回归分析方程参数估计、显著性检验的基本方法，并能运用调研数据建立回归方程，进行市场分析和预测。
3. 领会主成分分析的基本原理，掌握主成分的选择和解释，以及在其他分析方法中的使用。
4. 掌握因子分析中有关因子载荷、因子析取方法、因子旋转以及因子数目确定等基本概念，并能根据调研数据进行因子分析和对公因子含义进行解释。
5. 领会并掌握聚类分析的基本概念和范畴，并将其运用于实践中。

 引 例

众所周知，红楼梦一书共120回，一般认为前80回为曹雪芹所写，后40回为高鹗续写。20世纪80年代中期，复旦大学李贤平教授运用多元统计分析方法对其进行论证。首先将120回看成是120个样本，然后将与情节无关的虚词作为变量，以每一回里变量出现的次数作为原始分析数据，采用聚类分析等技术，果然将120回分为两大类，即前80回

为一类,后 40 回为一类。参照曹雪芹的其他著作进行同样的分析,证实前 80 回为曹雪芹一人所著。但同时也证实后 40 回并非为高鹗一人所写。这个分析结论在红学界引起轰动。

第一节 多元线性回归分析

在社会经济文化生活中,多个变量共同作用于某一事物的现象大量存在。对多个变量同时发生影响的事物进行分析研究,需要运用多元统计分析技术。通过研究变量间相互关系以及揭示这些变量内在的变化规律,达到对事物特征和运行趋势较为全面的把握,是市场调研工作的重要任务。多元统计分析技术就是将多个变量同时进行研究的重要方法。

多元统计分析技术起源于 20 世纪 30 年代前后,到 40 年代已经在心理学、教育学、生物学等领域研究中得到初步应用,但早期受制于大量数据处理手段,其应用的广泛性和深度方面都远远不能跟现代相提并论。到 20 世纪 70 年代后,由于计算机技术的迅猛发展,其应用开始在各个领域大显身手,到目前几乎涉及了所有领域的研究。

多元线性回归又称多重线性回归,是简单线性回归的推广,指的是多个因变量对多个自变量的回归,其中最常见的是一个因变量对多个自变量的情况,这也是本章要探讨的情况。

一、多元线性回归的基本原理

所谓多元线性回归分析,指的是对具有线性相关关系的一个因变量与多个自变量之间,通过建立数学模型研究其相互关系的强度和方向,通过自变量对因变量贡献的分析发现重要自变量,进而实现在控制自变量变化前提下对因变量发展趋势的分析预测。

(一) 多元线性回归的基本方程

设因变量 Y 与 p 个自变量 X 之间存在线性相关关系,则其基本回归方程为:

$$Y = \beta_0 + \beta_1 X_1 + \beta_2 X_2 + \cdots + \beta_p X_p$$

其中:β_0,β_1,β_2,$\cdots$,β_p 是回归参数。β_0 为常数项,$\beta_i (i = 1, 2, \cdots, p)$ 是偏相关系数。回归分析的基本任务就是求解回归参数。

我们将回归方程的因变量 Y、自变量 X、回归参数 β 分别用矩阵形式表示,即:

$$Y = \begin{pmatrix} y_1 \\ y_2 \\ \vdots \\ y_n \end{pmatrix} \quad X = \begin{pmatrix} 1 & x_{11} & x_{12} & \cdots & x_{1p} \\ 1 & x_{21} & x_{22} & \cdots & x_{2p} \\ \vdots & \vdots & \vdots & \vdots & \vdots \\ 1 & x_{n1} & x_{n2} & \cdots & x_{np} \end{pmatrix} \quad \beta = \begin{pmatrix} \beta_0 \\ \beta_1 \\ \vdots \\ \beta_p \end{pmatrix}$$

则,基本回归方程可转换为:

$$Y = X\beta$$

设,取得 n 组因变量 Y 与自变量 X 的实测数据:

$$(y_1; x_{11}, x_{12}, x_{13}, \cdots, x_{1p})$$
$$(y_2; x_{21}, x_{22}, x_{23}, \cdots, x_{2p})$$
$$\vdots$$
$$(y_n; x_{n1}, x_{n2}, x_{n3}, \cdots, x_{np})$$

将数据写成矩阵形式分别用 Y、X 表示:

$$Y = \begin{pmatrix} y_1 \\ y_2 \\ \vdots \\ y_n \end{pmatrix} \quad X = \begin{pmatrix} x_{11} & x_{12} & \cdots & x_{1p} \\ x_{21} & x_{22} & \cdots & x_{2p} \\ \vdots & \vdots & \vdots & \vdots \\ x_{n1} & x_{n2} & \cdots & x_{np} \end{pmatrix}$$

从这些数据出发,则用矩阵形式表示的回归方程为:

$$\begin{pmatrix} y_1 \\ y_2 \\ \vdots \\ y_n \end{pmatrix} = \begin{pmatrix} 1 & x_{11} & x_{12} & \cdots & x_{1p} \\ 1 & x_{21} & x_{22} & \cdots & x_{2p} \\ \vdots & \vdots & \vdots & \vdots & \vdots \\ 1 & x_{n1} & x_{n2} & \cdots & x_{np} \end{pmatrix} \times \begin{pmatrix} \beta_0 \\ \beta_1 \\ \vdots \\ \beta_p \end{pmatrix}$$

因为矩阵 X 是非方形矩阵,无逆矩阵,在 $Y = X\beta$ 的两边同乘以 X 的转置矩阵 X^T,则得到回归系数估计值为:

$$\beta = (X^T X)^{-1}(X^T Y)$$

实际应用中,回归系数的求解可通过通用的统计分析软件(如 SAS、SPSS 等)进行。

(二) 多元线性回归方程的显著性检验

在利用市场调查数据建立回归模型时,其实是对变量之间的关系作了两个基本假设:

一是自变量与因变量之间存在着线性相关关系；二是每个自变量与因变量之间都存在着显著的相关关系。但这两个假设是否成立，在得到多元线性回归模型以后就需要对模型中所包含的自变量是否确实与因变量之间存在线性相关关系，以及每个自变量与因变量之间的关系进行分析检验。前者称为对回归方程的显著性检验；后者称为对回归系数的显著性检验。

1. 回归方程的显著性检验

在回归分析中，因变量 Y 的总离差平方和（SST）可以分解为回归直线的离差平方和（SSR）和与误差的离差平方和（SSE），即 $SST = SSR + SSE$。

其中：

$$SST = \sum (\hat{Y}_j - \bar{Y}_j)^2, \quad SSR = \sum (Y_j - \hat{Y}_j)^2, \quad SSE = \sum (\hat{Y}_j - \bar{Y}_j)^2$$

回归直线的离差平方和（SSR）反映的是自变量 $x_1, x_2, \cdots, x_p$ 的变化引起的因变量 Y 的波动，也称为可由回归解释的方差，SSR 的大小说明了自变量的重要程度；而误差的离差平方和（SSE）是因变量 Y 的实际值 Y_j 与回归值 $\hat{Y}_j$ 的离差平方和，也称为不能解释的方差，如果 $SSE = 0$，表明所有的实际值全部落在回归线上，即实际值与回归值相等，所以 SSE 的大小反映了回归方程的可靠性。

对回归方程的显著性检验一般采用方差分析，即通过计算检验统计量 F 比值进行，其计算公式为：

$$F = \frac{\dfrac{SSR}{k}}{\dfrac{SSE}{(n-k-1)}}$$

其中，k、$(n-k-1)$ 分别为分子和分母的自由度。

F 比值的意义实质上是"可以由回归解释的方差"与"不能解释的方差"之比。在一定的检验水平下，查 F 分布表得 F_α。$F \geqslant F_\alpha$，则说明因变量 Y 与 k 个自变量 X 之间总体上存在着显著相关关系；反之，说明因变量 Y 与自变量 X 之间不存在显著相关关系，回归方程存在问题。

2. 回归系数显著性检验

在多元回归分析中，并不能满足于线性回归方程显著有效这一结论。因为回归方程显著并不意味着所有自变量 x 对因变量 Y 的影响都是重要的。因此总希望能从回归方程中剔除那些次要的、可有可无的自变量，建立结构更为简单的线性回归方程。这就需要对回归系数的显著性进行检验。

对回归系数显著性检验的最终检验统计量为 T 比值，其计算公式为：

$$T_i = \frac{\beta_i}{SE(\beta_i)}$$

式中 β_i—— 回归方程中第 i 个自变量 x_i 的系数;

$SE(\beta_i)$—— 其标准误差,$SE(\beta_i) = \sqrt{\dfrac{\sum(y_j - \hat{y}_j)^2}{\sum(x_i - \bar{x})^2}}$。

在一定的检验水平下,查 T 分布表得 T_α。如果 $T_i \geqslant T_\alpha$,则说明因变量 Y 与第 i 个自变量 x_i 之间存在着显著相关关系;反之,说明因变量 Y 与第 i 个自变量 x_i 之间没有显著相关关系,应予剔除。

(三) 回归效果评价

回归效果一般是通过统计量 R^2 进行度量。R^2 统计量的计算公式为:

$$R^2 = \frac{SSR}{SST}$$

$$= \frac{\sum(\hat{Y}_j - \bar{Y}_j)^2}{\sum(Y_j - \bar{Y}_j)}$$

$$= 1 - \frac{\sum(y_i - \hat{y}_i)^2}{\sum(\bar{y}_i - \hat{y}_i)^2}$$

$$= 1 - \frac{SSE}{SST}$$

R^2 又称为多元决定系数,实际上就是可以由回归解释的方差与总方差的比值。从 R^2 的计算公式可看出,$0 \leqslant R^2 \leqslant 1$。若 $R^2 = 1$,则 $SSR = SST$,进而 $\hat{Y}_j = Y_j SSE = 0$,说明用回归方程得出的拟合值与实际值无任何差异,变量间完全线性相关。

所以,R^2 值的大小表明了因变量 Y 与自变量 X 之间的线性相关程度及拟合模型的优良程度。SSR 越大,R^2 越大,说明 Y 与 X 之间的线性相关程度越高,说明线性模型的拟合优度越高;反之,SSR 越小,R^2 越小,说明 Y 与 p 个自变量 X 的线性相关程度越低,即线性模型的拟合优度越低。

(四) 相关分析

相关分析主要是利用相关系数等指标来描述变量间的线性关系密切程度。在多元回归中,通常运用的分析指标有多元决定系数和多元相关系数。

1. 多元决定系数

前面已经提到,多元决定系数 R^2,它实际上就是可以由自变量解释的方差与总方差的比值,所以 R^2 又是一个用来描述因变量受自变量影响程度的指标。如果 $R^2=0.81$,其意义是自变量对因变量的综合影响程度达到了 81%。

2. 多元相关系数

多元相关系数是用来描述因变量 Y 与自变量 X 之间相关程度的指标。通常用 R^2 表示:

$$R=\sqrt{R^2}$$

在简单线性回归的情形中, $R=\pm\sqrt{R^2}$。但在多元线性回归的情形下,自变量不止一个,回归系数的符号可能有正有负,难以确定,因此,我们规定多元相关系数总是为正的,即:

$$R=\sqrt{R^2}$$

由此说明多元相关系数不能说明因变量 Y 与自变量 X 之间的线性相关方向,仅仅说明了它们之间的线性相关程度。

二、多元线性回归的应用实例

【例 9-1】 某公司一种营养保健食品,在 15 个目标销售地区一个月的销售量以及这 15 个地区的人口数和人均可支配收入数据如表 9-1 所示。

表 9-1　　　　　　　　某公司营养保健品销售模拟数据

地 区	销售量(百箱)(y)	人口(千人)(x_1)	人均可支配收入(千元)(x_2)
1	182	314	12.55
2	140	210	16.30
3	253	415	19.23
4	141	234	14.47
5	85	102	11.58
6	188	298	19.85
7	95	124	15.54
8	202	367	12.25
9	146	218	11.32
10	73	77	13.64

(续 表)

地 区	销售量(百箱) (y)	人口(千人) (x_1)	人均可支配收入(千元) (x_2)
11	282	467	21.14
12	262	395	23.12
13	154	265	13.35
14	123	188	10.45
15	232	399	13.01

根据上表数据进行回归分析得到如下分析结果(见表9-2、表9-3)。

表9-2　　　　　　　　　　　回归参数估计值

参 数	参数估计	标准差	T 值	p 值
β_0	−1.306 35	7.946 06	−0.16	0.872 2
β_1	0.489 04	0.019 55	25.02	0.000 1
β_2	2.571 32	0.604 37	4.25	0.001 1

表9-3　　　　　　　　　　　方差分析表

方差来源	自由度	平方和	均　方	F 值	T 值
回归(SSR)	2	59 606	29 803	539.09	0.000 1
误差(SSE)	12	663.414 87	55.284 57		
总和(SST)	14	60 270			

表9-2和表9-3给出了建立和分析回归方程的基本数据。

1. 运用回归参数拟合回归方程

回归参数估计值分别为:

$$\beta_0 = -1.306\ 35,\ \beta_1 = 0.489\ 04,\ \beta_2 = 2.571\ 32$$

故,该组数据拟合的回归方程为:

$$Y = -1.306\ 35 + 0.489\ 04 X_1 + 2.571\ 32 X_2$$

其意义是,人口每增加1 000人,则销售量提高0.489 64百箱;人均可支配收入每提高 1 000 元,销售量可增加 2.571 32 百箱。

2. 回归的显著性检验

回归方程的显著性检验是运用统计量 F 进行。

从表中数据可知 $F=539.09$,在检验水平 5%水平下,$F_{0.05}=3.89$,$F>F_{0.05}$,因此该拟合方程的回归效果在统计上是显著的。

回归系数的显著性检验是运用统计量 T 进行。

从表中数据可知,$T_1=25.02$,$T_2=4.25$,在检验水平 5%水平下,$T_{0.05}=1.761$,T_1、T_2 均大于 $T_{0.05}$,故两个自变量对因变量的多元回归系数在统计上是显著的。

3. 回归效果的评价

多元线性回归中,通常用 R^2 进行回归效果评价,$0 \leqslant R^2 \leqslant 1$,如果 $R^2=1$,则意味着 $SSR=SST$,进而 $\hat{Y}_j=Y$,$SSE=0$,所以 R^2 越是接近于 1,回归效果越好。

本例中 $R^2=0.989\,0$,故可判断回归方程的拟合效果很好。

4. 相关性分析

多元回归中的相关性分析主要是用多元相关系数 R 进行,$R=\sqrt{R^2}$,本例中 $R=\sqrt{0.989\,0}=0.994\,5$,说明自变量与因变量之间强相关。

三、多元线性回归分析法应用中的其他问题

(一) 自相关问题

自相关问题主要发生在时序数据状况下,即某一变量的不同观察期之间的数值存在相关关系。如不同年份的工资总额之间表现出逐年同比例增长,即下一年份的工资总额受头一年工资总额多少的影响。在这种情况下,运用回归方法建立的方程就不能正确反映因变量与自变量之间的关系。对回归方程是否存在自相关的情形,一般可采用 DW 统计量(序列的自相关检验)进行检验。

在某些情况下,通过在方程中增加自变量可以减小甚至消除自相关现象,这时这一增加的自变量就被称为"关键变量"。

(二) 多重共线性问题

即自变量之间存在相关关系,也就是说自变量之间不具有完全的独立性,如工资总额多少与在业人口之间就存在一定的相关关系。在这种情况下就很难区分清楚每一自变量对因变量的单独影响力,亦即自变量的系数值的准确性就值得怀疑。因此,需要对所建立回归方程是否存在共线性现象进行判别,如果存在,则需要采取方法消除。

减小或者消除多变量共相关关系的方法主要有:增加历史数据的观察期数;改变自

变量;除去其中一个自变量;不用自变量的绝对值,改用相对值等。

(三)因果关系解释的单方向问题

回归分析只能用来说明自变量对因变量的影响,而不能解释因变量对自变量的影响。这一问题可通过建立多个回归方程来解决。

(四)自变量数目的确定要考虑到观察期数多少的问题

一般而言,为提高回归分析的准确性,当历史数据的观察期数为五期时,回归方程中只能有一个自变量;当历史数据的观察期数不超过二十期时,回归方程中的自变量个数不能多于五个。

对于变量之间呈现出非线性相关的问题、原始数据为定性数据的问题,本节介绍的模型建立和分析方法并不适用,应通过建立非线性回归模型和采用逻辑回归等方法解决。

第二节 主成分分析

主成分分析简单说就是一种简化数据结构的方法,即如何把多个具有一定相关性的变量重新组合成少数几个相互无关的综合变量,而这几个综合变量可以反映原来多个变量的大部分信息。

当然,在寻找新变量的过程中,还有可能发现原来变量间的关系。因此,主成分分析主要是通过简化数据结构、揭示变量间关系,达到对研究对象内在规律的深入把握。另外主成分分析的结果,可应用于对研究事物的评估,以及应用于回归分析、因子分析等。

一、主成分分析的基本原理

所谓主成分,实质上就是由原始变量线性组合出来的互不相关并且未丢失任何原始信息的新变量,也称为综合变量。通过对新的综合变量所隐含信息的合理解释,我们可以更深刻揭示事物的内在规律。

(一)主成分分析的基本方程

如果对某一事物从 p 个角度进行研究,那么就有 p 个研究变量,针对 p 个变量收集 n 个样本的相关信息,可以得到一组观测数据,将数据用矩阵形式表述为:

$$X = \begin{pmatrix} x_{11} & x_{12} & \cdots & x_{1p} \\ x_{21} & x_{22} & \cdots & x_{2p} \\ \vdots & \vdots & \vdots & \vdots \\ x_{n1} & x_{n2} & \cdots & x_{np} \end{pmatrix} \quad X = (X_1, X_2, \cdots, X_p)$$

用观测数据矩阵 X 的 p 个原始变量 $X_1, X_2, \cdots, X_p$ 做线性组合,即:

$$\begin{cases} F_1 = \alpha_{11} x_1 + \alpha_{21} x_2 + \cdots + \alpha_{p1} x_p \\ F_2 = \alpha_{12} x_1 + \alpha_{22} x_2 + \cdots + \alpha_{p2} x_p \\ \vdots \\ F_p = \alpha_{1p} x_1 + \alpha_{2p} x_2 + \cdots + \alpha_{pp} x_p \end{cases}$$

上式若简写为:

$$F_i = \alpha_{i1} X_1 + \alpha_{i2} X_2 + \cdots + \alpha_{pp} X_p (i = 1, 2, \cdots, p)$$

则上述方程组中的 $F_i (i = 1, 2, \cdots, p)$ 称为主成分。主成分分析的关键就是求解方程组的系数 $\alpha_{ij} (i = 1, 2, \cdots, p; j = 1, 2, \cdots, p)$。

(二) 方程组系数的求解原则

根据定义,主成分是由原始变量线性组合出来的互不相关并且未丢失任何原始信息的新的综合变量。因此,方程组系数的求解必须满足下述要求:

$$\alpha_{1i}^2 + \alpha_{2i}^2 + \cdots + \alpha_{pi}^2 = 1 \quad (i = 1, 2, \cdots, p)$$

F_i 与 F_j 不相关 $(i \neq j; i, j = 1, 2, \cdots, p)$。

(三) 主成分的选取

由于主成分分析的基本目的是简化观测结构,并在简化的同时使原始信息损失最小化,即较少的综合变量应该并且必须包含所有原始变量的大多数信息。综合变量所含原始变量的信息,最经典的表达方法就是其方差。所以:

为了方便对综合变量的取舍,要求第一个综合变量 F_1 包含的原始变量信息最多,即 F_1 的方差最大,因此在方程组求解过程中,F_1 是 $X_1, X_2, \cdots, X_p$ 的一切线性组合中方差最大的,F_2 是与 F_1 都不相关的 $X_1, X_2, \cdots, X_p$ 的一切线性组合中方差最大的,$\cdots\cdots$,F_p 是与 $F_1, F_2, \cdots, F_{p-1}$ 都不相关的 $X_1, X_2, \cdots, X_p$ 的一切线性组合中方差最大的。

由于方程组的系数向量 $\alpha_{ij} (i = 1, 2, \cdots, p; j = 1, 2, \cdots, p)$,恰好是原始矩阵 X 的方差矩阵(或协方差矩阵)的特征值所对应的特征向量。在数学上可以证明,方差矩阵的第一个特征值所对应的特征向量就是第一主成分 F_1 的方差。

因此,通常以累计方差贡献率达到满意程度的前几个特征值的个数为确定所需提取主成分数目的依据。

二、主成分分析的应用实例

【例9-2】 针对我国大陆地区31个省市区2005年主要产业结构状况(见表9-4)进行主成分分析。

表9-4　　我国大陆地区31个省市区2005年主要产业产值数据　　单位:亿元

地区	农、林、牧、渔业(x_1)	工业(x_2)	建筑业(x_3)	交通运输仓储和邮政业(x_4)	批发和零售业(x_5)	住宿和餐饮业(x_6)	金融业(x_7)	房地产业(x_8)
北京	97.99	1 707.04	319.47	404.66	654.09	182.81	836.62	455.31
天津	112.38	1 885.04	166.13	227.16	436.14	70.15	159.24	128.77
河北	1 503.07	4 665.21	567.29	702.00	598.56	115.22	211.17	291.51
山西	262.42	2 117.68	235.48	351.19	261.24	109.39	122.09	106.48
内蒙古	589.56	1 477.88	295.33	360.19	338.12	140.11	67.52	98.32
辽宁	882.41	3 489.58	463.70	509.37	850.33	178.84	212.72	243.99
吉林	625.61	1 363.94	216.89	208.10	345.02	83.39	83.63	112.29
黑龙江	684.60	2 696.30	275.38	318.39	413.16	103.35	33.48	163.47
上海	80.34	4 129.52	323.40	582.60	840.89	168.31	675.12	676.12
江苏	1 461.49	9 334.69	1 020.34	741.06	1 816.46	287.25	562.42	731.01
浙江	892.83	6 349.34	816.81	512.94	1 258.21	221.27	674.77	695.82
安徽	966.49	1 818.45	402.72	358.71	397.70	99.25	112.86	219.19
福建	841.20	2 842.43	357.83	455.18	584.63	108.77	179.14	321.74
江西	727.37	1 455.50	461.97	300.60	288.52	67.11	69.55	171.88
山东	1 963.51	9 568.58	1 060.04	968.64	1 387.22	441.26	467.59	653.66
河南	1 892.01	4 896.01	618.13	625.87	616.25	302.23	181.74	298.19
湖北	1 082.13	2 436.55	373.46	365.71	575.37	155.45	127.32	217.17
湖南	1 274.15	2 189.91	406.80	366.72	516.51	127.60	123.31	234.93
广东	1 428.27	10 482.0	857.90	990.53	2 222.72	520.63	673.65	1 456.14
广西	912.50	1 264.84	245.84	225.20	389.43	111.82	90.83	164.26

(续　表)

地区	农、林、牧、渔业（x_1）	工业（x_2）	建筑业（x_3）	交通运输仓储和邮政业（x_4）	批发和零售业（x_5）	住宿和餐饮业（x_6）	金融业（x_7）	房地产业（x_8）
海　南	300.75	156.16	63.91	64.34	91.67	27.55	12.44	33.61
重　庆	463.40	1 023.35	235.77	218.97	277.68	66.56	92.98	143.88
四　川	1 481.14	2 527.08	540.15	380.28	475.16	221.42	262.26	286.23
贵　州	368.94	714.24	112.39	115.82	131.50	39.16	71.07	79.53
云　南	669.81	1 180.83	251.93	163.08	271.48	74.10	131.66	143.87
西　藏	48.04	17.48	46.04	11.10	19.85	10.96	6.70	9.93
陕　西	435.77	1 553.60	295.68	242.12	293.83	74.67	97.04	105.53
甘　肃	308.06	685.80	152.76	144.70	130.78	53.53	44.73	63.78
青　海	65.34	203.94	60.67	31.88	35.63	9.38	20.36	14.10
宁　夏	72.08	229.07	52.16	45.81	38.65	11.33	32.00	22.61
新　疆	509.99	961.61	203.18	149.63	145.10	45.70	80.34	55.79

数据来源：2006年《中国统计年鉴》。

根据上述数据进行主成分分析，得到如下数据分析结果（见表9-5）。

表9-5　　　　　　　　　相关系数矩阵的特征值和特征相量

主成分	特　征　值	方差贡献率	累计贡献率
1	6.606 898 93	0.825 9	0.825 9
2	0.891 634 70	0.111 5	0.937 3
3	0.180 188 00	0.022 5	0.959 8
4	0.128 919 83	0.016 1	0.976 0
5	0.092 153 34	0.011 5	0.987 5
6	0.060 265 00	0.007 5	0.995 0
7	0.022 356 98	0.002 8	0.997 8
8	0.017 583 22	0.002 2	1.000 0

从上表数据看，前3个特征值累计贡献率已经达到95.98%，说明前3个主成分已经包含了全部八项指标的绝大部分信息，因此，该例提取3个主成分较为适宜（见表9-6）。

表 9-6　　　　　　　　　　主成分系数

变量	第一主成分	第二主成分	第三主成分
x_1	0.285 416	**0.689 331**	0.263 350
x_2	**0.379 774**	0.035 047	−0.255 434
x_3	**0.367 919**	0.215 045	0.312 106
x_4	**0.372 995**	0.096 028	0.070 207
x_5	**0.375 515**	−0.146 540	−0.337 641
x_6	**0.371 972**	0.055 345	−0.176 199
x_7	0.302 243	−0.586 805	**0.689 960**
x_8	0.359 298	−0.315 043	**−0.376 787**

即前 3 个主成分分别为：

第一主成分：

$$F_1 = 0.285\,416x_1 + 0.379\,774x_2 + 0.367\,919x_3 + 0.372\,995x_4$$
$$+ 0.375\,515x_5 + 0.371\,972x_6 + 0.302\,243x_7 + 0.359\,298x_8$$

第二主成分：

$$F_2 = 0.689\,331x_1 + 0.035\,047x_2 + 0.215\,045x_3 + 0.096\,028x_4$$
$$- 0.146\,540x_5 + 0.055\,345x_6 - 0.586\,805x_7 - 0.315\,043x_8$$

第三主成分：

$$F_3 = 0.263\,350x_1 - 0.255\,434x_2 + 0.312\,106x_3 + 0.070\,207x_4$$
$$- 0.337\,641x_5 - 0.176\,199x_6 + 0.689\,960x_7 - 0.376\,787x_8$$

在第一主成分的表达式中，变量 x_2、x_3、x_4、x_5、x_6 的系数较大，说明这 5 个变量在第一主成分中起主要作用。这 5 个变量对应的指标分别是工业、建筑业、交通运输仓储和邮政业、批发和零售业以及住宿和餐饮业，这 5 项指标属于第二产业和第三产业中的传统产业因素。

在第二主成分的表达式中，变量 x_1 的系数较大，对应的指标是第一产业的农、林、牧、渔业，该主成分反映的是传统农业产业因素。

在第三主成分的表达式中，变量 x_7、x_8 的系数较大，对应的指标为金融业和房地产业，该主成分主要反映的是第三产业中新兴的也是目前我国经济运行中最为活跃的因素。

当然，关于主成分的实际意义，要结合具体问题和有关专业知识才能给出合理的解释。

三、主成分分析法的进一步应用

虽然利用主成分本身可对所研究问题在一定程度上做出分析,但主成分分析本身往往并不是最终目的,更重要的是利用主成分综合原始变量的信息,达到降低原始变量维度的目的,进而利用前几个主成分的得分数据作进一步分析。

(一)主成分分析用于系统评估

当面临的研究课题是对某一系统的运营状况进行优劣评估时,由于影响系统运营状况的指标很多,难以直接比较优劣。根据主成分分析法的基本原理,可以知道第一主成分与原始变量之间具有最高的相关度,即第一主成分中所包含的原始变量的信息最多,例如,本节分析实例中第一主成分包含了所有原始变量 82.59% 的信息。如果以第一主成分作为评估指标,不仅可以使原始数据信息损失最小,同时系统评估在一维空间中进行,使得优劣比较简单易行。

(二)主成分分析用于解决回归分析中的共线性问题

在上一节有关多元线性回归分析的介绍中已经知道,自变量之间相关使得回归模型的分析结果可靠性降低,因此消除自变量之间存在的相关性,是建立有意义回归模型的重要基础。根据主成分分析的基本原理,各主成分之间互不相关,把各主成分作为新的自变量代替原始变量建立回归模型,是解决共线性问题的有效手段。

第三节 因子分析

因子分析指的是将具有错综复杂关系的变量(或样品)综合为数量较少的几个综合因子,不仅再现原始变量与因子间的相互关系,同时根据不同因子对变量进行分类,将相关性较高的(即彼此联系比较紧密的)变量分在同一类中,而不同类的变量间相关性较低。其中每一类变量就代表一类本质因子,或者称为一个基本结构。因子分析就是寻找这种类型的结构,或者叫做因子模型。

一、因子分析的基本原理

因子分析的基本目的就是用少数几个因子描述多个原始变量之间的关系。其结果不仅可以简化观测结构,还可以再现原始变量之间的内部关系。

(一) 因子分析的数学模型

如果对某一事物从 P 个角度进行研究,那么就有 P 个研究指标 $x_1, x_2, \cdots, x_p$ (或者称为研究变量、原始观测变量),为研究这一事物,可以对 n 个样本收集相关数据信息,得到一组观测数据:

$$\begin{cases} x_{11} & x_{12} & \cdots & x_{1p} \\ x_{21} & x_{22} & \cdots & x_{2p} \\ \vdots & \vdots & \vdots & \vdots \\ x_{n1} & x_{n2} & \cdots & x_{np} \end{cases}$$

假定存在一组变量 $F_1, F_2, \cdots, F_m (m < p)$,根据原始数据,可以得到一组新的线性组合:

$$\begin{cases} x_1 = a_{11}F_1 + a_{12}F_2 + \cdots + a_{1m}F_m \\ x_2 = a_{21}F_1 + a_{22}F_2 + \cdots + a_{2m}F_m \\ \vdots \\ x_p = a_{p1}F_1 + a_{p2}F_2 + \cdots + a_{pm}F_m \end{cases}$$

如果将这线性组合称为因子分析模型,则 $F_j (j = 1, 2, \cdots, m)$ 为公因子,$a_{ij} (i = 1, 2, \cdots, p; j = 1, 2, \cdots, m)$ 为因子载荷(或称为因子权重)。对于因子分析而言,关键就是求解因子载荷 a_{ij}。

(二) 因子载荷的意义

将因子载荷用矩阵形式表述,形成因子载荷矩阵,即:

$$A = \begin{pmatrix} a_{11} & a_{12} & \cdots & a_{1m} \\ a_{21} & a_{22} & \cdots & a_{2m} \\ \vdots & \vdots & \vdots & \vdots \\ a_{p1} & a_{p2} & \cdots & a_{pm} \end{pmatrix}$$

矩阵 A 中的任一元素 a_{ij} 是第 i 个变量 x_i 与第 j 个公因子 F_j 的协方差,如果观测变量是标准化变量,那么 a_{ij} 就是变量 x_i 与 F_j 的相关系数,它表示 x_i 与 F_j 线性联系的紧密程度。

第 i 行的因子载荷值 $a_{i1}, a_{i2}, \cdots, a_{im}$ 说明了第 i 个变量 x_i 依赖于各个因子的程度;第 j 列的因子载荷值 $a_{1j}, a_{2j}, \cdots, a_{pj}$ 则反映了第 j 个公因子 F_j 与各个变量的联系程度,通常第 j 列绝对值较大的因子载荷对应的原始变量构成解释第 j 个公因子含义的变量。

矩阵 A 中的任一行元素的平方和 $\sum_{j=1}^{m} a_{ij}^2$ 是公因子方差,或称为变量 x_i 的共同度,通常用 h_i^2 表示。它反映了 m 个公因子对第 i 个变量 x_i 的方差贡献。h_i^2 越大,说明 x_i 对这 m 个公因子的共同依赖度越高,用这 m 个公因子描述变量 x_i 就越有效。

如果 x_i 是标准化变量,共同度 h_i^2 就等于公因子的方差在变量 x_i 的总方差中所占的比例,或者说是 m 个公因子提取的变量 x_i 的信息比例。

矩阵 A 中任何一列元素的平方和 $\sum_{i=1}^{p} a_{ij}^2$,反映了第 j 个公因子 F_j 的方差贡献,通常用 U_j 表示。U_j 的值越大,表示第 j 个公因子的相对地位越重要。

实质上,U_j 就是对应的相关矩阵的特征值,U_j 与原始变量个数 p 的比值反映的就是第 j 个公因子提取的全部原始变量信息的量。正因为如此,特征值成为在确定公因子个数时的重要参考依据。

(三)因子分析方法

因子分析方法即因子载荷值的估算方法,其最基本的两种方法是主成分分析法和公因子分析法。主成分分析法考虑了全部方差,将全部方差引入因子载荷值矩阵;公因子分析法则根据部分方差估算因子载荷值。如果因子分析的目的是用尽可能少的变量解释尽可能多的方差,主成分分析法效果更好;如果因子分析的目的是识别有关公因子的主要维度,则应该运用公因子分析法。

通常进行因子分析的目的主要是尽量用较少的公因子个数,提取尽可能多的原始变量信息。因此,主成分分析法的使用更加普遍。

因子载荷值的估算方法还包括最大似然法、未加权的最小二乘法、一般的加权最小二乘法、最小残差法,等等。不同方法得到的结果有一定差异,不同方法适合于不同研究项目。但是,根据一些统计学家的研究,在样本容量很大,变量数目也很大(超过 30),并且所有变量都没有低共同度(不低于 0.40)的情况下,所有因子载荷值的估算方法都将得到大致相同的结果。如果样本容量超过 1 500,那么最大似然法给出的因子载荷值更精确一些。

(四)公因子数量的确定

因子分析的目的之一就是以尽可能少的公因子概括尽可能多的原始变量所含信息,以便通过简化数据结构,对事物进行更为深入的分析研究。因此,公因子数的确定就成为因子分析中的一个重要问题。一般情况下,公因子数可以通过以下方式确定。

1. 根据特征值

某一公因子特征值描述的是与该因子有关的方差大小,经过标准化处理数据的每个原始变量方差为1,那么就意味着特征值小于1的公因子并不优于原始变量。因此,起码应提取特征值大于1的公因子,则特征值大于1的因子数目就成为确定公因子的数目的重要方法。目前经常使用的统计分析软件,公因子数也都是按照这一原理默认确定。但当原始变量少于20个状况下,根据这一方法确定的因子数比较保守。

2. 根据解释方差的比例

因子分析中,一般总是希望公因子能够反映的原始信息数量达到一个满意程度,因此,以提取的公因子解释的累计方差达到满意水平时的因子数为准,是确定公因子数目的另一个重要方法。究竟解释方差多少合适,取决于研究问题和研究目的。通常在市场调研数据分析实践中,提取的公因子至少应能解释60%的方差。

3. 根据研究人员的经验

在数据分析实践中,通常研究人员依据经验会事先确定因子数目,或者依据原始变量数目的1/3确定希望提取的因子数,然后根据实际情况需要和各项具体指标进行调整。目前由于统计分析软件的方便程度日趋提高,这种方法的应用也日益普遍。

除上述几种方法外,碎石图、复本信度、显著检验等也是确定因子数的有益参考方法。

(五) 因子旋转

在实际应用中,都希望知道各个公因子的意义,即每个公因子的含义。为此就要考察各个原始变量在某个主因子上的载荷值,因子载荷绝对值大的变量显然与对应公因子的关系更密切,成为该公因子的解释变量。但是,如果各个公因子与对应原始变量的因子载荷值差异不大,或者某个原始变量与每个公因子对应的载荷值都比较高,这时对公因子含义的解释就出现了困难。解决这一问题,通常需要进行因子旋转,即通过旋转公因子坐标轴,使因子载荷值在新的坐标系中向0或者1两极分化,从而得到一个更简单的、易于解释的因子结构。其原理就像是调整显微镜的焦距,使得观察物更清晰的显现出来。

进行因子旋转,不会影响公因子方差和解释的总方差比例,但是每个因子单独解释的方差比例会发生变化。每一公因子解释方差的比例通过因子旋转进行了再次分配,因此不同的因子旋转方法可能导致不同的因子产生。

因子旋转方法很多,其中应用较为普遍的是方差最大正交旋转和斜交旋转。方差最大正交旋转方法的基本原理是在因子旋转时,每个因子轴保持互相垂直,这时所产生的公因子之间是相互独立的,同时可以使某一因子包含的高载荷值的变量数最小,有利于对因子进行解释。如果因子旋转时,每个因子轴不保持互相垂直,则旋转产生的公因子之间将具有一定相关性,这种旋转方法称为斜交旋转。某些情况下,企图使公因子之间相互完全独立是很困难的,这时如果采用斜交旋转,允许因子之间相关,反而可以使因子矩阵变得更简单,有利于进行分析。

二、因子分析的应用实例

【例9-3】 对我国大陆地区31个省市区城镇居民2005年主要食物消费支出状况（见表9-7）进行因子分析。

表9-7　　　　　　　　我国大陆地区31个省市区城镇居民
　　　　　　　　　　　2005年主要食物品种消费支出额　　　　　　　　单位：元

地区	粮食 (x_1)	干豆及豆制品 (x_2)	肉禽及制品 (x_3)	蛋类 (x_4)	水产品类 (x_5)	蔬菜类 (x_6)	酒及饮料 (x_7)	干鲜瓜果类 (x_8)	奶及奶制品 (x_9)
北京	255.64	46.38	649.66	82.42	174.00	294.87	285.99	380.43	270.43
天津	257.99	35.00	547.20	115.45	287.03	270.39	204.35	282.58	149.17
河北	219.04	30.59	402.39	89.81	112.43	254.27	174.65	185.35	134.25
山西	262.10	28.48	280.62	75.18	36.77	247.57	84.71	144.14	154.26
内蒙古	256.46	21.06	384.40	51.16	50.08	169.50	123.33	172.88	120.14
辽宁	272.84	45.33	480.07	93.81	224.24	329.41	163.63	269.80	140.14
吉林	242.61	38.66	415.01	65.43	113.03	273.87	119.25	235.85	105.30
黑龙江	255.91	30.59	371.49	60.57	93.17	195.90	94.74	188.22	95.60
上海	253.51	68.50	695.41	76.69	573.26	382.63	230.92	333.68	246.88
江苏	223.34	53.37	622.04	74.84	266.16	291.55	133.12	192.83	156.29
浙江	239.47	52.95	578.97	56.65	515.79	335.17	194.19	297.06	155.28
安徽	235.36	40.65	572.04	99.61	132.38	274.31	207.79	167.60	154.65
福建	306.77	45.30	794.17	80.78	623.46	335.00	138.37	228.64	152.34
江西	224.96	47.72	557.31	56.72	140.48	271.67	80.83	178.15	119.63
山东	219.23	32.32	433.92	95.54	146.95	211.92	153.40	206.89	159.61
河南	228.78	32.70	371.16	76.06	43.54	217.28	119.60	146.95	115.26
湖北	225.11	42.30	498.91	58.95	147.29	305.48	109.13	151.75	110.25
湖南	242.98	43.51	582.66	54.52	132.31	257.10	94.54	209.38	119.20
广东	284.19	30.83	1 047.54	55.33	405.66	348.64	112.92	237.78	134.49
广西	224.37	39.43	876.53	50.93	178.47	266.69	74.56	183.00	99.58
海南	193.91	18.34	810.09	35.10	398.99	268.93	61.76	145.17	69.53
重庆	218.13	39.01	692.58	73.37	122.24	308.14	106.64	182.27	168.05

（续 表）

地区	粮食 (x_1)	干豆及豆制品 (x_2)	肉禽及制品 (x_3)	蛋类 (x_4)	水产品类 (x_5)	蔬菜类 (x_6)	酒及饮料 (x_7)	干鲜瓜果类 (x_8)	奶及奶制品 (x_9)
四 川	222.39	33.02	657.71	68.98	82.82	274.23	104.59	168.92	138.86
贵 州	220.00	30.93	565.08	54.49	49.89	240.75	110.25	174.41	96.40
云 南	267.58	36.84	522.97	61.32	93.37	347.85	103.68	178.86	78.23
西 藏	356.00	9.41	767.82	58.99	124.50	470.82	334.38	240.26	339.90
陕 西	240.33	39.12	325.32	59.35	57.49	207.95	104.73	170.54	124.31
甘 肃	224.19	25.43	358.26	56.95	50.45	213.04	132.15	192.89	136.80
青 海	243.98	19.46	439.53	47.41	59.47	195.48	133.09	163.00	104.44
宁 夏	237.05	30.60	361.94	42.66	53.22	198.03	98.46	198.80	124.17
新 疆	252.41	23.47	446.99	48.55	58.31	205.68	90.12	200.17	113.75

数据来源：2006年《中国统计年鉴》。

根据上述数据进行因子分析,得到如下分析数据(见表9-8)。

表9-8　　　　　　　　相关矩阵的特征值和累计方差贡献率

特 征 值	特征向量	方差比例	累计方差贡献率
1	4.115 292 83	0.457 3	0.457 3
2	1.608 399 31	0.178 7	0.636 0
3	1.416 011 74	0.157 3	0.793 3
4	0.570 891 70	0.063 4	0.856 7
5	0.469 431 50	0.052 2	0.908 9
6	0.391 191 31	0.043 5	0.952 4
7	0.210 947 35	0.023 4	0.975 8
8	0.147 851 05	0.016 4	0.992 2
9	0.069 983 21	0.007 8	1.000 0

从表9-8中数据可看出,前3个特征值的累计方差贡献率已经达到79.33%,即根据前3个特征值提取的公因子将包含所有原始变量信息的79.33%,因此可以确定选取3个公因子进行分析较为适宜(见表9-9)。

表 9-9　　　　　　　　　　未经旋转的因子载荷矩阵

原始变量	公因子一	公因子二	公因子三
x_1	**0.614 17**	−0.419 67	−0.414 60
x_2	0.409 39	**0.592 22**	0.566 35
x_3	**0.535 78**	0.504 73	−0.519 87
x_4	0.425 08	−0.183 13	**0.680 54**
x_5	**0.643 07**	0.629 99	−0.057 60
x_6	**0.828 22**	0.125 59	−0.316 92
x_7	**0.820 77**	−0.454 40	0.131 64
x_8	**0.812 15**	0.033 25	0.262 21
x_9	**0.818 53**	−0.415 95	−0.011 56

根据表 9-9 中数据,公因子一与原始变量 x_1、x_3、x_5、x_6、x_7、x_8、x_9 均具有较高的相关性,而公因子二和公因子三只分别与原始变量 x_2、x_4 相关性较高,同时原始变量 x_3 对三个公因子的解释程度差异很小,因此可以认为未经旋转的因子模型不很理想。表 9-10 中数据反映的是根据方差最大正交旋转方法得到的因子模型。

表 9-10　　　　　　　　　　旋转后的因子载荷矩阵

原始变量	公因子一	公因子二	公因子三
x_1	**0.789 91**	0.214 18	−0.235 32
x_2	−0.149 62	0.373 28	**0.823 02**
x_3	0.152 00	**0.882 52**	−0.100 67
x_4	0.344 11	−0.225 50	**0.712 81**
x_5	0.088 63	**0.812 85**	0.381 02
x_6	0.587 88	**0.670 03**	0.087 25
x_7	**0.892 54**	0.043 04	0.314 63
x_8	0.554 99	0.326 06	**0.561 35**
x_9	**0.885 97**	0.135 99	0.199 28

从表 9-10 中可以看出:

第一,公因子在变量 x_1、x_7、x_9 上有较大载荷,对应的主要解释指标为粮食、酒及饮料、奶及奶制品,说明我国某些省区城镇居民食物消费仍以温饱为主要特征,因此第一主因子可命名为温饱因子。

第二,公因子在变量 x_3、x_5、x_6 上有较大载荷,对应的主要解释指标为肉禽及制品、水产品类、蔬菜类,呈现以动物蛋白营养为主的食物结构特征,故第二主因子可命名为动物蛋白营养因子。

第三,公因子在变量 x_2、x_4、x_8 上有较大载荷,对应的主要解释指标为干豆及豆制品、蛋类、干鲜瓜果类,属于以植物蛋白营养为主的食物结构特征,该主因子可命名为素食因子。

三、因子得分

因子分析的主要研究目标是将原始变量表示为公因子的线形组合,由于公因子能反映其与原始变量之间的相关关系,用公因子代表原始变量时,对于描述研究对象的特征有重要意义。进一步讲,如果将公因子表示为原始变量的线性组合,也就是对公因子的取值进行估计,则可计算出每个样本对公因子的得分,即因子得分。因子得分对于进一步采用其他多元统计方法对事物进行更深入研究有重要意义。

如前所述,因子分析的数学模型是将原始变量表示为公因子的线性组合,即:

$$\begin{cases} x_1 = a_{11}F_1 + a_{12}F_2 + \cdots + a_{1m}F_m \\ x_2 = a_{21}F_1 + a_{22}F_2 + \cdots + a_{2m}F_m \\ \quad\quad\quad\quad\quad \vdots \\ x_p = a_{p1}F_1 + a_{p2}F_2 + \cdots + a_{pm}F_m \end{cases}$$

如果反过来将公因子表示为原始变量的线性组合,则:

$$\begin{cases} F_1 = \beta_{11}x_1 + \beta_{12}x_2 + \cdots + \beta_{1p}x_p \\ F_2 = \beta_{21}x_1 + \beta_{22}x_2 + \cdots + \beta_{2p}x_p \\ \quad\quad\quad\quad\quad \vdots \\ F_m = \beta_{m1}x_1 + \beta_{m2}x_2 + \cdots + \beta_{mp}x_p \end{cases}$$

如果称上述方程组为因子得分函数,因子得分值的计算关键就是估计因子得分函数的系数 $\beta_{ij}(i=1,2,\cdots,m;j=1,2,\cdots,p)$。因子得分系数 β_{ij} 值的计算方法有多种,常用的包括加权最小二乘法、回归法等。

求得因子得分系数后,将每个样本对应的原始变量值代入到该方程组中,即可求得样本对应公因子的因子得分值。

从因子得分值的求解过程可看出,因子得分实质上就是每个样本在公因子上的投影值或坐标值。那么,如果以公因子为新的变量,因子得分为观测数据,即可形成用于进一步分析的新的数据集。

例如，在本节有关"我国大陆地区 31 个省市区城镇居民 2005 年主要食物消费支出状况"的因子分析实例中，可利用 3 个公因子对应的 31 个省市区因子得分进行聚类分析，找出每个公因子对应的地区分布，从而进一步对公因子含义有更明确的解释。

另外，因子得分在回归分析、判别分析等方面也有较好的作用。

第四节 聚 类 分 析

聚类分析又称为群分析或者类分析，它是依据某种准则或算法对个体（样本或变量）进行分类的一种多元统计分析技术。通俗地讲，聚类分析就是多元统计分析中研究所谓"物以类聚"现象的方法，其职能就是对一批样本或者变量，按照其在性质上的亲疏程度进行分类。例如，对不同省市区根据 GDP、人均收入、通货膨胀率等指标进行分类，对居民消费习惯按照其消费支出结构进行分类，等等。

一、聚类分析的基本原理

（一）距离和相似系数

聚类分析是针对研究对象在性质上联系的紧密程度对其进行合理分类，为了定量地描述研究对象之间的紧密程度，常用的手段有两种，一种是"距离"一种是"相似系数"。

1. 距离

距离一般用来对样本进行聚类，对样本进行聚类一般也称为 Q 型聚类。如果我们从 p 个角度对事物进行研究，针对 p 个变量收集样本的相关资料，直观地说，每个样本都可被看成是 p 维空间中的一个点，这时就可以把"距离"较近的点归为同一类别中，"距离"较远的归入不同类别中。

测算研究对象之间"距离"的方法很多，仅 SAS 软件就提供了包括类平均法、重心法、最长距离法、最短距离法、中间距离法、离差平方和法等十一种之多。其中最常用的是类平均法和离差平方和法。

2. 相似系数

相似系数一般用来对变量进行聚类，对变量进行聚类通常也称为 R 型聚类。根据变量间的"相似系数"，将"相似系数"较大的我们认为其性质相近程度高，可归为一类。常用的相似系数包括"夹角余弦"和"相关系数"两种。

(二) 聚类方法

有了进行分类的手段,就可进行聚类分析。常用的聚类方法有谱系聚类法和动态聚类法两种。

1. 谱系聚类法

谱系聚类法也称为系统聚类法,指的是先将 n 个研究个体(样本或变量)看成 n 类,然后将性质最接近(或相似程度最大)的 2 个个体合并为一类,将所有元素分成为 $n-1$ 类;进一步,从 $n-1$ 中找出最接近的 2 类加以合并变成了 $n-2$ 类,如此下去,最后所有的元素聚为一类。

谱系聚类法既可对样本进行分类,也可用来对变量进行分类。同时还可以得到一个按照个体之间密切程度大小聚结起来的谱系图,从而很直观地表述个体之间的远近。是目前最常用的聚类分析方法。

2. 动态聚类法

前面介绍的谱系聚类法又称为快速聚类法,其特点是一旦样本或变量被归入到某一类别后,就维持不变了。这就要求分类手段(采用的距离方式和相似系数)很准确。另外,当样本量很大的时候,谱系图的效果就大打折扣。而动态聚类法对于大样本状况下的聚类,是一种非常行之有效的聚类方法。

动态聚类法,指的是首先将 n 个个体大致地分成若干类,然后用某种最优准则进行调整,经过若干次反复地调整,使每个个体尽可能进入最合理的类别中,直至不能调整了为止。

此外聚类方法还有加入法、有重叠的聚类法、模糊聚类法、有序样品聚类法等等。

(三) 确定类别个数

类别个数确定是聚类分析中的一个重要问题。将研究对象分为几类比较合适,并没有明确的规则。通常是在研究人员长期经验基础上参照下列依据确定:

1. 依据研究的目的与实际需要

如果聚类分析的目的是市场细分,则可在企业有关部门根据市场竞争形势、自身资源条件判断基础上,产生的市场细分数目预期要求为聚类类别个数的确定依据。

2. 直观确定

采用谱系聚类法进行聚类时,可根据谱系图进行直观的确定。

3. 作图确定

采用动态聚类法进行聚类时,可以将类内方差与类间方差的比值和相应的类别个数作图。折点处就适合确定类别个数,类别个数超过折点往往意味着分类数目过多。

4. 依据类内个体数目多少进行判断取舍

通常我们要求聚类之后每一类别内所包含个体数目具有解释的意义。比如,对样本聚类时,如果某一类仅有一个或者少数几个样本,不能形成特定概念,则这个类的存在就没有实际的价值。

(四) 聚类效果评价

对聚类分析结果的可靠性和有效性的评价非常复杂,并且至今也没有一个确切的标准。一般简便易行的方式是,或者采用不同的距离和相似系数,看结果的可靠性;或者将样本随机的分为对等两份,比较其分别聚类后的结果。

二、聚类分析的实例

【例 9-4】 对我国大陆地区 31 个省市区城镇居民 2005 年消费支出结构(各项消费支出占总消费支出的比重)进行聚类分析,分析数据如表 9-11 所示。

表 9-11　我国大陆地区 31 个省市区城镇居民 2005 年消费支出结构　　单位：%

地区	编号	食品	衣着	家庭设备用品与服务	医疗保健	交通和通信	教育文化娱乐服务	居住	杂项商品和服务
北京	1	0.318 295	0.089 408	0.064 344	0.097 836	0.146 742	0.165 095	0.078 508	0.039 773
天津	2	0.367 016	0.072 401	0.054 303	0.103 214	0.103 386	0.132 981	0.133 799	0.032 899
河北	3	0.345 653	0.117 518	0.061 867	0.095 932	0.115 28	0.118 727	0.113 749	0.031 272
山西	4	0.324 28	0.147 105	0.056 67	0.084 933	0.095 284	0.147 026	0.114 765	0.029 937
内蒙古	5	0.314 296	0.151 244	0.056 919	0.076 979	0.109 042	0.139 828	0.104 295	0.047 396
辽宁	6	0.388 231	0.100 53	0.041 361	0.101 931	0.100 963	0.115 28	0.107 575	0.044 126
吉林	7	0.346 74	0.121 596	0.041 147	0.099 455	0.107 952	0.117 771	0.124 428	0.040 911
黑龙江	8	0.335 322	0.142 11	0.045 772	0.099 247	0.096 628	0.129 895	0.112 533	0.038 493
上海	9	0.358 666	0.068 28	0.058 105	0.057 852	0.144 025	0.165 011	0.102 524	0.045 537
江苏	10	0.371 823	0.093 278	0.068 065	0.067 192	0.121 886	0.149 377	0.092 201	0.036 178
浙江	11	0.337 884	0.103 157	0.049 714	0.067 881	0.171 165	0.150 952	0.086 452	0.032 797
安徽	12	0.436 816	0.119 909	0.045 681	0.062 871	0.106 296	0.104 657	0.092 698	0.031 074
福建	13	0.408 805	0.080 596	0.051 778	0.054 399	0.119 247	0.125 87	0.121 88	0.037 423
江西	14	0.408 402	0.106 033	0.069 891	0.053 436	0.092 893	0.131 831	0.105 765	0.031 749
山东	15	0.336 949	0.124 165	0.067 499	0.077 643	0.120 998	0.139 459	0.100 799	0.032 49
河南	16	0.342 415	0.133 552	0.062 317	0.078 223	0.105 427	0.133 335	0.107 979	0.036 752

(续 表)

地区	编号	食品	衣着	家庭设备用品与服务	医疗保健	交通和通信	教育文化娱乐服务	居住	杂项商品和服务
湖北	17	0.389 726	0.119 745	0.055 073	0.074 124	0.096 469	0.134 306	0.101 519	0.029 039
湖南	18	0.358 347	0.105 357	0.060 089	0.080 125	0.106 765	0.151 722	0.102 794	0.034 801
广东	19	0.361 155	0.057 062	0.051 238	0.059 687	0.197 551	0.141 33	0.100 037	0.031 939
广西	20	0.413 31	0.073 934	0.059 814	0.066 267	0.100 016	0.142 03	0.109 454	0.035 175
海南	21	0.475 638	0.052 194	0.051 284	0.059 213	0.122 84	0.109 977	0.098 739	0.030 116
重庆	22	0.363 626	0.098 516	0.067 666	0.072 979	0.107 838	0.161 32	0.102 329	0.025 727
四川	23	0.393 206	0.093 003	0.061 343	0.064 26	0.120 103	0.131 91	0.102 366	0.033 809
贵州	24	0.399 121	0.114 12	0.054 5	0.065 499	0.101 544	0.131 79	0.094 728	0.038 698
云南	25	0.428 341	0.092 032	0.041 614	0.094 758	0.133	0.110 851	0.077 62	0.021 784
西藏	26	0.444 517	0.122 059	0.055 27	0.039 29	0.152 017	0.078 711	0.060 058	0.048 075
陕西	27	0.360 78	0.101 115	0.055 857	0.090 936	0.094 669	0.162 537	0.098 16	0.035 944
甘肃	28	0.360 353	0.123 485	0.056 087	0.075 389	0.097 811	0.144 39	0.104 267	0.038 218
青海	29	0.363 053	0.110 605	0.057 088	0.088 725	0.110 684	0.128 59	0.106 702	0.034 553
宁夏	30	0.347 989	0.121 248	0.065 172	0.083 681	0.110 19	0.120 227	0.111 052	0.040 442
新疆	31	0.363 662	0.133 061	0.049 935	0.080 412	0.121 963	0.119 428	0.092 101	0.039 436

数据来源：根据2006年《中国统计年鉴》整理。

根据上表9-11中数据进行聚类分析,得到如下聚类过程数据(见表9-12)和聚类谱系图(见图9-1)。

表9-12　　　　　　　　　　运用类平均法聚类过程

类的数目	新聚类集		新类中的样本数目及样本编号	类平均距离
30	OB3	OB30	2(3, 30)	0.202 4
29	OB18	OB22	2(18, 22)	0.221 4
28	OB17	OB24	2(17, 24)	0.223 6
27	OB15	OB16	2(15, 16)	0.259 9
26	CL30	OB29	3(3, 30, 29)	0.281 3
25	CL29	OB27	3(18, 22, 27)	0.288 4
24	OB4	OB5	2(4, 5)	0.337 8

(续表)

类的数目	新聚类集	新类中的样本数目及样本编号	类平均距离
23	OB10 OB23	2(10, 23)	0.356
22	CL26 CL27	5(3, 30, 29, 15, 16)	0.364 7
21	CL25 OB28	4(18, 22, 27, 28)	0.367 3
20	OB7 OB8	2(7, 8)	0.368 6
19	OB14 CL28	3(14, 17, 24)	0.370 2
18	OB13 OB20	2(13, 20)	0.380 5
17	CL22 OB31	6(3, 30, 29, 15, 16, 31)	0.427 8
16	CL17 CL20	8(3, 30, 29, 15, 16, 31, 7, 8)	0.476 7
15	CL23 CL19	5(10, 23, 14, 17, 24)	0.503 7
14	CL15 CL18	7(10, 23, 14, 17, 24, 13, 20)	0.562 1
13	CL16 CL21	12(3, 30, 29, 15, 16, 31, 7, 8, 18, 22, 27, 28)	0.573 8
12	OB2 OB6	2(2, 6)	0.589 3
11	OB1 OB11	2(1, 11)	0.594 9
10	OB12 OB25	2(12, 25)	0.634 4
9	CL13 CL24	14(3, 30, 29, 15, 16, 31, 7, 8, 18, 22, 27, 28, 4, 5)	0.652 6
8	CL11 OB9	3(1, 11, 9)	0.715 8
7	CL12 CL14	9(2, 6, 10, 23, 14, 17, 24, 13, 20)	0.744 8
6	CL8 OB19	4(1, 11, 9, 19)	0.845 1
5	CL7 CL10	11(2, 6, 10, 23, 14, 17, 24, 13, 20, 12, 25)	0.846
4	CL5 CL9	25(2, 6, 10, 23, 14, 17, 24, 13, 20, 12, 25, 3, 30, 29, 15, 16, 31, 7, 8, 18, 22, 27, 28, 4, 5)	0.931 1
3	CL6 CL4	29(1, 11, 9, 19, 2, 6, 10, 23, 14, 17, 24, 13, 20, 12, 25, 3, 30, 29, 15, 16, 31, 7, 8, 18, 22, 27, 28, 4, 5)	1.144 3
2	OB21 OB26	2(21, 26)	1.163 2
1	CL3 CL2	31(1, 11, 9, 19, 2, 6, 10, 23, 14, 17, 24, 13, 20, 12, 25, 3, 30, 29, 15, 16, 31, 7, 8, 18, 22, 27, 28, 4, 5, 21, 26)	1.568 4

表 9-12 中 OB1、OB2、……OB31 分别代表表 9-11 中编号对应的 31 个样本地区。聚类第一步是将 OB3、OB30 合并成新类,这时全部 31 个样本聚为 30 类,即 CL30;第二步将 OB18、OB22 合并成新类,这时 30 类聚为 29 类,即 CL29;……第三十步将 CL3、CL2 合并,全部 31 个样本归为一类。

SAS 软件的 PROC CLUSTER 过程同时给出的聚类谱系图(见图 9-1)也直观地说明了上述聚类过程。

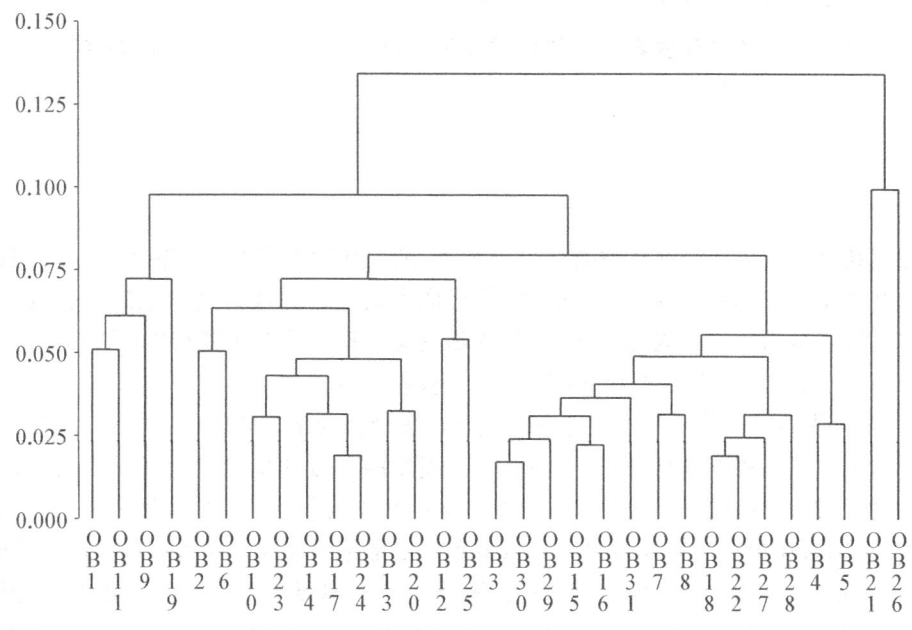

图 9-1 聚类谱系图

如果将全部样本聚为四类,根据表 9-11 中样本编号,则相应各类中的地区分布如表 9-13 所示。

表 9-13 各类别样本地区分布

第 一 类	第 二 类	第 三 类	第 四 类
北京、浙江、上海、广东	天津、辽宁、江苏、四川、江西、湖北、贵州、福建、广西、安徽、云南	河北、宁夏、青海、山东、河南、新疆、吉林、黑龙江、湖南、重庆、陕西、甘肃、山西、内蒙古	海南、西藏

第一类地区经济发达、居民收入高,从消费支出结构看食品、衣着类支出比重明显低于其他地区,而交通通信、娱乐文化教育以及社会服务方面需求较高。

第二类地区基本处于我国经济发展的中上水平,并且除辽宁外均处于南方,居民在消费支出方面呈现一定的相似性,突出表现在食品支出水平较高,而对于家庭设备与居住方面需求相对较低。

第三类地区的多数省份位于北方,并且经济发展处于中等偏下水平,在衣着、家庭设备、居住等方面的支出比重明显偏高。

第四类地区包括海南、西藏。由于这两个省区在诸多方面存在着特殊性,居民消费支出方面与其他省份可比性较差,故单独列为一类。

关于谱系聚类法的变量聚类和快速聚类法的应用,限于篇幅,在此不再举例。

本章小结

多元统计分析方法是在多变量研究环境下,通过研究变量(或样本)间相互关系以及揭示这些变量内在的变化规律,达到对事物特征和运行趋势较为全面把握的有效分析方法。多元统计分析方法的内容非常丰富,本章主要对其中常用的多元线性回归分析法、主成分分析法、因子分析法和聚类分析法进行了基本介绍。

1. 多元线性回归分析是通过建立因变量与多个自变量之间的回归模型,对自变量影响因变量的方式和程度进行分析。因此,回归模型的有效性检验成为多元回归分析方法应用中的关键。回归模型有效性检验最基本的内容不仅包括对回归方程和回归系数的显著性进行检验,还包括对自变量之间的相关和自变量是否存在自相关等状况进行检验。

2. 主成分是原始变量的线性组合,它不能简单地解释为单变量的属性作用,因而不能直接说明单个原始变量属性作用对主成分的作用,而应该同时看一些起主要作用的原始变量的综合作用,依此给主成分一个合理解释。

3. 因子分析是通过对变量相关系数矩阵内部结构的研究,找出控制所有原始变量的少数几个公因子,从而达到简化和概括数据的方法。在因子分析模型中,每一原始变量是一组公因子的线性组合。同理,公因子本身也可用原始变量的线性组合表示。公因子的意义是:绝对值较大因子载荷对应原始变量含义的综合抽象。

4. 聚类分析是利用研究对象(样本或变量)之间的距离和相似系数对其进行分类。用距离描述样本间靠近程度、用相似系数描述变量间紧密程度。选用不同的距离或相似系数可能得到不同的分类结果。常用的聚类方法中,谱系聚类法可产生一个树状的谱系图,非常有利于进行直观的判断;快速聚类法则非常适用于大样本状况下的分类问题研究。不同的聚类方法各有特点,在实际应用中,配合不同的距离或相似性指标,根据实际的研究目的和问题性质探索总结合适的结果。

复习思考题

1. 如何对多元线性回归模型的有效性进行检验?

2. 在多元线性回归中,用于评测自变量相对重要性的指标有哪些?
3. 什么是多重共线性? 多重共线性会导致什么问题?
4. 主成分的含义是什么?
5. 主成分分析在市场研究中的主要作用是什么?
6. 试对我国城镇居民和农村居民 2007 年生活消费支出进行主成分分析。
7. 因子分析的主要用途有哪些?
8. 因子旋转的意义是什么?
9. 试对公因子、共同度、因子载荷、因子方差贡献的意义进行描述。
10. 解释公因子含义的指导原则是什么?
11. 什么是因子得分? 有什么用途?
12. 如何判断因子分析模型的效果?
13. 聚类分析在市场研究中有哪些主要用途?
14. 聚类分析主要有哪些方法? 各有哪些优缺点?
15. 如何确定类别个数?
16. 试举例给出一个可能利用聚类分析进行市场研究的设想。

案例分析

一、调查背景与目的

在大学生就业形势日益严峻的背景下,各大学学生就业辅导机构对毕业生的就业辅导也面临如何深化、如何更具有针对性的挑战。某大学针对女大学生就业难度突出、女生普遍存在畏惧应聘、无法在应聘中显示本身优势的状况,决定以女生的就业辅导为突破口,希望能针对不同学生性格特征和自身优势,对其择业方向进行指导。为此,该大学就业辅导中心进行了一次针对该校应届毕业女生的专项调查。

二、调查内容与方法

(一)调查针对该高校应届毕业班女生进行,调查采用问卷方式,共获取 255 份有效数据(具体数据略)。

(二)调查问卷主要格式与内容如下

	非常符合	比较符合	一般	不太符合	极其不符合
X_1:我是一个非常有自信的人	5	4	3	2	1
X_2:我每个月的消费支出都很有计划	5	4	3	2	1

X_3：我的人生目标很明确	5	4	3	2	1
X_4：我的最大优势是知识扎实	5	4	3	2	1
X_5：我喜欢参加各种社交活动	5	4	3	2	1
X_6：我喜欢快节奏的生活方式	5	4	3	2	1
X_7：我非常注意提高自己的内在修养	5	4	3	2	1
X_8：我对自己的成就有很大期望	5	4	3	2	1
X_9：我很喜欢与陌生人交往	5	4	3	2	1
X_{10}：我喜欢特立独行的生活	5	4	3	2	1

三、调查数据采用因子分析方式进行分析,得到如下分析结果

（一）相关矩阵的特征值和累计方差贡献率（见表9-14）

表9-14

特征值	特征向量	方差比例	累计方差贡献率
1	2.838 305 49	0.283 8	0.283 8
2	1.161 355 39	0.116 1	0.400 0
3	1.027 950 01	0.102 8	0.502 8
4	0.979 702 94	0.098 0	0.600 7
5	0.873 716 55	0.087 4	0.688 1
6	0.788 739 46	0.078 9	0.767 0
7	0.646 834 74	0.064 7	0.831 7
8	0.638 022 01	0.063 8	0.895 5
9	0.531 948 96	0.053 2	0.948 7
10	0.513 424 45	0.051 3	1.000 0

根据累计方差贡献率,决定选取3个公因子进行分析。

（二）旋转后因子载荷矩阵（见表9-15）

表9-15

原始变量	公因子一	公因子二	公因子三
x_1	**0.625 33**	0.027 44	0.333 63
x_2	−0.148 33	0.026 55	**0.745 16**

(续 表)

原始变量	公因子一	公因子二	公因子三
x_3	0.327 40	0.141 85	**0.506 94**
x_4	0.280 08	0.058 43	**0.615 10**
x_5	**0.768 13**	0.093 67	0.030 69
x_6	**0.567 24**	0.173 87	0.100 17
x_7	−0.040 27	**0.826 95**	0.142 81
x_8	0.253 86	**0.633 69**	0.100 13
x_9	**0.625 23**	0.261 86	0.017 94
x_{10}	0.265 48	**0.653 22**	−0.036 92

根据因子载荷,我们得到如下结果:

公因子一的主要解释变量为 X_1:我是一个非常有自信的人;X_5:我喜欢参加各种社交活动;X_6:我喜欢快节奏的生活方式;X_9:我很喜欢与陌生人交往。

公因子二的主要解释变量为 X_7:我非常注意提高自己的内在修养;X_8:我对自己的成就有很大期望;X_{10}:我喜欢特立独行的生活。

公因子三的主要解释变量为 X_2:我每个月的消费支出都很有计划;X_3:我的人生目标很明确;X_4:我的最大优势是知识扎实。

问题

1. 请你为三个公因子命名,并指出其在女大学生就业指导中的意义。
2. 为使就业指导更具有针对性,在该案例现有结论基础上应进一步作哪些分析?

第10章 市场调查结果报告

1. 了解市场调查报告的作用及种类。
2. 掌握市场调查报告的基本特点与格式及内容要求。
3. 了解市场调查报告撰写流程与内容安排技巧及撰写中的注意事项,能够根据市场调查的情况和结果撰写完整的市场调查报告。
4. 领会市场调查结果口头报告的特点和成功的基本要求。
5. 了解如何对市场调查报告进行评价、所馈和完善。

作为一名营销者,应该知道包装产品的重要性。如果产品不进行适当地展示,不管它有多好,都会被消费者大打折扣。

对于你的调研,这一点同样成立。正如帕特里夏·搏特威尼克(MPG 国际有限责任公司总裁)所说,对于把任务委托给调研公司的客户而言,调研结果表述的语气、方式和内容是公司是否专业性的重要说明。客户期望你能按照调研过程的技术步骤开展活动,而且你是否很好地就调研结果、建议和结论与他交流,对于保持同客户的长期关系和发展未来业务是极为重要的。

第一节 市场调查报告的基本格式与内容

调查报告是调查活动的结果,是对调查活动工作的介绍和总结。调查活动的成败以及调查结果的实际意义都体现在调查报告上。调查报告通常可分为书面调查报告和口头调查报告两种。书面调查报告将提交给企业决策者,作为企业制定市场营销战略与策略的依据。所以调查报告的撰写显得特别重要。

一、市场调查报告的作用与特点

(一)市场调查报告的作用

营销调查报告是展示营销调查工作成果的产品,并且可能是客户所能见到的唯一的内容。如果报告写得很差,文中充满语法错误,毫无章法,那么,调研的质量包括它的分析和信息,马上就变得可疑。如果报告的组织和表达有误,阅读者将永远无法理解你想让他们知道的结论。如果报告不能有效地沟通,调研过程中所花的时间和精力就被浪费了。另外,如果报告各方面都做得很好,它将不仅能够与客户恰当沟通,而且还可以建立相互信任感。

营销调查的使用者和提供者都认为,调查报告是营销调研过程中最重要的一环。许多经理并不一定涉足调研过程,但他们将利用调查报告制定业务决策。有效的报告是必要的,它必须遵循所有有关组织结构、格式和文笔流畅的写作原则。最后,调查报告对于维持调查客户与提供者之间的长期关系是极为重要的。

书面调查报告是调查人员对某种事物或某个问题进行深入细致的调查后,经过认真分析研究而形成的一种报告形式。书面调查报告的功能体现在以下四点。

1. 调查报告是市场调查工作的最终成果

市场调查活动是一个有始有终的活动,它从制定调查方案、收集资料、加工整理、分析研究、撰写并提交报告,是一个完整的工作程序,缺一不可。调查报告的表述是对前面过程的总结,即调查结果的体现形式。此结果是调查过程的深化,使得报告对象可以了解到本质的信息。换句话说,调查报告是市场调查成果的集中体现。为此,调查报告必须表述研究的细节,调查报告中应对已完成的市场调研项目作完整而又准确的描述。也就是说,内容必须详细,完整表达给对方以下内容:调研目标、主要背景信息、调研方法的评价、以形象化的方式来展示调研结果等。

2. 调查报告是营销管理者决策的依据

市场营销调查的主要目的是为营销管理决策提供依据,而不是让参与调查活动的人员了解市场信息。具体来说,如果调查人员是从事独立的调查作业,那么他的研究目的就是指导其客户去解决市场营销问题;如果调查人员是被某公司雇用进行调查,那么调查人员将调查结果提供给该公司相关的营销决策者和管理决策者,使得他们掌握市场信息以及动向,指导他们去解决问题。只有让客户了解调查材料和结论,调查结果有一定的效果时,调查的服务性才具体落到实处。

调查报告是从感性认识到理性认识飞跃过程的反应。调查报告比起调查资料来,更便于阅读和理解,它能把此数字变成活情况,起到透过现象看本质的作用,使感性认识上升为理性认识,便于更好地指导实践活动,帮助人们采取合理的行动和对策。调查报告可以说是一份系统的调查记录,既有第一手资料又有第二手资料,同时还有系统的分析和结论。这些正是调查结果使用者所必需的。他们往往依据调查报告,加上自己的分析判断,就可以作出合理的决策,并采取有效的行动。

3. 调查报告进入信息库,可随时查阅

调查报告可使调查成果形成一种有条理的固定形式,使调查结果的使用者能既简洁又系统地了解所研究问题的基本情况、结论和建议;存档后,它可以作为一相关问题甚至相关行业调查时的基本参考。一旦报告被报送或分发给决策者,它便开始自己的使命。从这方面看,它像一个价值卓著的参考文件,大多数研究都包括几个目标和一系列意义重大的信息。然而,通常让决策者在某一特定时间记住这些内容是不可能的,因此调研者会发现,决策者及其他一些开展二手信息调查报告调查研究的人常拿出原报告,重新阅读,以便熟悉调查的基本内容。例如,某公司每年对公司形象进行年度评估,决策者借助往年的报告来察觉形象优劣势方面的改变。

4. 调查报告可以全面地反映调查工作的质量

因为,调查报告在某种意义上就是对调查工作的总结,调查的各个阶段的工作做得如何最终都集中体现在报告中。对调查工作质量的评估也很可能主要取决于对调查报告的评价。故调查报告必须能够建立并保持研究的可信度,这一点无论如何强调都不过分。报告必须让对方感受到调研者对整个调研项目的重视程度和对调研质量的控制程度。甚至调研报告自身的直观形象也会极大地影响调研工作的可信度。换句话讲,假如印刷的错误、粗糙的图表、不统一的页面空白和标题的安排,甚至报告本身的封面与装订差错等,都会影响读者对研究可信度的评价。这种情况是不幸的,但却是事实。

(二)市场调查报告的特点

市场调查报告是对市场的全面情况,或某一侧面、某一问题进行调查研究之后撰写出来的报告,是针对市场状况进行的调查与分析,因而有着不同于其他报告的特点。

1. 针对性

针对性主要包括两方面:第一,调查报告必须明确调查目的。任何调查报告都是目的性很强的,是为了解决某一问题,或是说明某一问题,因而撰写报告时必须做到目的明确、有的放矢,围绕主题开展论述。第二,调查报告必须明确阅读对象。阅读对象不同,他们的要求和所关心问题的侧重点也不同。

2. 新颖性

市场调查报告应紧紧抓住市场活动的新动向、新问题,引用一些人们未知的通过调查研究得到的新发现,提出新观点,形成新结论。只有这样的调查报告,才有使用价值,达到指导企业营销活动的目的。

3. 时效性

要顺应瞬息万变的市场形势,调查报告必须讲究时间效益,做到及时反馈。只有及时到达使用者手中,使决策跟上市场形势的发展变化,才能发挥调查报告的作用。

二、市场调查报告的种类

从表达形式来看,调查报告可以有书面报告和口头报告。对小型调查活动和急需基本信息进行决策时,就没有必要和没有时间使用书面报告,因此口头报告也是一种必要的表达形式。在调查实践中也可能常常把两者结合起来,在提交书面报告的同时辅之以口头报告作为补充或解释说明。

从其使用者来看,调查报告可分为基础报告、供出版用报告、专题报告和供决策者使用的报告。

(一)基础报告

基础报告是指调查人员撰写的供其使用的调查报告。它是为取得调查结果而准备的第一份报告。这类报告的内容包括工作文件和报告草稿。它是最后报告的基础,在最后报告完成后,它就成为档案保存起来。正因为如此,在调查实践中往往忽视这类报告。实际上,这类报告也是很必要的。如果不做基础报告,将来需要参考其研究方法和资料与需要帮助其他项目研究时,就无法得到这类基础的、完整的工作记录和研究成果。

(二)供出版用报告

供出版用报告是指调查人员撰写的登载于专业报纸、杂志、会刊和专著等公开的调查报告。这类报告应根据刊物和读者的不同而有所差异。一般不能用简单的叙述写成报告,同时内容又不要过于啰嗦,只有很专业的期刊和著作才可能需要较多的细节和过程。出版者和读者一般都喜欢语言简练、条理清楚、观点鲜明、有启发性、有可读性的报告。

(三)专题报告

专题报告是指供培训业务人员使用的调查报告。这类报告的特点是:包括报告产生过程的介绍;有推导结论的逻辑过程和统计上的细节,如假设检验;有复杂的附录,如使用的研究方法和完整的文献,以为读者提供进一步的资料来源和证明。

(四)供决策者使用的报告

供决策者使用的报告是最常见的调查报告,也是本章研究的重点。由于决策者日常工作繁忙,因此他们只需要调查项目的核心内容、其主要的结论和建议,而不需要很多只适用于专题报告的细节。此时最好将研究方法等资料放在附录中,以备他们需要时参考。

三、市场调查报告的格式与内容

(一)市场调查报告的格式

调查报告需要有一定的格式,例如,美国市场营销协会曾为典型的市场调查报告拟定了一个标准大纲,其内容大体为:导言,标题扉页,前言(包括报告的根据,调研的目的与范围,使用的调研方法,致谢词),报告主体(包括详细的目的,详细解释方法,调查结果的描述与解释,调查结果与结论的摘要),附件(包括样本的分配,图表,附录)。

然而,市场调查报告没有统一的格式,例如,究竟把摘要放在开头,还是放在序言之后,这并不存在硬性不变的法则,多是由调查人员自行开发,以使人感觉舒适为宜。通过对中文调查报告的了解,一般来说,建议性的结构可以总结如下:

标题,目录,概要,正文,结论和建议,附录。

以上是主要章节的标题,每个标题下面包含一些详细内容。学习写市场调查报告必须在了解这种文体的基本结构基础上,掌握各部分的写法。

(二)市场调查报告的内容

1. 标题

标题页也可能是报告的封面。它需要创造一种专业形象和引起读者的兴趣,鼓励人们拿起来并阅读。标题必须清楚地说明是关于什么的报告,而且最好简短明了,对准重点并能引起好奇心和"悦"读欲。如果报告属于机密,应该在标题页的某处清楚说明。有时,展示在标题页上的其他信息还有工作完成人或公司、调研赞助人的姓名、出版日期、版本号数(如果适当的话)。标题应该醒目,一般应打印在封面上,封面一般只有一张纸,其内容可包括:

(1) 该项调查的标题。市场调查报告的标题可以概括调查的单位、内容和范围;也可以概括调查的对象和事由,如《××居民住宅消费需求调查报告》、《××航空公司在国内外市场地位的调查》;也可以直接指出调查对象的状况,如《××产品滞销的调查报告》;也可以采用正、副标题的形式,一般正标题表达调查的问题。标题要与市场调查报告的内容相符合,标题必须准确揭示调查报告的主题思想,力求做到简洁、醒目、新颖。

(2) 委托方和调查研究机构的名称、地址。如果是单一的机构执行,写上该机构名称即可;如果是多个机构合作进行,则应该将所有机构的名称都写上,也可以同时附上调查机构的联络办法。

(3) 调查项目负责人的姓名及所属机构。即写清楚项目主要负责人的姓名及其所在机构。

(4) 调查报告的日期。即报告完稿的日期。

至于封面的版面如何设计,则视调查公司的要求和报告提供者的兴趣而定,但一般要求是严肃、大方。图 10-1 是封面内容及版面结构的一种形式,以供参考。

```
调查机构:××营销咨询公司
地  址:  中国郑州××中路××号      邮政编码:××××××
项目负责人:张三                    联系电话:××××××××


                    郑州服装市场
                品牌竞争状况营销调研分析报告




                              报告日期:××××年××月××日
```

图 10-1 封面格式示例

2. 目录

目录是关于报告中各项内容的完整一览表。如果调查报告的内容、页数较多,为了方便读者阅读,应当使用目录或索引形式列出报告所分的主要章节和附录,并注明标题、有关章节号码及页码(见图 10-2),如果某部分的内容比较多,为了读者阅读方面,可以将细目也列进去。一般来说,目录的篇幅不宜超过一页。

```
一、概要 ......................................................... 1
二、调查概况 ..................................................... 3
   1. 研究背景 ................................................... 3
   2. 研究目的 ................................................... 4
   3. 研究内容 ................................................... 5
三、研究方法 ..................................................... 6
四、调查结果 ..................................................... 8
   1. ×××× ..................................................... 10
   2. ×××× ..................................................... 13
   3. ×××× ..................................................... 15
   4. ×××× ..................................................... 17
   5. ×××× ..................................................... 22
   6. ×××× ..................................................... 25
   7. ×××× ..................................................... 28
五、结论及建议 ................................................... 30
   附录一 ×××× ................................................. 32
   附录二 ×××× ................................................. 34
   附录三 ×××× ................................................. 35
   附录四 ×××× ................................................. 38
```

图 10-2　目录格式示例

3. 概要

概要主要阐述课题的基本情况，它是按照营销调研课题的顺序将问题展开，并阐述对调查的原始资料进行选择、评价、作出结论、提出建议的原则等。主要包括以下几方面内容：

（1）简要说明调查目的。即简要地说明调查的由来和委托调查的原因。

（2）说明该项调查的目的和范围。

（3）简要介绍调查对象和调查内容，包括调查时间、地点、对象及所要解答的问题。调查结果的摘要应简短，例如，它可以包括下列各方面的非常简要的资料：本产品与竞争对手当前的市场状况；产品在消费者心目中的优缺点；竞争对手的销售策略和广告策略；本产品销售策略的成败及其原因；影响产品销售的因素是什么；根据调查结果应采取的行动和措施等。在结论性资料的阐述时，必要的话还应加上简短的解释。

（4）调查的方法。介绍调查研究的方法，有助于使人确信调查结果的可靠性，因此对所用方法要进行简短叙述，并说明选用方法的原因。例如，市场调查中，资料收集的方法，是用询问法还是观察法或实验法。另外在资料分析中使用的方法，如指数平滑分析、回归分析等方法作简要说明。

（5）表示调查人员对这项调查的态度，以及对提供帮助的个人或机构的感谢。

概要是对调查活动所获得的主要结果作概括性的说明。阅读调查报告的人往往对调查过程的复杂性也没有什么知识和兴趣,他们只想知道调查所得的主要结果和结论,以及他们如何根据调查结果行事。因此,摘要可以说是调查报告极其重要的一节。它也许是从调查结果得益的读者唯一阅读的部分。由于这一部分如此重要,所以它应当用清楚、简洁而概括的手法,扼要地说明调查的主要结果,一般最多不要超过报告内容的十分之一,详细的论证资料只要在正文中加以阐述即可。

无疑地,概要是报告的最重要部分,占据每位读者必读的前部重要位置,在调查报告中不可忽视。确实,某些人将只读这一部分,尽管它处于报告的最前面,概要却是最后写成的部分。设定了它的重要性,写概要时就得小心认真。无论忽视这一部分的原因是什么,都将有损于调查报告的价值,应该引起调查人员的重视和注意。

4. 正文

正文是市场调查分析报告的主要部分。正文部分必须准确地阐明全部有关论据,包括问题的提出到引出结论,论证的全部过程,分析研究问题的方法。还应当有可供决策者进行独立思考的全部调查结果和必要的信息,以及对这些情况和内容的分析、评论。包括:

(1) 调查目的的详细陈述。在调查报告正文的开头,调查人员应当指出该项调查的目的和范围,以便阅读者一目了然,准确地理解调查报告所叙述的内容。

(2) 资料收集的具体过程。包括:① 资料收集的方法。调查人员应当详细地介绍他们在搜集资料时,所采用的方法,还应当说明为什么要用这种方法,这种方法在技术上难以克服的问题。同时,附录内应有一份空白调查问卷。② 资料收集的技术。例如,是采用抽样调查还是采用典型调查,如果采用抽样调查,应当详细地指出如何选择样本、样本数目及其代表性。

(3) 调查结果。调查结果构成报告的主体。它提供调研人员收集到的所有相关事实和观点,但不企图对调查委托方的计划作任何暗示,因为这是结论部分的任务。这一部分的写作直接决定调查报告的质量高低和作用大小。主体部分要客观、全面地阐述市场调查所获得的材料、数据,用它们来说明有关问题,得出有关结论;对有些问题、现象要做深入分析、评论等。总之,主体部分要善于运用材料来表现调查的主题。

要使调查结果在行业内和赞助人中有重要影响。这就不可避免地要求达到一定的一般化概括,虽然这不排除特别说明例证和重点。引用被调查者例子增加报告的真实可靠性,并使全部结果更可信。引例的说明对于增加报告的活泼性和个性特别有用。他们有力地提醒读者,所表达的观点是被调查人的而不是调查人员的。调查人员有责任保证,引例真正地反映了普遍观点,而不是选择来支持个人的偏见。记住下面一点也很重要:引用了一整串引语,但不提供有意义的说明,而是让读者去试着提炼模型中某些结论。

调查人员必须花费大量的时间和精力来分析、解释调查资料,以使用结构严谨和有效的方法得出调查结果。在一份调查报告中,常常要用若干统计表和统计图来呈现数据资料。如影响某种商品消费的因素调查得出:有消费者购买力因素,市场竞争情况,该商品的价格、质量及售后服务情况,销售网点的分布等,用图表的形式就能清晰地反映出每一种影响因素各占总数的百分比,得出该项调查的结果。但是仅用图表将调查所得的数据资料呈现出来还不够,研究人员还必须对图表中的数据资料所隐含的趋势、关系和规律加以客观地分析描述和分析,也就是说要对调查的结果作出解释。对调查结果的解释是找出数据资料中存在的趋势和关系并用适当的语言加以描述。原始资料经过简化和统计处理并制成图表资料后,虽然其中隐含的趋势关系可以看得出来,但是如果没有经过一定的训练要准确领会图表的全部内涵也不是那么简单,因此研究者对图表资料加以解释是必要的。

调查结果部分的内容通常比较多,篇幅比较大。为了让阅读报告的人容易把握整个调查结果,在调查结果的报告中,一般要将所有内容分成若干小部分依次呈现出来,每一个小部分分别给一个标题,他们分别与调查目的相对应,分别回答通过调查所要解决的问题。

5. 结论和建议

调查结果的介绍是调查人员所得资料的简明描述,结论才是调查人员在仔细研究和分析所有资料后得出的判断。结论和建议是撰写调查报告的主要目的。这部分包括对引言和正文部分所提出的主要内容的总结、提出如何利用已证明为有效的措施来解决某一具体问题、可供选择的方案与建议等。在准备建议时,调查人员应有明确的态度,选择实事求是的观点,不能受感情或预感所支配,应以调查结果为基础,结论和建议与正文部分的论述要紧密对应,不可以提出无证据的结论,也不要进行没有结论性意见的论证。同时,应尽可能简洁、准确地说明建议,易于决策者理解,避免使用第一人称"我"。

(1) 在撰写结论与建议时,调研人员为了得出结论,可借鉴SWOT模型,即:① 优势。委托公司在支持产品的管理结构,产品的范围和质量,它的顾客基础和分配、价格、促销以及对顾客服务等方面的长处是什么? ② 弱点。委托公司在上述相同问题——即它的管理基础、产品、顾客基础、价格等欠缺是什么? ③ 机会。委托公司意外发生了什么对它和它的产品有益的事吗? 比如,市场增长得有多快;竞争对手出了什么事;是否有有待通过的有利的法律;是否存在提供机会的有利汇率等等? ④ 威胁。SWOT分析的最后一件重要事情,就是确认是否存在一定限度内的威胁,如果有的话,是什么威胁和什么地方。像机会一样,这些都是委托公司以外的因素,可能来自经济、政治、人口统计和法律等环境变量。

(2) 报告可能要求调研人员进一步对委托公司提供建议。作为一种适宜的结构,这里我们可以考虑营销学家麦卡锡对营销可控变量的总结,即"四个 P":① 产品。产品设计、质量和范围怎样变化才能更适应市场要求?包装应从哪些方面去改善?与产品相配合的哪些服务事项(比如交货、技术咨询、回答询问的速度等)可以改进,有什么作用?② 价格。产品及相关服务的评价怎么变化才能保证从市场上得到其最大收益?对诸如折扣策略和付款事项等定价结构能做什么改善?③ 分销。公司怎样才能改善它的顾客基础?可用什么方法改变它的顾客划分以达到较好的效果,对它的分销网络能做何改进?④ 促销。为了建立知名度,提高顾客购买该产品的兴趣和满足顾客要求,必须做些什么?应该传播什么信息?应该运用哪种媒介(电视、印刷品、杂志、邮递员、直接营销等)?多大规模的促销活动才有效?促销活动中介人销售起什么作用?

调研人员特别是那些工作远离委托方的调研人员,不可能接近公司所有的资料和目标。这一点可能限制 SWOT 和"四个 P"分析的深度。为了不至于在做介绍的那一天,对一份报告、一堆原始素材和许多建议进行返工,调研人员必须首先应该与委托方就这些材料的合理性与可行性核实一下。除非保证建议是适当的和可接受的,某些意见可能得放弃。

6. 附录

附录是指调查报告正文包含不了或没有提及、但与正文有关必须附加说明的部分。附录通常包括数据汇总表、原始资料、背景材料、空白的调查问卷、第二手资料来源的目录等。

附录不应该孤立存在。它不仅是正文所必需的参考资料,而且还要真正的作为调查结果的补充而被引用。附录的长短无硬性不变的规定,但是它们不是关系模糊不清的材料的堆砌,而且应保持报告正文与附录长度之间的合理比例。

第二节 市场调查报告的撰写

市场调查报告的撰写是营销调研工作的最后一步。原始资料经过整理、分析后需要撰写调查报告,通过撰写调查报告,将调研结果进行总结,是调研结果的集中体现和决策者决策的重要依据。撰写市场调查报告是市场调查整个工作过程中最后一个环节,必须认真完成。

一项市场调查活动的成败,调查报告的内容和质量很关键。拙劣的调查报告能把即使是控制最好的调查活动弄得黯然失色;相反,写得好的报告可以使调查结果锦上添花。报告的好坏有时甚至影响到调查结果在有关决策中的作用。

一、市场调查报告的撰写流程

书面市场调查报告写作的一般流程是：构思并确定标题，取舍选择调查资料，形成自己的观点，拟定写作提纲，撰写调查报告初稿，最后修改定稿。

（一）构思并确定标题

在这个阶段调查报告撰写者的目的是通过前一阶段收集的资料，以及对资料的分析整理结果，判断出其反映的客观事实——市场动向、市场信息，把这些客观事实列出，从而确立要撰写的书面报告的主题思想，这样书面报告就可以围绕这个主题思想来展开撰写。

（二）取舍选择调查资料

市场调查所收取的信息资料很多，在撰写书面市场调查报告时，只是把所有的信息进行罗列是不行的，必须把它们按照逻辑联系进行排列，同时，按照所确立的调查主题，找出哪些资料是重要的，哪些是次要的，怎样利用所得资料来支持调查主题。在这个阶段实际上是在把所得资料进行分类、归纳、总结。

（三）形成自己的观点

在构思和资料分析的基础上撰写者应该形成自己的观点以及评论，对这些内容进行总结。因为并非所有的资料都具有真实性，也并非所用的分析方法是最合理的，因此撰写者要在这个阶段形成他们对整个市场调查的资料的看法、对分析方法的观点以及分析结果的评价，从而形成完整的书面撰写框架。

（四）拟定撰写提纲

在市场调查报告的主体思想确定、资料分析及得出自己观点之后，撰写者应该确立这些框架，列出撰写提纲，这一步骤是对前面工作的总结，又为正式撰写工作打下良好的基础。

（五）撰写调查报告初稿

在前期调查研究基础上，围绕提纲中标题展开论述，形成初稿。

（六）最后修改定稿

对初稿反复思考、推敲、修改后，最后定稿。

二、市场调查报告的撰写原则

(一)客户导向

市场调查报告是给客户阅读和使用而不是写给自己看的,更不是文学作品,所以,必须高度重视市场调查报告的特定的阅读和使用者。从某种意义上说,市场调查报告是为阅读和使用者写的。为此,要充分注意阅读和使用者的特征及其需要。在编写市场调研报告时,要注意以下事实:第一,大多数经理人员很忙;第二,他们大多很少精通调查的某些术语;第三,如果存在多个阅读和使用者,通常他们之间存在需要和兴趣方面的差异;第四,经理人员和常人一样,不喜欢那种冗长、乏味、白板的文字。

(二)实事求是

营销调查报告必须符合客观实际,坚决反对弄虚作假。我们提出客户导向,要重视阅读和使用者的需要,并不意味着迎合他们的胃口,挑他们喜欢的材料编写。要防止片面性和误导。调查报告的表述必须符合客观事实,因为通常市场调查报告的目的是为营销决策者和管理决策者提供决策支持的信息,每一项决策对企业来讲都是非常重要的,所以他们要求信息的准确性,而企业的营销决策者或者管理决策者通常不参与市场调研活动,通常他们对调研结果的正确性缺乏判断力,这一点更说明了调查报告真实性的重要程度。从另一方面讲,市场调查的全过程必须实事求是,符合客观规律,与客观规律相违背的市场调查必然预示着漏洞和调查结果实施的失败必然性,从而实事求是、遵循客观规律是市场调查的基本要求。

(三)精心安排

整个营销调查报告要精心组织,妥善安排其结构和内容,给人以完整的印象;报告内容要简明扼要,逻辑性强;文字要简短易懂,尽量少用专业性较强的术语;要注意形成生动有趣的写作风范;注意正确运用好的图表、数字进行表达等。

(四)突出重点

调查报告要求结构完整、严密,材料与观点统一。调查报告能够回答调查任务中规定的问题。调查报告还必须在保证全面、系统地反映客观事物的前提下,做到中心明确,突出重点,尤其是要突出调查预测的目的,提高报告的针对性、实用性,从而提高其价值。

三、市场调查报告撰写的基本要求

一份优秀的调查报告,起码要符合以下要求。

(一)内容全面,重点突出

调查报告应使用为报告提供对象所理解的语言向其提供所需的全部信息,需要将一项调查的来龙去脉详细地加以介绍,让读者通过阅读报告能够了解调查过程的全貌,能够对调查的质量作出评价,能够对调查所获得的结果有一个清楚的认识,能够明确调查对他们有哪些用处,调查能够帮助他们解决什么问题。也就是说,报告要回答和说明研究为何进行,采用什么方法进行研究,得到什么结果和结论,有什么建议。

报告过短或过长都不利于确保完整性。如报告过短,就会忽略某些必不可少的信息,如交代必要的定义和简要的解释。反之,过长的报告会包含许多提供对象兴趣范围之外的信息,使得其感兴趣的东西不突出,甚至报告提供对象因其过长而不愿意读下去,起不到应有的咨询作用。总之面对大量的素材,报告起草者必须有取有舍,而报告的详尽程度需着眼于报告提供对象的实际需要和其对报告的内容感兴趣的范围。

(二)资料翔实,表述准确

将调查过程中各个阶段收集到的全部有关资料组织在一起,不能遗漏掉重要的资料,但也不能将一些无关的资料通通的写进报告之中。起草调查报告之前的所有调查步骤都要确保调查所得信息的可信性和有效性。但是,为了能准确地向委托者提供调查成果,报告起草者要精心准备,对数据的粗心大意、不合逻辑的推理,不合语法和习惯的表述,都会降低报告的准确性。报告的准确性首先要注意用词准确,每个概念都有特定的内涵和外延。在选用词语时,要准确地把握住概念,做到词义相符。调查报告和科研论文一样,讲求的是资料的准确性和逻辑的正确性,不要像文学作品那样用夸张、拟人、借代、比喻等修辞手法,避免使用带有感情色彩的语言。

(三)结构严谨,脉络清晰

在撰写调查报告时,各部分内容的中心意思要突出,各部分之间的逻辑关系性要强,努力使读者看一遍报告就能明白整个调查的基本过程。千万不可把一大堆资料简单的堆积在一起。

清晰的要求是脉络清楚,思维符合逻辑,文字表达严密。首先要做到脉络清楚,文章所要说的几个大方面,大方面中的小方面,要树立好框架,将其按逻辑时序安排好,然后再配以具体的内容。调研报告主体部分的脉络问题,即结构划分,有纵式结构、横式结构和横纵交错式结构。纵式结构就是按照事物发展的历史顺序来叙述事实,阐明观点。横式结构就是把调研得到的资料和形成的观点,按类别和设计问题方面分成几个部分,并列排放,分别展开。横纵交错式结构,就是把纵式结构与横式结构结合起来使用,或以纵为主,纵中有横,或以横为主,横中有纵。以上提到的几种结构仅作为参考,究竟以什么结构为好,只能具体课题具体对待。

(四) 语言简洁,结论明确

尽管要求调查报告要具有完整性,简要也是不可忽视的一项标准。因而报告起草人必须对材料加以选择,而不能试图把所发现的一切都装到报告中。对于与报告主旨关系不大的资料,要舍得放弃。报告的读者阅读报告的目的是从报告中快速地获得信息,而不是为了像欣赏小说一样欣赏报告。所以言语不必追究华丽,但要讲究简洁、准确,要让读者一眼就能看懂。在调查报告中,对调查获得什么样的结论要明确地加以阐述,不能模棱两可,含糊其辞。

四、市场调查报告的撰写技巧

在起草市场调查报告的工作过程中,营销人员往往会发觉他本人存在着某方面的知识不足,因而还要进行其他方面的附加工作。当然,这可能是意外情况,但事前也应作充分考虑,做好时间安排。在草拟市场调查报告之前,营销人员必须要对报告的各有关章节段落的编排和文体有一个明确的思路。当然,这一切还要根据市场调查范围来决定,但在拟订初步的写作提纲时,对此应进行反复考虑和构思。

在起草调查报告的时候,应该有条理、有系统地集中阐明各种有关论据和见解,但也要注意有所侧重,突出重点,不能平铺直叙、面面俱到。市场调查报告的初稿起草完毕后,应将初稿通读多遍,认真审查,这样也许会发现其中某些章节或段落的材料有必要重新调整或安排,以求改进。为了方便,必要时对报告中各部分内容的材料进行适当调整或重新编排,在首次起草报告时,属于各个不同部分内容的材料均应另纸撰写,而且每页用纸统一按各自所属章节段落分别编号。此外,在起草报告时,所用的纸张最好是一律单面书写,方便调整或变更。

(一) 叙述技巧

市场调查的叙述,主要用于开头部分,叙述事情的来龙去脉,表明调查的目的和根据,调查的过程和结果。此外,在主体部分还要叙述调查得到的情况。

市场调查报告常用的叙述技巧有:概括叙述、按时间顺序叙述、叙述主体的省略。

1. 概括叙述

叙述有概括叙述和详细叙述之分。市场调查报告主要用概括叙述,将调查过程和情况概略地陈述,不需要对事件的细枝末节详加铺陈。这是一种"浓缩型"的快节奏叙述,要求文字简约,一带而过,给人以整体、全面的认识,以适合市场调查报告快速及时反映市场变化的需要。

2. 按时间顺序叙述

交代调查的目的、对象、经过时间,往往按时间顺序叙述的方法,次序井然,前后连贯。

如开头部分叙述事情的前因后果，主体部分叙述市场的历史及现状，就体现为按时间顺序叙述。

3. 叙述主体的省略

市场调查报告的叙述主体是写报告的单位，叙述中，可用"我们"第一人称。为行文简便，叙述主体一般在开头部分中出现后，在后面的各部分即可省略，并不会因此而令人误解。另外，叙述中尽可能使用第三人称和非人称代词，尽量不用第一人称。如"作者发现……"、"笔者认为……"等；可以用"这一结果表明……"、"这些数据说明……"等代替"我认为……"、"我们发现……"等语句。能提出解决问题的意见，避免不着边际、模棱两可的空谈。

行文时，应该用一种向读者报告的口气撰写，而不要表现出力图说服读者同意某种观点和看法的倾向，更不能把自己的观点强加于人。因为读者在阅读报告时，所关心的是调查得到的客观事实，是调查结果和发现，而不是个人的主观看法。

(二) 说明技巧

市场调查报告常用的说明技巧有数字说明、分类说明、对比说明、举例说明。

1. 数字说明

市场运作离不开数字，反映市场发展变化情况的市场调查报告，要运用大量数据，以增强调查报告的精确性和可信度。

2. 分类说明

市场调查中所获材料杂乱无章，根据主旨表达的需要，可将材料按一定标准分为几类，分别说明。例如，将调查来的基本情况，按问题性质归纳成几类，或按不同层次分为几类。每类前冠以小标题，按提要句的形式表述。

3. 对比说明

市场调查报告中有关情况、数字说明往往采用对比形式，以便全面深入地反映市场变化情况。对比要注意事物的可比性，在同标准的前提下，做切合实际的比较。

4. 举例说明

为说明市场发展变化情况，举出具体、典型的事例，这也是常用的方法。市场调查中，会遇到大量事例，应从中选取有代表性的例子。

(三) 议论技巧

市场调查报告常用的议论技巧有归纳论证和局部论证。

1. 归纳论证

市场调查报告是在占有大量材料之后作分析研究，得出结论的论证过程。这一过程，主要运用议论方式，所得结论是从具体事实中归纳出来的。

2. 局部论证

市场调查报告不同于议论文,不可能形成全篇论证,只是在情况分析、对未来预测中作局部论证。例如,对市场情况从几个方面作分析,每一方面形成一个论证过程,用数据、情况等作论据去证明其结论,形成局部论证。

(四) 语言应用的技巧

语言应用的技巧包括用词方面和句式方面的技巧。

1. 用词方面

市场调查报告中数字用得较多,因为市场调查离不开数字,很多问题要用数字说明。可以说数字在市场调查报告中以其特有的优势,越来越显示出其重要作用。

市场调查报告中介词用得也很多,主要用于交代调查目的、对象、根据等方面,如用"为、对、根据、从、在"等介词。

此外,还多用专业词,以反映市场发展变化,如"商品流通"、"经营机制"、"市场竞争"等词。为使语言表达准确,撰写者还须熟悉与市场有关的专业术语。

2. 句式方面

市场调查报告多用陈述句,陈述调查过程、调查到的市场情况,表示肯定或否定判断。祈使句多用在提议部分,表示某种期望,但提议并非皆用祈使句,也可用陈述句。

(五) 使用图表的技巧

图表作为描述性统计方法,广泛应用于市场调查报告中,起到清楚、形象、直观和吸引人的作用。图表是报告中很生动的一部分,应当受到特别的重视。一般说来,与使用任何文字去说明某种变化趋势及各个因素的相互关系比较,使用图表通常可以收到更为明显的效果。使用图表说明必须要有明确的目的性、不能只是为了装饰文字,以求悦目。通常情况下,在总结调查结果和报告正文当中所使用的图表,应该只是扼要地介绍资料的图表。详细地介绍一切所搜集到的重要资料的图表,应该归入报告附录部分。此外,使用图表说明还必须认真考虑图表的设计和格式。如果图表格式设计不当,不但无助于说明情况,甚至可能产生曲解事实真相的相反效果。

作为报告附录部分的图表,要求格式设计必须完整,主要是为了更好地向读者全面介绍有关的资料,以便读者进行独立思考和分析问题。正是这个缘故,图表中所有列载的资料务求尽量完整和准确,一般都需要提供绝对数值的资料,而不是百分比或指数。

在报告正文部分中使用图表还有一种特殊的作用,那就是通过图表去突出某些方面的资料,或强调某种关系和变化趋势。因此,在报告正文中选用图表列载的资料,一般须有较大的选择性。为了方便阅读,图表中各项资料的数值通常应选用整数,但经常也会使用百分比和指数,或作补充说明,或使用代替某些绝对数值的资料。

1. 表格的表现法

制表一般应注意以下几点：

(1) 表的标题要简明、扼要，每张表都要有号码和标题。标题一般包含时间、地点、内容。有时也可酌情省略。

(2) 项目的顺序可适当排列，一般应将最显著的放在前面。如果强调的是时间，按时间排列；如果强调的是大小，就按大小排列。当然也可以是按其他的顺序排列。

(3) 线条尽量少用，斜线、竖线、数之间的横线均可省去，以空白来分隔各项数据。

(4) 注明各种数据的单位。只有一种单位的表格，可在标题中统一注明。

(5) 层次不宜过多，变量较多时，可酌情列数表。

(6) 分组要适当，不可过细，以免冗繁，而且其小格中的这些频数太少也难以说明问题；也不可过粗，以免掩盖差别的可能。

(7) 小数点、个位数、十位数等应上下对齐。一般应有合计。

(8) 给出必要的说明和标注。

(9) 说明数据的来源，如果表中的数据是二手数据，一般应标明来源。

2. 图形的表现法

图形也可广泛应用于市场调查报告之中，它以其形象、直观、富有美感和吸引人的作用受到了特别的重视。一般来说，只要有可能，应尽量用图形来表达报告的内容。市场调查中最常用的图形有直方图和条形图、饼形图、轮廓图或形象图、散点图、折线图等。一般来说，一张精心设计的图形有可能比得上或胜过上千个字的说明。要使统计图能够有效直观地表现尽可能多的信息，在设计和制作上一般应注意以下几点：

(1) 每张图都要有号码和标题，标题要简明扼要。

(2) 项目较多时最好按大小顺序排列，以使结果一目了然。

(3) 尽量避免使用附加的图表说明，应将图表的意义及所表示的数量尽可能标记在对应的位置上。

(4) 数据和作图用的笔墨的比例要恰当，避免太多或太少的标注、斜线、竖线、横线等，既要清除又要坚定。

(5) 度量单位的选择要恰当，使得图形匀称，并使所有的差异都是合适的和可解释的。有时过于强调地将图形放在事情发生的度量范围之内，就像是放大的照片那样，实际上是不恰当的，因为这可能导致误解。

(6) 作图最好是既使用颜色，又使用文字说明，以便在进行必要的黑白复印时仍能清晰如初。

(7) 颜色和纹理的选择不是随机的，要有一定的逻辑性。如真正重要的部分(如客户的品牌、忠诚的用户、产品新的频繁使用者等)应该用更突出的颜色，更粗的线条或更大的符号等来表示。

(8) 图形的安排要符合人们的阅读习惯。如西方人阅读的图形应符合从左到右的顺序;阿拉伯人是从右到左;中国人和日本人可能更习惯从上到下等。

五、市场调查报告撰写中的注意事项

在进行书面调查报告的撰写过程中,常会遇到以下几个问题,需要引起注意。

(一) 重篇幅忽视质量

人们往往形成这样一个观点,报告越长越好。而实际上,冗长复杂的报告会让读者不知所云,反而会带来负面效果。报告长短要根据调研目的和调查报告的内容而定。对调查报告的篇幅,做到宜长则长,宜短则短,尽量做到长中求短,力求写得短小精悍。所以在可以表述清楚的情况下,报告应该尽量简洁明了。

(二) 解释不充分

在一些图形和数字的使用上,很多报告撰写者只是进行简单的罗列,而没有进行足够详细的解释,这就会给读者带来理解困难。所以撰写者应该对图表和数字进行较为详细的解释,从而避免读者的理解偏差。

(三) 过度使用定量技术

在管理学上,总是尽量希望把各项指标进行量化,所以就会造成一定要把指标进行量化的误区。其实,很多指标是不宜进行量化的,因为在量化的过程中,许多重要的资料会被遗失或是淡化,也就造成了读者理解上的困难和有价值信息的错失,进而使整篇报告失去原本应具有的信息量和说服力。

(四) 虚假的准确性

有时候在进行市场调查时,所选取的样本容量很小,在对一些相对的占有率进行计算时,应该采用诸如77%,而非77.32%这样貌似精确的数字来误导读者,使读者完全相信准确性而忽视小样本容量带来的统计偏差。

(五) 没有任何意义的图表

在报告中使用图表会让表达更加清楚明了,所以很多报告撰写者就认为一图抵千言,尽量多地使用图表,于是,很多没有意义的图表代替了简单的文字或是数字,把原本简单的问题复杂化,转移了读者的视线,从而使读者更难以把握报告内容。

(六)面面俱到

把收集来的各种资料无论是否反映主题,全都面面俱到、事无巨细地进行分析,使读者感到杂乱无章,读后不知所云。一篇调查报告自有它的重点和中心,在对情况有了全面了解之后,经过全面系统地构思,应能有详有略、抓住主题、深入分析。

(七)资料数据罗列堆砌,没有深入分析

只停留在表面文章上,根据资料就事论事。简单介绍式的分析多,深入细致的分析及观点少,无结论和建议,整个调查报告的系统性很差,使分析报告的价值不大。

此外,在报告中的一些常见的错误还有阐述的中心不明确,偏离确定的目标,资料不准确,数据结构单一等,这些都需要在撰写报告时引起重视。

第三节 市场调查结果的口头报告

市场调查报告,通常可分为书面报告和口头报告两种。上一节所讲述的调查报告的结构内容多用于书面报告,尽管口头报告也大致应该包括了以上这些内容,然而作为口头报告也有一些不同于书面报告的特点。

在很多情况下,需要将市场调查报告的结果向管理层或委托者作口头报告。口头报告可以帮助管理部门或委托方理解书面调查报告的内容并接纳书面报告,同时,可以针对委托人提出的问题及时作出解答。口头报告对于有关人士迅速掌握和理解报告内容具有重要的作用。

一、口头报告的特点

与书面报告相比,口头报告具有以下几个特点:能用较短的时间说明所需研究的问题;生动,具有感染力,容易给对方留下深刻印象;能与听者直接交流,便于增强双方的沟通。

口头报告具有一定的灵活性,一般可根据具体情况对报告内容、时间作出必要的调整,用于口头报告的有以下四种辅助材料:

一是报告提要。每位听众都应该有一份关于报告流程(主要部分)和主要结论的提要。需要注意的是,这份提要中不应出现统计资料图表,同时应预留出充裕的空间让听众记录和评述。

二是视觉辅助。最常见的视觉辅助是投影机、幻灯机或高架投影机。现在,越来越多的调研者使用个人电脑和诸如幻灯软件之类的报告软件。依靠这些现代化的手段,不仅可以显示传统图表,还可显示电子图表。调研者能根据听众提出的问题。展示出"如果……那么……"的假设情况。摘要、结论和建议也应制作成可视材料。

三是执行性摘要。每名听众都应有一份执行性摘要的复印件(最好在几天前就发出),这样可以使经理们在听取口头报告前就能思考所要提出的问题,使报告中的讨论更热烈、更有收获。

四是最终报告的复印件。报告是调查结果的一种实物凭证。调研者在口头报告中省略了许多细节。作为对此的补充,在口头报告结束时应准备一些报告复印件,以备对此感兴趣者索取。

二、口头报告成功的基本要素

口头报告虽具有一些优点,但能否发挥效果,还取决于许多因素,其中心内容可以归纳为3P,即取决于你是否进行了充分的准备、你是否进行了充分的练习、你是否进行了成功的演讲。现具体归纳为以下几点。

(一)按照书面调查报告的格式准备好详细的演讲提纲

用口头报告方式并不意味着可以随心所欲、信口开河。它同样需要有一份经过精心准备的提纲,包括报告的基本框架和内容。当然,其内容和风格要与听众的情况相吻合。这就首先要了解听众的状况:他们的专业技术水平怎样;他们理解该项目的困难是什么;他们的兴趣是什么;他们能接受多少等。

(二)要进行充分的练习

在演讲时,可能会出现紧张,可以采取做深呼吸和穿着舒适、贴身服装等方法加以缓解;但更重要的是要作充分的联系,真正掌握你的演讲资料是减少紧张的有效途径。演讲中最紧张的时刻常发生在报告开始时,为减少心理障碍,尤其要注意练习报告的开头部分。

介绍的技巧是非常个性化的,调研人员必须努力发现自己的风格。记住这句格言——问题不在于你说什么而在于你怎么说。如果介绍者缺乏热情,即使最有趣的数据资料听起来也会烦人。

(三)尽量借助图表来增加效果

人们常说:"一张图表胜似千言万语"。在作口头报告时,要善于用图表来辅助和支持你的演讲。注意的要点有：第一，要使你制作的图表显得十分重要和有权威性；第二，绝对保证你的图表都是清晰易懂的；第三，图表要有选择性，不要有太多的图表，一张图表上也不要有太多的内容，以免使你的听众望而却步；第四，图表可借助黑板、幻灯、录像和计算机等可视物加以表现，选择何种物品可根据听众多少和会场设施而定，但都要保证使室内最后面的人看清。

（四）作报告时要充满自信

有些人常在演讲开始时和过程中对其所讲的话道歉，这实际上是不明智不自信的表现，一方面，暗示了你没有作出足够的努力准备你的演讲；另一方面，无畏的道歉浪费了宝贵的时间。

（五）要使听众"易听、易懂"

由于听比讲更难集中注意力，故要求语言要简洁明了、通俗易懂，要有趣味性和说服力。如果你有一个十分复杂的问题需要说明，可先做一简要、概括地介绍，并运用声音、眼神和手势等变化来加深听众的印象。如果可用时间只有半小时，介绍就必须简洁有力、集中在总体画面上，光线停留在分图上，抓住问题直至结束。同样地，一次两小时的介绍也需要控制节奏。在这种情况下，有必要展开数据资料，并使人们始终保持兴趣——因为30～45分钟是大多数人注意力集中的特殊时段。

（六）要与听众保持目光接触

演讲时要尽量看着听众，不要低头看着你的讲稿和看着别处，与听众保持目光接触，有助于判断他们对讲话的喜欢和厌烦状况及对内容的理解程度。

（七）回答问题时机的把握

报告过程中最好不要回答问题（有关演讲清晰性问题除外），以免出现讲话思路被打断，使听众游离报告主题和造成时间不够等现象。在报告开始前可告知听众，你会在报告后回答问题并进行个别交流，注意不要忘记这一承诺。

（八）在规定的时间内结束报告

口头报告常有一定的时间限制，在有限的时间内讲完报告是最基本的要求。滔滔不绝地演讲不仅浪费听众时间，也影响报告的效果。

最后几分钟创造一种有利的持久印象的机会。为事先构思结束语而充分准备是值得的。最后几句话不必华丽和可笑，但应该精通熟练。适宜的题目可以是感谢听众的参与；解释根据递交的报告下一步会发生什么；或者简单的提议每个人适当休息一下喝点咖啡。

口头报告结束后,还要请有关人士仔细阅读书面报告。

第四节 市场调查报告的评价、反馈和完善

市场调查是整个营销工作的开端,它指引着其他营销工作的方向和进程,起着举足轻重的作用;然而市场调查结果的表述是市场调查与其后的营销工作的衔接。准确地说调研部门在整个调研活动所得到的信息是通过调查报告传递给其他相关部门,从而进一步开展营销策划等工作。所以调查报告所表达信息的准确性、客观性、完整性以及建设性对于企业决策、制定营销策略是至关重要的。并且调查报告的表述形式是要易于报告的对象理解,调查报告内容要能够提供企业决策者和营销策略制定者所需要的信息并能够给他们充分的启示。

一、市场调查报告的评价

一篇调查报告提出之后,马上会遭到阅读者的品头论足,这是正常的,也是必要的。任何一个市场调查报告,总有其值得称道的好的一面,也总有其不足的一面。对市场调查报告进行的评价,可以总结好的经验,发现不足和问题。通过总结经验教训,一方面可以及时采取补救措施,更好地为委托者服务;另一方面可以为以后市场调查工作积累有效的宝贵经验。

评价中总有一些问题是重点,通过了解这些问题的答案来评价调查工作。调查报告撰写者应该知道评价的重点问题,如果在调查设计之初有所准备的话,对于撰写出高水准的调查报告很有帮助。对市场调查报告的评价,通常可以从下面一系列的问题着手进行分析:

调查问题界定的是否明确?范围是否清晰?调查题目是否简明清楚?调查设计是否合理?资料收集方式是否有效?调查方式是否合适?抽样的方法与程序是否恰当?调查实施步骤是否详细,有无缺失?对调查中可能产生的偏差和问题是否预见到?是否采取了相应的控制措施?是否对那些直接从事资料收集的人员进行了选择、培训、督导,以提高资料收集工作的质量?资料的分析、处理技术是否能有效地保证所得资料可以作为营销决策依据?统计图表是否简明扼要?各种结论和建议是否切合实际?调查报告是否得到合理的撰写和介绍?整个调查是否在预先规定的时间和预算内完成?整个项目的实施过程中还存在哪些问题?

二、市场调查结果评价的反馈和完善

对调查结果的评价,要逐一反馈。这种反馈应该是多方面的。所谓多方面的,即不仅要反馈成绩,而且要反馈存在的问题;不仅要反馈调查实施过程中的情况,也要反馈结果出来后的情况;不仅要反馈总体方面的情况,也要反馈局部的情况。

通过反馈,一方面使有关各方对情况加深了解,相互之间加深理解和友谊;另一方面也使调查者增加知识和经验。此外,它也非常有益于委托企业更好地应用调查结果,为做好经营决策、指导经营活动提供条件。总之,通过对调查结果的评价和反馈,使调查项目本身得到完善,也使整个调研预测工作动态优化。

本章小结

本章主要叙述在市场调查过程中市场信息处理后的基本环节,即以市场调查报告的形式反映市场调查的结果,并与项目的委托者进行沟通,从而对调查结果进行评价、反馈和完善。

市场调查报告是市场调查成果的主要表现形式,也是市场调查活动的直接结果,在市场调查中占有十分重要的地位。撰写市场调查报告要有一定的结构,并遵循客户导向、实事求是、突出重点、精心安排等原则。

市场调查的报告包括书面报告和口头报告。对市场调查结果的口头介绍是一种重要的沟通,进行口头介绍要作十分充分、细致、周到的准备,精心安排报告内容,运用好有关的教具和介绍技巧,以取得好的效果。

对调查结果进行评价是必要的。评价可以通过提出一系列的问题进行,对评价的结果要逐一反馈,使调查项目本身得到完善,也使整个调查工作动态优化。

复习思考题

1. 市场调查报告的重要作用是什么?
2. 市场调查报告具有哪些重要意义?
3. 市场调查报告的结构和内容是什么?
4. 简述市场调查报告的写作步骤。
5. 撰写市场调查报告应符合哪些要求?

6. 为什么要重视对市场调查报告的沟通？如何做好沟通？
7. 如何做好市场调查的口头介绍？口头报告的成功应具备哪几个基本要素？
8. 在对市场调查报告进行介绍时，如何正确对待其中的负面内容？
9. 如何做好对市场调查结果的评价、反馈和完善？
10. 收集一份你认为优秀的调查报告，并进行分析介绍。

案例分析

一、调查方法

采用街头现场拦截面访。

二、抽样方法

样本设计实行随机抽样和非随机抽样结合的原则，即采用分群多阶段随机抽样和配额抽样法。

样本特征：西安市常住人口或居住5年以上；年龄在18～60岁之间；知晓或购买过葡萄酒产品；无市场研究/广告/策划公司、电台、电视台、报社等媒介机构、葡萄酒的生产和销售等单位工作经历；在过去6个月内没有接受过任何市场研究访问。

样本执行区域：西安六城区。

具体访问地点：小寨商业圈、钟楼商业圈、土门商业圈、交大商业圈等。

实际完成样本数量：192份。

三、现场执行情况

现场执行严格按照督导负责制；在现场执行过程中，所有人员严格按照培训的督导职责和访员职责进行；公司对调查问卷进行了审核、复核，基本达到预想的有效率。

四、数据录入与处理

对调查回收问卷进行编码；Foxpro6.0设计计算机录入程序；用Foxpro6.0进行有效调查问卷的录入；采用专业统计处理软件SPSS10.0对有效问卷进行分析处理；分析结果包括：频数分析、频率分析、均值分析、相关系数分析、交叉分析等。

五、背景资料

……

六、数据分析

本次调查结果主要有几个特点：

一是西安目前葡萄酒的主要消费群体以收入较高的中青年人为主，葡萄酒的消费者主要是公司职员，其所占比例占本次调查总人数的37.9%，其次为个体经营者和商业职工分别为13.7%；文教科体卫工作者为8.4%。另外，西安市葡萄酒的消费者一般是收入较高的工薪阶层。对葡萄酒消费最多的为收入在1 001～1 500元之间的消费者。

二是消费葡萄酒场合中有近一半在家里,三成左右在夜场,餐饮只占了一成。

三是干红在葡萄酒市场中所占份额很大。由于受固有的消费习惯的影响,干红占到71.6%,果酒占12.6%,这跟葡萄酒消费引导有直接关系。

四是西安市的葡萄酒消费市场中,品牌消费集中,长城、张裕、王朝是在无提示情况下,西安人的三大首选知晓品牌,比例各占69.6%、20.9%和5.2%。长城市场反应如此之好,跟长城实施的多品种战略和终端深耕策略分不开。

五是从价位来看,消费者主要选择价位在30～50元的人占到50%。在本次调查所列的酒品中,干红最受欢迎,调查中54%的人认可干红。这充分说明了中档干红葡萄酒是目前的一大卖点,同时葡萄酒市场在品种档次上有待进一步延伸。

六是影响消费者选择葡萄酒品牌的主要因素:调查结果表明,消费者选择葡萄酒时普遍最关注的是酒的口感,调查中24.7%的人持此观点,其次为品牌,选择此项的被调查者占总人数的21.3%,调查中表示注重价格的占17.4%。综合起来,这些很看重口味的人主要以收入较高的中青年人为主,这也是葡萄酒市场的主要消费群体。有近一半的消费者选择葡萄酒时价位在21～50元之间;25.7%的消费者选择20元以下的葡萄酒产品,由于他们收入偏低,因而价格成了购物时一个很重要的考虑因素。调查资料普遍反应一个问题,消费者选择葡萄酒时都很注重品牌,并且大部分人都选择当今最流行的葡萄酒品牌。这说明了消费者对葡萄酒的消费尚未成熟,从众心理严重。

七是葡萄酒的价位选择特点:本次调查结果显示,价位在21～50元的中档葡萄酒目前最受西安市民欢迎,选择这一价位的人占总调查人数的42.4%,价位在20元以下的葡萄酒,选择人数达25.7%。调查中选择价格在50元以上的人占总人数的30%,这说明高档葡萄酒的市场潜力有待很好的挖掘。

八是葡萄酒的品牌选择排序:西安的葡萄酒消费市场中,品牌消费集中,长城、张裕、王朝是西安人的三大首选品牌。长城是西安市最信赖的品牌,调查中41.3%的人选择长城;其次为张裕,选择人数占40.2%;再次为王朝,选择人数为4.5%。

九是葡萄酒低端市场较为混乱,市场上充斥着10元以下的低档葡萄酒,售价每瓶5～8元,在大部分超市占据货架近一半的空间。有的产品直接打出了干红的旗号,欺骗消费者,牟取暴利。

七、结论与建议

市场调查结果可以看出,目前葡萄酒在西安酒类市场中所占市场份额很小;消费者在选择葡萄酒时盲目从众,消费心理尚未成熟;品牌文化底蕴不足,长期战略匮乏等等,这充分说明目前葡萄酒市场的运作还未真正成熟完善起来,为葡萄酒制定新的营销方略势在必行。以下是根据本次调查所建议的几点葡萄酒营销宣传策略:

第一,从本次调查结果看,目前葡萄酒的主要消费群体是中青年人,这部分人的消费心理已基本成熟,因此广告诉求应以理性为主,即注重产品的品质及其所蕴含的文化底蕴。

第二,葡萄酒的消费者大多是高收入层及工薪阶层,他们选购葡萄酒最关注的是口感、品牌、价格。而这一主体消费群受促销人员影响的比率达到了九成,因此,要赢得消费者,关键是建立葡萄酒品牌的专业营销体系,培养一支精锐销售队伍。

第三,调查中反应目前在西安市葡萄酒市场中销量最高的是长城、张裕和王朝。面对日益激烈的市场竞争,葡萄酒品牌应发挥自己的优势,将自己的品牌做大、做好,探寻发掘更多的消费群。

第四,随着人们生活方式和消费方式的日益多样化,各种酒都会因文化的因素存在和发展。红酒是人们"尊贵""时尚"的文化载体,如果从葡萄酒是一种高雅的艺术品,是一种文化象征入手,把品质融入结构美、个性美、风味美、意境美之中,从而产生一系列的物质、精神、习俗、心理、形象等作用,对酒的品牌传播非常有利。

第五,目前葡萄酒市场沿袭传统的产品结构,靠高、中、低三个档次产品打市场,真正名优的葡萄酒空缺,因此主推高品质的葡萄酒也是市场的赢利点之一。

第六,葡萄酒文化推广:一是西安是一个文化城市,西北人性情淳朴,本土情结厚重,直接面向消费者做大唐文化推广,引导体验型仿唐文化消费。二是西安是一个科技城市,对于新的购买方式,消费者的态度非常乐于尝试的。在中国率先推出网上购酒和电话购酒的会员服务项目。三是西安是一个旅游城市,酒吧、咖啡厅是人气最旺的休闲场所,有较高收入的人每星期甚至每天都要到酒吧、咖啡厅喝茶,这部分人是葡萄酒目标消费群的主体。四是西安是一个教育城市,40多所高校60多万大学生是品牌培育的未来主消费群。研发青少年喜好的葡萄酒,使品牌真正走入家庭,深入人心。

第七,打西安市场,首先要打餐饮。具体操作上,将80%的精力及资源用在数量上只占20%却起着领导80%消费潮流的餐饮身上,将20%的精力与资源用在其余80%的餐饮上。在拿下了这20%的重要渠道之后,也创造了另外80%的目标餐饮的进入条件。攻克餐饮这一领导渠道,对成功抢占西安市场作用巨大。

第八,探索新型品牌推广、营销手段。对于新的购买方式,消费者是非常乐于尝试的。积极开展电话购酒、网上购酒、手机短信购酒、电信168平台购酒、电视导购、会议营销、健康咨询讲座等新型营销手段。

第九,研究品牌延伸拓展策略,积极探寻战略合作伙伴,加强与其他行业产品的结盟、联盟,签署永久"捆绑"合作协议,在意识上、行动上领先同行业竞争对手。

问题

你认为上述结论与建议是否合理?如何进一步完善此调查报告?

高等院校经济管理类"十一五"规划教材

企业战略管理	主编：王　倩	估价：30.00 元
人力资源管理	主编：赵春清	估价：30.00 元
经济法	主编：李爱民	估价：30.00 元
管理学	主编：高金章	定价：36.00 元
技术经济学	主编：罗　党、郭　洁	定价：39.00 元
宏观经济学	主编：周纪昌	估价：30.00 元
税法	主编：宋　霞、谭　恒	估价：30.00 元
证券投资概论	主编：朱永明、史建朝	估价：30.00 元
微观经济学	主编：雷　雨、李芝兰	定价：35.00 元
会计学	主编：方光正	定价：36.00 元
企业物流管理	主编：李慧兰	估价：30.00 元
国际贸易理论与实务	主编：吕玉花	估价：30.00 元
ERP 原理、应用与实践教程	主编：姬小利	定价：30.00 元
公司理财	主编：秦海敏	估价：30.00 元
国际企业管理	主编：周健临	估价：30.00 元
项目管理	主编：段世霞、马　歆	估价：30.00 元
运筹学	主编：朱九龙、李　冰	定价：33.00 元
组织行为学	主编：张志宏	估价：30.00 元
成本会计学	主编：张韶华	估价：30.00 元
管理会计学	主编：杨鉴淞	估价：30.00 元
财务会计学	主编：张红月	定价：45.00 元
统计学	主编：穆慧萍	定价：32.00 元
财务管理学	主编：李淑平	定价：38.00 元
初级会计学	主编：程明娥、王一平	估价：30.00 元
基础会计学	主编：阮渝生	估价：30.00 元
审计学	主编：石　勇、江　岭	估价：30.00 元
会计电算化软件应用	主编：李宗民	估价：30.00 元
现代公共关系学	主编：寇玉琴	定价：32.00 元
电子商务概论	主编：赵　亮	定价：31.00 元
市场营销学	主编：闫丽霞	定价：34.00 元

市场调查与分析	主编：高金章	定价：27.00 元
国际市场营销学	主编：杨 楠	定价：30.00 元
广告学	主编：邓国取	定价：27.00 元
广告策划与创意	主编：祖立场	估价：30.00 元
商务推销与谈判	主编：李丰威	估价：30.00 元
网络营销	主编：司林胜	估价：30.00 元
国际贸易实务	主编：王双平	定价：32.00 元
国际金融理论与实务	主编：何 伟	估价：30.00 元
货币银行学	主编：陈 宏	估价：30.00 元
消费者行为学	主编：王志敏	估价：30.00 元
国际结算	主编：何 伟	估价：30.00 元
商务谈判	主编：苏喜军	估价：30.00 元
保险学	主编：冯登艳	估价：30.00 元

高等院校经济管理类"十一五"规划教材系列教科书，内容新颖、理论实务并重且配有教学课件。全国各地新华书店、经济书店、本社发行科均有售。

电话：021-64411367　　　　　　传真：021-64411325

地址：上海市中山西路 2230 号　　邮编：200235

邮购汇款额＝书款＋邮资(书款总额 10％)＋邮挂费(3 元)

教学课件索取单

敬爱的老师:

  感谢您使用高等院校经济管理类"十一五"规划教材。为了方便您的教学,本书配有相关的教学课件。如果您需要,请您填写下面表格中的相关信息,并以电子邮件的形式发到我社,我们在核对您的信息后,会免费向您提供教学课件。

  我们的联系方式:
  地址:上海市中山西路2230号立信会计出版社 邮编:200235
  电子邮件:ghjc2008@sina.com   电话:(021)64411012

姓 名		性别		身份证号			
学 校				学院、系		教研室	
学校地址						邮 编	
职 务				职 称		办公电话	
E-mail				手 机		宅 电	
通信地址						邮 编	
教材用量			册	委托订购单位			

您对本书的使用有什么意见和建议?